本教材受数智管理浙江省虚拟教研室资助

数字时代下的客户关系管理

CUSTOMER RELATIONSHIP MANAGEMENT IN THE DIGITAL ERA

包　兴◎主编

吴丽民　孔小磊◎副主编

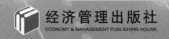

经济管理出版社

ECONOMY & MANAGEMENT PUBLISHING HOUSE

图书在版编目（CIP）数据

数字时代下的客户关系管理 / 包兴主编；吴丽民，孔小磊副主编. -- 北京：经济管理出版社，2022.10

ISBN 978-7-5096-8795-6

Ⅰ．①数… Ⅱ．①包… ②吴… ③孔… Ⅲ．①企业管理－供销管理－教材 Ⅳ.①F274

中国版本图书馆 CIP 数据核字（2022）第 195386 号

责任编辑：张莉琼　杜弈彤
责任印制：许　艳
责任校对：董杉珊

出版发行：经济管理出版社
　　　　　（北京市海淀区北蜂窝 8 号中雅大厦 A 座 11 层　100038）
网　　　址：www. E-mp. com. cn
电　　　话：(010) 51915602
印　　　刷：唐山玺诚印务有限公司
经　　　销：新华书店
开　　　本：720mm×1000mm/16
印　　　张：19.25
字　　　数：356 千字
版　　　次：2024 年 6 月第 1 版　　2024 年 6 月第 1 次印刷
书　　　号：ISBN 978-7-5096-8795-6
定　　　价：88.00 元

前　言

客户！客户！对于企业而言，没有什么比赢得客户更重要的事情了。可以毫不夸张地说，企业做的任何工作，如技术创新、品牌建设、生产运营、财务管理都是为了赢得客户。没有客户或者被客户抛弃，任何企业都无法在这个竞争激烈的市场上存活下去，柯达和诺基亚的失败就是最好的证明。"客户就是上帝、以客户为中心、客户就是衣食父母"，就是要求企业要尊重和认真对待客户，不断优化企业的产品和服务，不断提升自身的管理"内功"，但这并不意味着企业对客户的全面妥协和无差别照顾，因为企业的资源有限，企业产品/服务也有自己的性格，选择合适的客户，留住他们，不断维持和提升他们的满意度和忠诚度，才是客户关系管理的基石。此外，在大数据技术的赋能下，企业的客户关系管理拥有了前所未有的技术便利，移动信息技术让企业随时都可以触达客户并为其提供全天候和全方位的服务，科学的数据统计和挖掘算法也让企业对客户的状态有了更加精准的认识。但需要注意的是，我们所处的时代并非只是数据时代，同时也是一个"心"的时代。客户关系管理技术只是"术"，从客户的"心"出发，敬畏、尊重、关心和服务好客户的心才是客户关系管理的"道"，只有术和道紧密结合，企业的基业才能长青。

本书可以作为中国大中专院校单一客户关系管理课程的教材使用。本书也可以作为企业管理者或者客户关系管理从业者的入门级读物，因为读懂本书的大部分内容并不需要特别专业的知识储备。另外，本书也非常适合企业管理咨询领域从业者阅读，因为书中总结了大量"实践有效"的知识，这些知识大多来自科研领域的研究证据和企业管理实践者的经验。

本书一共有十章内容：

第一章是客户关系管理导论。尽管客户关系管理（Customer Relationship Management，CRM）至今已有几十年的历史，而且随着移动互联技术的快速发展，曾经无法实现的客户关系管理设想一步步走向现实，应用场景也在不断丰富，但作为一门理论，客户关系管理的基本理念、内涵仍然值得我们关注，因为只有深入理解其理论内涵才能更好地开展实践。

第二章是客户的选择与开发。对于企业而言，寻找和开发客户是其生存的基础，重要性不言而喻。但并不是所有的客户都适合企业，企业和客户应该相互匹配，那么企业应该如何选择客户、企业又可以采取哪些策略和原则去开发客户呢，本章以综合营销的视角给出了一些可供参考的策略和方法。

第三章是客户心理分析与行为表现。企业销售的前提是了解人性，尽管现实世界中每个人都是独一无二的，但是作为社会人和经济人，每个群体都有一些共同的心理和行为，如何从不同方面、不同层次分析、把握和引导客户在决策和行为过程中的心理活动，是企业从事客户关系管理必须思考和研究的命题。

第四章是客户的信息管理。在这个大数据的时代，客户信息已经成为企业的一种重要资产。一个数据丰富、运营有效的客户信息数据库，能够帮助企业了解其产品或服务面向哪些类型的客户、存在哪些缺陷需要改进、应该采取何种产品策略和市场竞争策略，以及如何对客户关系进行管理等。企业需要掌握客户哪些信息，如何进行数据收集和管理是本章重点介绍的内容。

第五章是客户分级与价值管理。维持客户关系需要资源投入，企业需要将有限的资源投入对企业有高回报价值的客户群体中去，目的是实现企业投入产出效益最大化。本章将详细介绍几种客户分级和价值管理的方法。

第六章是客户满意管理。深入了解客户满意度影响因素对企业至关重要，掌握测量客户满意度的方法和工具，有助于企业实施客户满意管理，为客户提供综合性、差异化的服务。履行高度的客户承诺，是企业实现企业营销价值最大化的保障。本章将从客户满意理论出发，介绍客户满意度调研、测量和改善的一些策略。

第七章是客户忠诚管理。拥有一群高度忠诚的客户是企业经营管理的最高目标，但是让客户满意容易，而要使客户忠诚却非常难。本章将从客户忠诚的内涵开始，介绍客户忠诚形成的机理、客户忠诚与客户满意之间的区别与联系，以及实现客户忠诚的一些策略。

第八章是客户的沟通。越来越多的企业认识到"沟通产生价值"。有效的客户沟通，哪怕是客户的批评也可以让企业及时发现市场变化，改进管理方式和运营模式，甚至倒逼企业创新和发展。当前的社交、媒体和娱乐渠道为企业提供了多种与客户沟通的途径，但是哪种客户沟通方式更加有效我们还无从得知。本章将介绍客户沟通的作用、内容和策略，并从企业与客户双向互动的视角介绍相应的沟通途径。

　　第九章是客户投诉、流失与挽回。没有企业是完美的，也不存在用户永远满意的产品和服务。当客户的诉求得不到迅速、有效的回应时，企业就会面临客户流失的问题。本章将介绍如何进行客户投诉管理，如何利用数学模型分析和判断客户的流失情况，并在此基础上给出了一些挽回客户的策略。

　　第十章是客户关系管理系统。一个集成了先进网络和信息技术的客户关系管理系统就是一个威力巨大的工具，它在企业的业务流程层面上极大地增强了企业对市场营销、销售、客户服务等方面的支持以及满足客户需求的能力，对提高客户满意度和忠诚度具有极大的促进作用。本章并不专注于技术，而是通过管理学的视角对客户关系管理系统进行鸟瞰，主要对其三个核心子系统进行简要的介绍。

　　这些章节可以依据授课需求、课程设计和学生背景选择性使用，与本书配套的 PPT 课件可以向出版社申请索取。编者在每一章都设计了相关的案例分析题，读者需要注意的是，要回答这些题目不仅需要对本书相关章节的内容进行研读，同时还需要参阅其他信息和资料。

　　参与本书编写的有：包兴（第一章至第九章）和吴丽民（第十章）。包兴负责全书结构的策划和统稿。编者在编写本书的过程中参考了很多资料，这些资料已经在参考文献中详细列出，在此对这些专家学者表示深深的谢意。但编写教材是一项浩大的工程，难免挂一漏万，可能有些资料虽然引用了但因疏忽没有列出出处，编者在此表示万分歉意。

　　编者要特别对浙江工商大学的江辛教授致以谢意，正是和他的教学合作，才激发了编者编写本教材的动力，没有他的鼓励和支持，我们不可能完成本教材的编写。编者的学生给本书的编写提供了大量的帮助，如果没有他们对资料的收集和整理，本书亦不会如此之快地付梓。他们是戴冰如、王泽鑫、顾舒雨、孙家祺、王亦璇、申瑞坤、卢安欣、喻青莲。特别需要感谢朱枫颜同学，她从学生的视角为本书提供了大量的建议，做了大量的资料整理和文字校对工作。当然，还要感谢沈渊和王建明教授对本书的指导。此外，还要感谢经济管理出版社张莉琼编辑的大力支持。

　　由于编者水平有限和时间仓促，对客户关系管理的认识和研究都还不够深入，因此本书在叙述中难免出现疏忽和纰漏，真心希望各位专家、读者提出宝贵的批评意见并及时反馈给我们（电子邮箱 goldbxing@ outlook. com）。

目　录

第一章
客户关系管理导论

本章引言

关于"企业是什么"这个问题，管理学大师彼得·德鲁克有一个十分精辟的论断：是客户定义了企业而非相反。在企业创立、经营和发展的过程中，"客户"都被管理者放置于一个极为重要的位置。轻视客户的需求、不了解技术的发展、不关注客户关系的变化趋势、不更新管理理念，都会给企业带来极为严重的后果。本章将从客户关系管理的形成和发展开始，详细介绍现代客户关系管理形成和发展的历程、客户关系管理的核心思想和内涵，同时从企业实践、技术开发和理论研究等角度介绍现代客户关系管理的理论学说。

学习目标

- 了解客户关系管理产生的原因和发展历史
- 掌握客户关系管理的相关理念、内涵和思路
- 理解客户关系管理的九个学说和五大基础理论

第一节　客户关系管理概述

客户关系管理（Customer Relationship Management，CRM）既是一门科学又是一门艺术，经过多年的实践和理论研究，客户关系管理的理论体系和实践体系都有了长足的发展。特别是移动互联技术的突飞猛进和快速普及，使企业界和学术界对客户关系管理有了更加鲜活的认识，客户关系管理的理念、内涵不断更新和丰富。本节将全面介绍客户关系管理的产生和发展历程、理念、内涵和认识误区。

一、客户关系管理的形成和发展

（一）客户关系产生的原因

我们先来看一下"王婆卖瓜"这个老故事的新时代解释：

王美人在阿京腾村开了一家西瓜店，她的日常工作就是站在村东头吆喝卖瓜，吆喝的内容——"西瓜两角一斤，包熟包甜包皮薄！"三十年未变（营销方式未改变），昔日的王美人也不知不觉变成了村民口中的王婆。但是最近，王婆的生意有点不对劲，光顾西瓜店的老客户越来越少了。王婆很苦恼，于是走到了村西头一看，发现来了一个李婆（出现了竞争对手），李婆开了一家水果店，不仅卖西瓜，而且还卖西域葡萄这个新鲜水果（出现了新产品）。她看到了她的老主顾——老张头在李婆的店里买葡萄。老张头是一个满脸麻子的老头，长得不仅丑，而且每次买西瓜的时候总是喜欢多吃几口样品后再买，典型的一个讨厌鬼，王婆平时就不喜欢他。老张头看到王婆到李婆的水果店里来考察，怪声怪气嘲讽她："王婆，两年前我就跟你说出现了西域葡萄这种很好吃的新水果（客户需求有变化），你素来嫌弃我，对我爱理不理。这下好了吧，李婆来了，不仅卖西瓜而且还有葡萄。关键是，李婆从来不嫌我丑，还经常夸我脸上的麻子有个性（竞争对手在关心自己老客户）。还有，李婆卖瓜根本不像你那样用嗓子吆喝，人家买了个 HIFI 音响，里面播放的可是自创的水果歌（技术发生了改变），比你的老吆喝好听多了。另外，李婆还在她的水果店里面搞活动，邀请我家老婆子来做水果沙拉（营销理念发生改变），把我老婆哄得开心极了，她指定我买水果就到李婆家。更厉害的是，李婆还建了个微信群，每天都会在群里分享一些有趣的事情，还不定时有红包可以抢，我和我老婆都喜欢在群里（采用社群营销方式）。还有，如果要买水果，我现在都不需要去她店里，看她的微信群和朋友圈，在微信上直接下单，她家店小二就会把水果送上门（采用数字化营销工具）。这下你知道为什么你的吆喝没有用了吧？"

客户关系并不是一个新生事物，但为什么近二十年来，客户关系管理得到了很多公司的认可并付诸实践？其实王婆卖瓜新解已经给出了答案，我们可以从以下三个方面去理解客户关系管理形成的原因。

1. 需求的拉动

科技正以前所未有的力量改变和重塑我们的世界，琳琅满目的产品、各式各样的服务正不断涌向我们，人类可以骄傲地摆脱"物质缺乏"的恐惧，可以更加自由地选择所需的产品和服务。但正是因为客户的这种"自由"，却让企业头疼无比，因为他们发现：客户所需求的并不仅仅是企业的产品/服务，他们需要的更多！更具性价比的产品、更快捷更贴心的服务、更体面和更有尊严的享受……客户需要企业快速响应他们的需求，认真倾听他们的"内心"，认真对待他们和企业之间的关系，这都标志着"心时代"的到来。任正非曾不止一次告诫华为的经理们，要把精力放到客户身上，全心全意服务好客户，显然"维持卓越的客户关系"已经上升为企业的经营战略，已经成为各层级管理者必须学习的功课！

另外，企业规模越来越大，很多的管理者发现：他们在处理庞大的信息上越来越吃力。销售、客户服务、市场、制造、仓储等部门都拥有相应的信息，但是这些部门就像是藩篱一样阻隔了这些信息的整合和共享。客户的真实需求是什么，客户的"画像"是什么，客户需要企业什么样的服务……这些问题已经让很多企业陷入了"盲人摸象"的尴尬境地。这就需要企业在工具层面上对客户关系进行全面管理：整合客户的各项信息和活动，组建一个以客户为中心的企业系统，借助信息化，突破企业内部的信息藩篱，实现对面向客户的活动的全面管理。

2. 技术的推动

21 世纪以来，计算机技术、通信技术、网络应用、人工智能的飞速发展已经极大地改变了当前企业的运营方式和商业模式。电子商务在全球范围内开展得如火如荼，全球供应链体系展现出前所未有的高效。越来越多的企业开始利用虚拟空间和网络，收集客户信息，开展营销、生产和服务活动。更有意思的是，企业发现：这些活动不但提高了企业的运营效率，而且成本也很低。

网络和信息技术已经重新驱动和改变了企业和客户之间的互动关系。数据仓库、商业智能、知识发现等技术的发展，使收集、整理、加工和利用客户信息的质量大大提高。在可以预期的未来，通信技术会进一步提高企业生产效率并降低成本，企业的数字化转型将会成为一大趋势，"数字化"水平的高低甚至会影响一个企业的市场竞争和生存能力。

3. 管理理念的更新

市场和技术的变化正在改变企业的思维方式和管理理念。越来越多的企业开始意识到企业需要从"以产品为中心"的生产和推销观念转向"以客户为中心"的市场营销和管理观念。赢得客户的满意是企业经营的重心和关键，企业经营的主要内容是与客户进行双赢互动，并在这一过程中努力挖掘客户价值。

客户关系管理为企业更新和创新管理理念提供了一个全新的视角和一套完整的工具。客户关系管理需要应用大量的信息网络技术，这不仅让企业与客户之间的沟通更加及时和高效，同时也会改变企业内部各部门之间的沟通方式和效率，进一步触发企业组织架构、工作流程的重组及整个企业管理思想的变革。更重要的是，这种变革给企业带来的影响是极为深远的，它不仅帮助企业寻找到了自身的战略基石，而且还使企业通过使用一系列工具和系统获得了市场竞争优势。京东的案例就很好地展现了客户关系管理给企业带来的种种好处。

客户关系给京东带来的巨变

阅读小贴士

京东在"以人为本"的理念下，不断为消费者提供个性化服务，不断丰富客户体验，不断保持客户关系。

（1）极大丰富的产品线。在与淘宝竞争的过程中，京东越来越发现：有丰富的产品可供选择是客户购买的基础需求。为此，京东改变了原来"自营产品"的思路，将越来越多的（当然是经过京东认证和检验的）商家纳入到京东电子商务平台上。京东的这次战略转型，让其拥有了与淘宝竞争的底气。

（2）打造全国客服中心。为了保障消费者的购物权益，京东商城建立了全国客服中心。客服中心以呼入、呼出、IVR（Interactive Voice Response，即互动式语音应答）为主要的服务形式，服务于广大京东客户、准客户，提供订单咨询、修改、取消，价格保护，售后服务等各类咨询、服务项目。

（3）将服务定位为京东的核心之一。京东把服务当作一个品牌来经营，为消费者提供"211限时达"超快配送服务，"售后100分""全国免费上门取件"等售后服务，并尝试推出一系列特色上门服务，包括上门装机服务、电脑故障诊断服务、家电清洗服务等。"买家电、买电子产品就上京东"是客户对京东服务的最大肯定。

（4）快捷且便宜的物流服务。京东对物流体系超大强度的投资给京东带来了巨大的回报，"上午下单下午到货"的体验锁定了一大批"图省事、图方便"的中产消费群体。另外，京东承诺在运输"保价费"上永久免费，在配送环节上承担保险费用，运输过程的风险一律由京东承担，客户收到货物如果有损坏、遗失等情形，只要当场说明，京东立即发送全新的商品予以更换。高质量、快速度的物流服务为京东百货业务赢得了一大批中产群体客户。

资料来源：京东是怎样管理与客户之间的关系的［EB/OL］. http：//www.jy135.com/guan-li/294835.html，经编者整理。

（二）客户关系管理的发展阶段

与其他管理理念和工具一样，客户关系管理也经历了从初级到高级、从单点到体系的发展过程。这个过程可以划分为萌芽、产生、发展和提升四个阶段。

1. 萌芽阶段

20世纪80年代，美国许多企业为了降低成本、提高效率、增强企业竞争力，进行了业务流程的重新设计，衍生出了接触管理（Contact Management）的概念。为给流程改造提供技术上的帮助，许多企业采用了企业资源计划（Enterprise Resource Planning，ERP）。一方面，ERP提高了企业内部业务流程的自动化程度；另一方面，ERP的实施也促进了原有业务流程的优化。企业内部运作的高效率与高质量，使其拥有更多的精力应对企业外部的一些问题，即如何提高客户满意度，以抓住更多的商业机会。可以说，ERP在企业中的应用和推进，客观上也促进了客户关系管理雏形的形成。但是，此阶段客户关系管理的重心是为市场营销部门提供更加有效的信息工具，如销售自动化和客户服务与支持。

2. 产生阶段

20 世纪 90 年代初，电信技术和基础设施的普及和完善极大地降低了社会的通信成本。此时，美国的一些企业开始尝试利用电话来接触客户，并获得了客户的一些初级数据。其中的一部分企业从中发现了奥妙：通过分析客户属性和购买行为，可以增加企业的销售。到了 20 世纪 90 年代中期，一些企业开始将销售自动化和客户服务与支持两个系统结合起来，再加上营销策划和现场服务，同时集成计算机电话集成技术，形成了集销售和服务于一体的呼叫中心。这是一种具备交互功能的整体解决方案，它将企业的内部数据处理、销售跟踪、外部市场、客户服务等融为一体，为企业的营销提供及时全面的客户信息。通过这样的解决方案，企业能够清晰地了解客户的需求和购买情况，进而为客户提供相应的服务。在这一阶段，"呼叫中心+数据管理和分析"的雏形开始出现，但此时它的定位还主要局限于为客户提供服务的"客户关怀"（Customer Care）。但有意思的是，一些公司将客户关怀贯穿于市场营销的所有环节，即"从客户服务到售后服务，从产品质量到服务质量"，并且取得了惊人的成绩。

这一阶段中，一些公司和学者为客户关系管理做出了卓著的贡献。例如，高德纳咨询公司（Gartner Group Inc.）于 1999 年正式提出了客户关系管理的概念雏形，约翰·J. 斯维奥克拉（John J. Sviokla）与本森·P. 夏皮罗（Benson P. Shapiro）编写的《寻找客户》与《保持客户》则从商业策略这个角度对客户关系管理进行了深入的探讨。客户满意、客户忠诚、客户价值、客户保持等新概念都在这个阶段出现了，然而学术界对这些新概念、新观点并没有进行实证证明，它们更多的是企业和财经学者的直觉发现。

3. 发展阶段

进入 20 世纪 90 年代中后期，学术界对客户关系管理的本质、内涵和作用进行了大量的实证和理论研究，研究结果表明，实施客户关系管理对于企业存在诸多好处。最直接的好处就是帮助企业增加了市场销售份额、提高了企业的市场竞争能力、改善了企业的客户满意度和忠诚度。此外，还帮助企业发现了管理上的缺陷，为企业优化管理和业务流程做出了贡献，甚至帮助企业发现了新的客户需求和战略蓝海。理论研究将这些好处归纳为：客户关系管理对客户价值、关系价值链的促进作用。

在这个阶段中，高德纳和赫尔维茨（Hurwitz Group）等国际管理咨询公司积极推广它们的客户关系管理理念，并得到了丰田、微软和华为等公司的认可和采纳。IBM、甲骨文（Oracle）和萨普（SAP）等软件公司纷纷推出自己的客户关系管理解决方案，并在华为等企业的应用中取得了良好的成绩，客户关系管理的市场曾一度出现爆炸式的增长。但这个阶段客户关系管理市场的火热并不能说明客户关系管理在企业实战中的普适性，因为越来越多的研究者和企业发现客户关系管理投资量过大、期望值过高，而客户关系管理实施的成功率和投资回报率却非常低。于是，理论界和商业界开始理性地把重点放在客户关系管理的适用性上。

4. 提升阶段

进入 21 世纪，以互联网和移动通信为代表的信息技术快速发展，全球快速迈入大数据和人工智能时代，企业数字化水平快速提升，给客户关系管理带来了前所未有的契机。应该客观承认，正是"价格便宜量又足"的信息技术，促进了企业的客户关系管理。正是在这个阶段，各类客户关系管理软件公司如雨后春笋般涌现，企业部署系统软件和实施解决方案的成本大幅下降，而效率和效益却大幅提升。

在这个阶段，出现了以 iPhone 为代表的智能手机，移动互联应用 App 和电子商务的结合，大幅度降低了企业获得客户各类数据的成本，并且数据的实时性有了巨大的改善。客户消费预测、客户个性化推荐、客户流失预警、客户知识管理等方面的业务能够得到足够的技术保障，企业得以高效开展精准的客户关系管理。但这个阶段也产生了很多问题，海量的客户数据并没有得到有效的利用，企业对客户信息的挖掘能力还远不能达到理论上的水平，拥有大数据分析和处理能力的人才也远不能满足企业的需求，客户信息服务于客户关系发现、构建和维持的水平还需要进一步提升。未来，客户关系管理的大数据化和智能化领域将是全球就业的热门领域。

二、客户关系管理的理念、内涵和认识误区

（一）客户关系管理的理念

有学者分析指出，人均收入 3000 美元以下和 3000 美元以上的国家，其消费观念存在巨大的差异。目前，以价格取胜、质量取胜的"价廉物美"的传统经营理念逐渐被高收入的新生代消费者抛弃，个性化和多样化的客户需求正在改变

企业和客户之间的力量，越来越多的行业出现了买方占优的态势，"以产品为中心转向以客户为中心"的理念越来越被企业所认可。谁能把握住客户需求，谁就能够在市场中生存并获得巨大利润。客户关系管理的实践经验和理论研究给出了六个核心理念。

理念1：以客户为中心。"客户就是上帝。"将客户放在首位，满足客户需求，这是企业经营的出发点。企业必须重视客户，把客户群体当作第一考量要素。例如，Facebook在赚钱之前就已经成功吸引大量客户，阿里巴巴和腾讯在成为互联网巨头之前也拥有了海量客户。更为关键的是，这些知名企业还不断关注、发掘和引导客户的需求，不断扩展其市场份额和版图。"客户第一"不仅是阿里巴巴的企业价值观①，而且已经成为所有企业默认的第一条规则。

理念2：提高客户满意度。企业经营应始终围绕"不断提高客户满意度"这一理念，这是因为，市场竞争缩小了产品和服务的区别，客户选择产品和服务的标准也随之改变。以前的客户注重产品服务的质量，而如今的客户更注重企业能否满足其个性化需求使其满意。客户满意度越高，形成忠实客户的可能性也就越高。

理念3：增加客户忠诚度。忠诚的客户是企业最好的资源、最好的市场营销利器、最好的管理诊断师、最好的危机缓冲带。他们的反复消费以及口碑价值将会给企业带来不可预估的收益。将潜在的客户转为满意度高的客户、将满意的客户转化为忠诚的客户这一理念，应该牢牢地刻入企业每一位管理者和员工的头脑中。"培养一大批忠诚的客户"是企业所有人都应该为之奋斗的目标。

理念4：开拓新客户、保留老客户。"喜新不厌旧"是企业对待客户的态度，也是基本原则。一方面，客户流失是必然现象，企业需要不断挖掘新客户来保证客户数量的稳定。另一方面，若企业能够保留老客户，那么企业用于开发新客户的成本将会减少，同时老客户也可以通过口碑宣传将企业推荐给他人，从而使企业的新客户稳定增加。

理念5：鉴别和把握关键客户。不同的客户给企业带来的价值是不同的，存在明显的二八现象，即在整个客户群体当中，20%的客户带来了企业80%的利润。企业需要努力甄别这关键的客户群体，为其提供个性化服务，满足其需求，实现利润最大化。

---

① 阿里巴巴"新六脉神剑"企业价值观的第一条就是"客户第一"。

理念 6：将客户关系管理贯穿于市场营销的全过程。企业对待客户不应该抱有急功近利的想法。衡量客户的价值应该是多维度的，企业的市场营销需要从客户的生命周期角度去看待客户的价值。培育新的战略客户、引导潜在客户、提高客户满意度、增强客户忠诚度以及挽回即将或已经流失的客户应该贯穿于整个市场营销过程。

沃尔玛的"客户关怀"和"啤酒+尿布"

阅读小贴士

沃尔玛的经营秘诀在于不断地了解顾客的需要，设身处地为顾客着想，最大程度地为顾客提供方便。以下两个案例，可以充分体现客户关系管理的理念。

案例 1：帮助顾客就等于帮助自己

有一次，一位顾客到沃尔玛超市寻找一种特殊的油漆，而超市正好缺货，于是超市油漆部门的经理便亲自带这位顾客到对面的油漆店购买。该顾客和油漆店的老板都感激不已。沃尔玛的创始人沃尔顿常对员工说，让我们以友善、热情对待顾客，就像在家里招待客人一样，让他们感觉到我们无时无刻不在关心他们的需要。

案例 2：啤酒和尿布是有关系的

沃尔玛分析顾客的购买清单信息发现，啤酒和尿布经常同时出现在顾客的购买清单上。原来，美国很多男士在为自己孩子买尿布的时候，还要为自己带上几瓶啤酒。而在沃尔玛超市的货架上，这两种商品离得很远，因此，沃尔玛超市就重新分布货架，即把啤酒和尿布放得很近，使购买尿布的男人很容易看到啤酒，最终啤酒的销量大增。这就是著名的"啤酒与尿布"的数据挖掘案例。

资料来源：索德奎斯 . 沃尔玛不败之谜［M］. 任月园译 . 北京：中国社会科学出版社，2009.

（二）客户关系管理的内涵和认识误区

客户关系管理是建立在营销思想和信息技术基础上，专门研究如何建立客户关系、如何维护客户关系、如何挽救客户关系的科学，它将管理的视野从企业的内部延伸并扩展到企业的外部，是一套先进的管理理念、策略、方法和工具，有着丰富的理论内涵和实践内涵。

内涵1：客户关系管理是一种"管理"，是企业对客户关系进行计划、组织、指挥、协调、控制的过程。客户关系管理是一个复杂的系统，它覆盖企业的市场、运营和财务等各个部门，涉及整个企业运作流程的优化和改进，可校正和提升整个企业的经营理念和管理能力。

内涵2：客户关系管理是对"关系"的管理，其目的就是充分了解企业与客户之间的相互影响关系，并在此基础上建立、发展、保持有利于企业价值实现的活动。

内涵3：客户关系管理是对"客户关系"的管理。在企业销售产品或提供服务赢得利润的同时，客户也享受到了产品或服务的价值。客户关系管理的实质是在企业、客户双方互利共赢的前提下，使两者保持良好的互动关系。

尽管已经拥有成熟且完善的理论指导，但是很多企业在进行客户关系管理时仍然存在诸多的认识误区，以下是实践中经常见到的三种误区。

误区1：无原则的客户至上。企业践行客户关系管理，并不意味着企业需要对客户时时献殷勤、处处赔笑脸，"以客户为中心"并不是毫无原则地讨好、逢迎客户。与客户一样，企业也有尊严。企业和客户在正常情况下是完全平等的，双方之间关系的实质是买卖关系、交易关系、服务关系和利益关系的集合。企业和客户的关系必须建立在双方共同获得利益的基础上，企业必须为客户提供他们所需要的价值。如果企业提供的产品与服务不能满足客户的需要，那么无论怎么"请客送礼""走后门"和"搞关系"都无济于事。

误区2：仅在售后环节运用、缺乏主动和全流程的客户关系管理。对于客户关系管理，很多人将其认为是为客户提供售后服务，甚至许多企业将售后服务作为客户关系管理的唯一体现。售后服务固然重要，但是客户关系管理贯穿于企业生产销售的整个过程，更重要的是对客户信息的收集及分析，并将其运用到对产品及服务进行生产、销售和提供的全过程中。

误区3：把系统和软件当成客户关系管理。企业认为通过购买软件系统、配备相应的人员就可以实现客户关系管理。事实上，软件、数据库代替不了有温度的人际沟通。从根本上说，企业与客户体现的是利益关系、协作关系、双赢关系，即技术系统能力之外的利益、温暖、友善、信任，只有双方都愿意交往、愿意合作，客户关系才能建立、提高与保持，而这些仅凭计算机软件或数据库技术是无法达成的。

（三）正确认识客户关系管理

要想通过客户关系管理达成企业的战略、经营和变革目标，需要从根本上改变对客户关系管理的认识。

1. 客户关系管理是营销思想和现代信息技术的结合体，缺一不可

正确的营销思想是客户关系管理的核心理念。无论时代怎么发展、科学技术如何进步，"以客户为中心"都是企业进行市场营销的基本出发点，对应的营销理论和思想也都是为了实现对客户各式需求的满足。这需要企业的管理层和员工团队，从自身企业的属性和特质出发，重新思考、了解和掌握客户需求，为客户提供个性化的优质服务以满足客户需要，并且不断提高客户的满意度和忠诚度，促进企业的经营效率提升，实现销售收入的增长、市场份额的增加，以及企业盈利能力和竞争能力的提升。

现代信息技术是客户关系管理得以实现的高效工具。"工欲善其事，必先利其器。"当前的信息时代给企业带来了诸多"价格便宜量又足"的信息技术，数据库、数据挖掘、人工智能技术、应用集成技术、移动与互联网技术等现代技术已经开始在企业中广泛应用，正在改变客户关系管理的性能和效率，它们不仅帮助企业实现了客户需求的预测、跟踪，还实现了管理功能的电子化和自动化，为企业市场营销和其他业务流程的整合赋能。当然，对于企业而言，采用先进的信息技术并不是关键，关键是选择适合自己的软件和系统，"适合的才是最好的"。

基于大数据的淘宝购物个性化推荐系统

阅读小贴士

在日常生活中，你在打开淘宝购物时可能会遇到以下情形：

和好友同时打开 App 后发现，为什么两个人首页各个频道入口的图片以及文字不一致？为什么同样搜索可爱小背心，你和好友竟然出现不一样的商品列表？为什么我刚刚浏览了裤子以后，首页各个频道的展现变了？为什么在对比好友的以上界面，我更喜欢我自己的界面？以上情形背后的答案就是个性化推荐技术和相关搜索技术。

淘宝是如何知道我喜欢什么并且可能想要买什么的？这背后就是淘宝的数据收集技术和用户需求挖掘计算。首先，淘宝拥有每个用户的个人信息、购物历史信息，这些信息可通过神经网络需求预测模型推断用户可能的消费需求。其次，淘宝 App 中还采用了数据埋点技术收集用户的浏览行为数据，这些数据记录了消费者近期需求，通过相关需求挖掘计算可更加精准推断消费者的需求。

为什么淘宝能做到每个人手机 App 中商品显示都不一样？影响消费者购物成功的因素有很多，例如价格、售前/售后、物流等因素的权重并不相同。虽然淘宝提供了强大的搜索引擎帮助消费者找到其心仪的产品，但搜索仍然会耗费消费者大量的精力，降低了在淘宝上购物的体验感。为此，通过消费者个性化行为数据驱动的 App 界面显示，能够极大提升消费体验和消费者购物成交概率。

为什么它要这么做？淘宝花费了大量的人力物力去持续改进其推荐系统，一方面，是来自京东等竞争对手的压力，不断提升消费者购物体验（如方便、快捷和个性）是维持淘宝电子商务市场地位的重要战略。另一方面，淘宝的个性化推荐系统本身也是盈利单元，商家通过向淘宝购买用户消费行为数据能够显著提升其销售量和利润。另外，消费者行为大数据是淘宝延伸其企业战略的基础，例如这些数据为支付宝花呗等金融产品的风险控制和信用评价提供了充足的大数据。

资料来源：编者整理。

2. 需要主动、有选择地建立客户关系，积极维护客户关系

在建立客户关系时，企业需要成为"行商"而非"坐商"。当前的市场竞争越来越激烈，市场上可供替代的产品和服务也越来越多，目标市场的容量并非无限。当企业的竞争对手在不断创新、主动接触客户的时候，企业自身的市场份额就在不断缩小。企业必须积极主动地去和潜在的、当前的客户建立联系，充分了解他们的需求，并在企业的最大能力范围内满足客户的需求。请牢牢记住："征服了客户的心"才是最高等级的客户关系。

需要正确选择客户并与之建立长久关系。并非所有人都是企业的客户，"与所有人建立客户关系"既不经济也不现实。首先，企业有自己的个性，它的个性通过产品及服务品牌和精神向外传递，从而吸引一批具有同类个性的人，而这些人才是企业应该选择的客户。其次，企业个性并非一成不变，它的产品、服务和品牌的内涵会逐渐进化，选择认同企业发展战略的客户并与之建立关系，可以帮助企业占据市场竞争的优势地位。请牢记：不能盲目选择你的客户。

需要积极维护与客户的关系。建立客户关系已经十分不易，而长久地维护客户关系更为艰难。一方面，企业的竞争对手一直在努力，他们会使用更好的生产

技术和服务来挖企业的"墙角"（客户）。另一方面，企业和客户的关系并非坚不可摧，相反，这种基于交易和契约的关系十分脆弱。原本对企业满意的客户可能会因为企业的一个小失误而变得不满意，原本对企业忠诚的客户也会因为需求的改变而选择别的企业。企业需要创造性地使用营销方法和技术手段，将客户满意度维持在较高的水平；不断创新以满足客户不断变化的需求，与客户保持长期良好的关系；尊重并诚恳地对待客户，从客户的"心"出发，维持高水平的客户关系，减少客户流失的概率，延长客户对企业的价值贡献长度。

阅读小贴士

小米与"手机发烧友"

在互联网飞速发展并且不断成熟完善的形势下，小米公司既避免了在传统市场上和苹果、华为等手机巨头的面对面竞争，又利用时代潮流将视野聚焦到网络销售市场。面对数以亿计的网民，小米将自身主要服务的客户定为"手机发烧友"，通过 ABC 分析法、RFM 分析法、CLV 分析法对客户价值、客户潜力、客户生命周期、客户需求进行分析，并根据不同的客户需求，区分出各类型的客户，提供不一样的服务内容，采取不一样的营销手段，配以专业的服务方式。

雷军认为"客户是企业真正的老板"，客户为企业带来利润和销售额，给企业的生存与发展做出了最大的贡献，客户有资格炒企业的鱿鱼，而企业对客户应该有所区分和取舍。区分客户的两个重要指标是：客户对企业的需求、客户对企业的价值。只有深入了解客户的需求和价值，才能因人而异对客户进行特色服务。为客户提供最真切的服务，企业才能获取最大的利益。

资料来源：小米客户关系管理分析［EB/OL］.360 文库，https：//wenku. so.com/d/c22079a052 cb262a811e4055ef8b1b50，经编者整理。

扫一扫，看视频 ☞

第二节　客户关系管理的学说和理论

商业世界就像一个万花筒，复杂、多彩，也多变。当用不同的视角去看待客户关系管理时，它会呈现不同的特点，给我们以不同的启示。对于管理者而言，用不同的视角看待同一个问题既是一种能力也是一种要求，静态、单维的问题思考方式并不利于企业发展。本节将介绍客户关系管理的九个学说，同时也从学术研究的视角介绍它的五个基础理论。

一、客户关系管理的九大学说

客户关系管理的魅力在于：专家学者、企业实践者和技术开发者都可以拥有各自的一套逻辑对其进行分析和解说。客观且全面去了解以下九个客户关系管理学说，能够帮助我们理解它们的视角和优缺点。

（一）客户关系管理的战略说

最早提出客户关系管理概念的是高德纳咨询公司，其认为客户关系管理是一种商业战略而不是一套系统，涉及的范围是整个企业而不是单个部门，目标是增加盈利和销售收入，提高客户满意度。围绕上述理念，高德纳咨询公司明确了客户关系管理的定义，即客户关系管理是为增进利益、收入和客户满意度而设计的企业商业战略。此后，阿姆克·德克（Amdt Dirk）进一步发展了客户关系管理战略学说，他认为客户关系管理由获取新客户、保留客户和防止客户流失三个部分组成。该战略可以描述为：一个由客户获取、客户忠诚和客户挽救组成的客户关系管理过程模型。

（二）客户关系管理的策略说

高德纳咨询公司在客户关系管理领域的贡献并不局限于战略层面的宏观定义，它在策略层面上也给出了三个重要且清晰的观点：①客户关系管理为企业提供全方位的管理视角，赋予企业更完善的客户交流能力，最大化客户的收益率；②客户关系管理是企业与客户建立起长期、稳定、相互信任、互惠互利的密切关系的动态过程和经营策略；③信息技术是实现客户关系管理的一种手段，信息技术对于客户关系管理来说不是全部，也不是必要条件。

卡尔森市场营销集团（Carlson Marketing Group）也对客户关系管理给出了定义：通过培养公司的每一名员工、经销商和客户产生对该公司更积极的偏爱或偏好，留住他们并以此提升公司业绩的一种营销策略。客户关系管理的目的是：从客户价值和企业利润两方面实现客户关系的价值最大化。和高德纳咨询公司的观点相比，卡尔森市场营销集团的观点则更加偏向于将客户关系作为营销策略。

尽管诸多管理咨询公司都提到了信息技术（IT）在客户关系管理中的重要作用，但是一些学者认为需要从单纯的信息技术解决方案中跳出来，将客户关系管理视为一种经营策略，实施以客户为中心的经营业务流程。企业凭借应用信息技术将客户的资料整理出来，通过向企业销售、市场和客户服务方面的专业人员提供全面的、个性化的客户资料，强化其跟踪服务、信息分析的能力，建立和维护与客户之间的亲密信任关系，为客户提供更加快捷和周到的服务，并以此为手段提高企业的盈利能力、利润和客户满意度。

（三）客户关系管理的理念说

市场营销大师格雷厄姆认为，客户关系管理是企业处理其经营业务及客户关系的一种倾向、态度和价值观。也有学者认为，客户关系管理是一种经营理念，以客户为中心，这一理念的主要来源是现代营销理论。还有学者认为，客户关系管理是一种管理理念，其核心思想是将客户视为最重要的企业资产，通过完善的客户服务和深入的客户分析，发现并满足客户的个性化需求，不断增加企业带给客户的价值，提高客户的满意度和忠诚度，以此建立和巩固企业与客户之间长期稳定的关系，使企业获得可持续发展的动力。

（四）客户关系管理的制度说

制度学派认为客户关系管理是一套原则制度，企业在整个客户生命周期中都以客户为中心，其目标是帮助企业缩短产品销售周期和降低销售成本，增加收入，寻找扩展业务所需的新市场和渠道，以及提高客户的价值、满意度和忠诚度。但也有学者认为，客户关系管理从管理科学的角度来考察，源于"以客户为中心"的市场营销理论，是一种旨在改善企业与客户之间关系的管理机制。

虽然制度学派探究的是客户关系管理的本质，但该学派也认同客户关系管理的运作手段，即通过对信息、资源、流程、渠道、管理、技术等进行合理高效的整合利用，使企业获得较高的利润回报，并长远地帮助企业巩固客户和赢得市场方面的利益。

（五）客户关系管理的目的说

赫尔维茨集团认为，客户关系管理的焦点是改善销售、市场营销、客户服务与支持等领域与客户关系有关的商业流程并实现自动化。它既是一套原则制度，也是一套软件和技术。其目的在于增加收入，寻找扩展业务所需的新市场和渠道，以及提高客户的价值、满意度和忠诚度。

客户关系管理在方式和内容上，通过对市场营销、销售和服务等一线工作导入流程的管理，让每一类客户的需求都能通过一系列规范的流程得到快速而妥善的处理，并且让服务同一个客户的销售、市场营销、服务人员能够紧密协作，从而大幅度提高销售业绩与客户满意度，使客户不断重复购买本企业的产品或服务。

（六）客户关系管理的行动说

客户关系管理的行动说认为，客户关系管理是指企业通过富有意义的交流沟通，理解并影响客户行为，最终实现客户获取、客户保留、客户忠诚和客户创利的目的。

该学派的观点更加偏向于实战派，强调企业与客户的互动沟通，认为这种互动沟通是富有意义的，能够基于此来了解客户，并在了解客户的基础上影响客户的行为，最终可以使企业获取更多的新客户，同时留住老客户，从而达到让客户创造价值的目的。

（七）客户关系管理的技术说

莱因霍尔德·拉普（Reinhold Rapp）博士指出，客户关系管理是一套管理软件和技术，其目的是通过分析客户的兴趣爱好，为客户提供更好的服务。它由三部分组成，即网络化销售管理系统、客户服务管理系统、企业决策信息系统。他将客户关系管理视为对客户数据库的管理，客户数据库是企业最重要的数据中心，记录了企业在整个市场营销过程中与客户发生的各种交互行为及各类相关活动的状态。

乔恩·安东（Jon Anton）认为，客户关系管理是一种客户接入的整合技术系统。它是将公司重要的内外部信息无缝衔接，提高公司对电话系统、网站以及电子邮件接触点的整合水平，形成计算机电话集成和呼叫中心，使客户通过自助服务就能购买重要产品，最终提高客户忠诚度、客户价值和客户利润率。

SAS 公司是全球著名的统计软件提供商，其认为客户关系管理是一个过程。

通过这个过程，企业可以最大化地掌握并利用客户信息，进而提高客户的忠诚度，实现客户的终生挽留。该定义强调企业对客户信息的有效掌握和利用，强调如数据库、决策支持工具等技术在企业收集和分析客户数据中的作用。

SAP 公司是全球知名的 ERP 软件提供商，认为其客户关系管理是对客户数据的管理，记录了企业在整个营销与销售过程中和客户发生的各种交互行为，以及各类相关活动的状态，并为企业提供各种数据库的统计模型，为其后期的分析与决策提供支持。

IBM 公司认为，客户关系管理是企业用来管理客户关系的一套方法和技术，企业通过提高产品性能，增强客户服务，提高客户交互价值和客户满意度，与客户建立起长期、稳定、相互信任的密切关系，从而吸引新客户、维护老客户，提高企业的效益和竞争优势。IBM 的定义包含两个层面：第一，企业实施客户关系管理的目的是通过一系列的技术手段了解客户目前的需求和潜在的需求，适时地为客户提供产品和服务；第二，企业要整合各方面的信息，使企业对某一个客户的了解达到完整性和一致性。也就是说，企业内部相关部门实时地输入、共享、查询、处理和更新客户信息，并对客户信息进行分析和挖掘，分析客户的所有行为，预测客户将来对产品和服务的需求，根据客户的需求提供一对一的个性化服务。

IBM 公司还把客户关系管理功能分为三类：关系管理、接入管理和流程管理，涉及企业识别、挑选、获取、保持和发展客户的整个商业过程。①关系管理是与市场营销、销售、服务与支持相关的业务流程的自动化管理，利用数据挖掘技术或数据库分析客户行为、预期需要，具有全面的客户观念和客户忠诚度衡量标准与条件。②接入管理主要是用来管理客户和企业交互的方式，如计算机电话集成、电子邮件响应管理系统等，包括行政管理、服务水平管理和资源分配功能。③流程管理是客户关系管理成功实施的关键，所有的业务流程必须灵活，企业要随着商业条件或竞争压力的变化做出相应改变。

（八）客户关系管理的工具说

该学说认为，客户关系管理是一个"聚焦客户"的工具，网络时代的客户关系管理应该是利用现代信息技术手段，在企业与客户之间建立一种数字的、实时的、互动的交流管理系统。该系统通过应用现代信息技术，使企业市场营销、销售、客户服务与支持等业务流程信息化，实现客户资源有效利用。

该学说的观点深刻影响了客户关系管理软件的开发思路，为技术开发人员提供了具体的问题解决方案，如利用软件简化和协调市场营销、销售、服务与支持等各类业务的过程。同时，该学说也为企业内部从事客户关系管理的操作人员提供了问题解决方案，将多种与客户交流的渠道，如面对面、电话沟通、Web 访问和 App 交互等合为一体，以方便企业按客户的喜好使用适当的渠道与客户进行交流。但对于企业的管理者和学术研究者而言，该观点涉及的层面较低且缺乏内涵。

（九）客户关系管理的方案说

该学说主要得到了客户关系管理软件和系统提供商的认可。从系统和软件开发部署的角度来看，客户关系管理是信息技术、软硬件系统集成的管理办法和解决方案的总和。该学说认为，客户关系管理既是帮助企业管理客户关系的方法和手段，又是一套实现营销、销售、客户服务流程自动化的软件乃至硬件系统——客户关系管理系统首先应该是一种管理信息系统。

在该学说的影响下，客户关系管理被视为一种专门的管理软件和管理方法，利用当代最新技术为企业提供问题解决方案。它将市场营销的科学管理理念通过信息技术集成在软件上，将互联网、电子商务、多媒体、数据库与数据挖掘、智能系统、呼叫中心等技术因素与营销等管理要素结合，为企业的市场营销、销售、客户服务提供了系统的、集成的、智能化的解决方案。

二、客户关系管理的五个基础理论

客户关系管理的产生和发展并不是一个独立的事件，关系营销、一对一营销、客户细分、客户生命周期和客户感知价值等理论为其奠定了坚实的理论基础，了解这些理论对理解客户关系管理的核心理念具有十分重要的作用。

（一）关系营销理论

关系营销理论是对市场营销学理论的重大突破，强调了客户关系在企业战略和营销中的地位与作用，营销的目的应该从"获取短期利润"转向"与各方建立和谐的关系"。企业与客户之间保持长期的关系是关系营销的核心思想。可以非常肯定地说，关系营销是客户关系管理的理论基石，它直接推动了客户关系管理理论体系的产生。

关系营销的概念最早由得克萨斯州 A&M 大学的伦纳德·L. 贝瑞（Leonard

L. Berry）教授于 1983 年在美国市场营销学会的一份报告中提出，他认为关系营销是吸引、维持和增强客户关系。1996 年贝瑞教授又给出了更为全面的定义，指出关系营销是为了满足企业和相关利益者的目标而进行的识别、建立、维持、促进同消费者的关系并在必要时终止关系的过程，这只有通过交换和承诺才能实现。

还有几个学者就关系营销提出了重要且有趣的观点。例如：顾曼森从企业竞争网络化的角度来定义关系营销，认为"关系营销就是市场被看作关系、互动与网络"。摩根和亨特基于经济交换与社会交换的差异来认识关系营销，认为关系营销是旨在"建立、发展和维持关系交换的营销活动"。

从广义上来看，关系营销是指企业通过识别、获得、建立、维护和增进与客户及其利益相关人员的关系，利用诚实的交换和服务，与涉及客户、供应商、分销商、竞争对手、银行、政府及内部员工的各种部门和组织建立一种长期稳定的、相互信任的、互惠互利的关系，以使各方的目标在关系营销过程中实现。

从狭义上来看，关系营销是指企业与客户之间的关系营销，其本质特征是企业与顾客、企业与企业间双向的信息交流，是企业与顾客、企业与企业间的以合作协同为基础的战略过程，是关系双方以互惠互利为目标的营销活动，是利用控制反馈的手段不断完善产品和服务的管理系统。

（二）一对一营销理论

艾拉·马塔拉对此有着鞭辟入里的见解：

"我们现在正从过去大众化的消费时代进入个性化消费时代，大众化消费时代即将结束。现在的消费者可以大胆地、随心所欲地下指令，以获取特殊的、与众不同的服务。哪怕部分消费者总体上倾向于和大众保持同质化的产品或服务消费，但是也期望商家在送货、付款、功能和售后服务等方面能够满足其特别的需求。正因为每个顾客都有着不同的需要，通过市场细分将一群顾客划归为有着共同需求的细分市场的传统做法，已不能满足每个顾客的特殊需要。而现代数据库技术和统计分析方法已能准确地记录并预测每个顾客的具体需求，从而为每个顾客提供个性化的服务。"

资料来源：《一对一营销》读后感 [EB/OL]. 百度文库，https：//wenku. baidu. com/view/ddf79c2e 915f804d2b16c139. html，经编者整理。

客观地说，一对一营销理论是在消费者个性化需求的时代背景下对传统营销的补充和提升。传统的营销是以某种产品或服务为营销中心，一次关注一种产品或服务，满足一种基本的顾客需求，然后挖掘市场，尽可能多地找到在当前销售季节中有这种需求的顾客。一对一营销关注的中心是顾客，不是一次关注一种需求，而是一次关注一位顾客，尽可能多地满足这位顾客的需求。这两种营销理念至少存在以下两个方面的不同：

（1）传统营销通过推出新产品以及对产品进行延伸，尽量对产品在实际意义上进行区分，或者利用品牌和广告在观念上进行区分；而进行一对一营销的企业一次照料一位顾客，是将每一位顾客与其他人区分开来。

（2）实行传统营销的公司的目标是赢得更多的顾客，并以此扩大产品或服务的市场占有率；一对一营销不只关注市场占有率，还尽量增加每一位客户的购买额，也就是在一对一的基础上提升对每一位客户的占有程度，目标是更长久地留住顾客。

戴尔公司的一对一营销

世界上开展一对一营销较为成功的公司是美国的戴尔公司，它为了迅速打开营销局面，拓展出自己的营销特色，针对各个消费者的不同需求和爱好，专门设计并生产出了属于其个人的不同电脑，并有针对性地向各个消费者提供独具特色的服务，戴尔公司以特色鲜明的一对一营销方式，取得了公司销售业绩的飞速提升，成为世界上成功运用一对一营销方案的经典范例。

戴尔公司在创始之初就坚持"黄金三原则"：第一，摒弃库存；第二，坚持直销；第三，让产品与服务贴近顾客。这三项原则，极大地降低了公司的营销费用，形成了一种新的经营方式，即一种不同于企业传统营销的经营模式，直接掌握销售信息，确定销售标准，与顾客直接沟通，满足顾客的个性化设计需求，接受订单然后投产的生产模式。戴尔公司让顾客自己在网上获得产品和服务信息，并进行交易，主要包括：顾客自助查询产品信息；顾客自助查询订货数据，支付或调整账单，以及获取服务；顾客根据自身情况，自由选择获取信息的通信工具（电话、传真、邮件）；网上故障诊断和技术支持。戴尔公司建立了一个全面的技术知识数据库，里面包含戴尔公司提供的硬件和软件可能出现的问题和解决方法，同时还有处理回信、交易和备份、零件运输等的程序和系统。所有这些基础结构——用户数据库、产品信息和帮助知识数据库，都在戴尔公司的网站上得到了很好的运行。

资料来源：范晓杰，代安荣．电脑世界的佼佼者：戴尔［M］．长春：吉林出版集团有限责任公司，2015.

（三）客户细分理论

客户细分在 20 世纪 50 年代中期由美国学者温德尔·史密斯提出，其理论依据是顾客需求的异质性，企业需要基于有限的资源进行有效的市场竞争。企业在明确的战略业务模式和特定的市场中，根据客户的属性、行为、需求、偏好以及价值等因素对客户进行分类，并有针对性地提供产品、服务。

一般来说，可以从以下三个方面进行客户细分：

1. 外在属性

客户的外在属性包含：客户的地域分布，客户的产品拥有，客户的组织归属（如企业客户、个人客户、政府客户等）等信息。通常，这种分层最简单、直观，数据也相对容易得到。但这种分类比较粗放，我们依然不知道在每一个客户层面，谁是"好"客户，谁是"差"客户。我们能知道的只是某一类客户（如大企业客户）较之另一类客户（如政府客户）的消费能力更强。因此，客户的外在属性更多的是为企业提供宏观层面上的客户研究基础。

2. 内在属性

内在属性更多地关注客户的内在因素，比如性别、年龄、信仰、爱好、收入、家庭成员数、信用度、性格、价值取向等。相对于客户外在属性数据，客户内在属性数据给出了更多详细的数据，和客户外在属性数据相结合，可为营销活动的策划和开展提供指导。在企业营销分析中，客户外在属性数据+内在属性数据的叠加分析方法是最为常见的分析方法。但这种分析方法仍然存在两个严重的问题：一是没有办法深入了解某一类客户消费背后的行为；二是该方法属于静态描述分析，可能无法为长久的营销战略提供趋势性研判。

3. 消费行为分类

不少行业采用了营销理论中较为常用的 RFM 模型——最近消费（Recency）、

消费频率（Frequency）与消费额（Monetary）——对消费者行为进行分析。例如，通信行业经常会使用 RFM 模型对客户进行分类，涉及客户的话费、使用行为特征、付款记录、信用记录、注册行为等数据。通常来说，分析人员可以在一个记录完善的财务和销售系统中得到上述数据。

通过对消费行为数据的跟踪和分析，可以对某些客户行为的变化和转向进行及时有效的分析。但这种消费行为分析模型也存在着诸多问题：一是它只适用于现有客户，无法对潜在客户进行分类，因为潜在客户的消费行为还没有开始，当然分类无从谈起。二是即使对于现有客户，消费行为分类也只能满足企业客户分层的特定目的（如奖励贡献多的客户），至于找出客户的特点进而做出市场营销决策，则要做更多的数据分析工作。

（四）客户生命周期理论

客户生命周期（也称客户关系生命周期）是指从一个客户开始对企业进行了解或企业欲对某一客户进行开发开始，直到客户与企业的业务关系完全终止且与之相关的事宜完全处理完毕的这段时间。客户的生命周期是企业产品生命周期的演变，对企业而言，客户的生命周期比产品的生命周期重要得多。客户生命周期描述的是客户关系从一种状态（一个阶段）向另一种状态（另一个阶段）运动的总体特征，从理论上来看，可以划分为考察期、形成期、稳定期、退化期四个阶段。

（1）考察期：考察期是客户关系的孕育期。由于客户是第一次接触企业，需要花大量时间和精力来搜集信息并做出购买决策，然后进行尝试性下单，所以交易量一般较小。企业则需要花费大量人力和物力进行调研，确定该客户是否为目标客户，此时企业对客户的投入较多，但客户尚未对企业做出贡献。

（2）形成期：形成期是客户关系的发展阶段。此时双方已经建立了一定的相互信任和相互依赖关系，客户愿意承担部分风险，对价格的忍耐力有所增加，需求进一步扩大。企业从客户的交易行为中获得的收入已经大于投入，开始盈利。但是，这一时期客户关系没有固化沉淀，客户在做购买决策时，还会对相关竞争性产品进行评价对比。因此，这一阶段的客户群体具有稳定性较差、需求的波动性较大、容易受外界影响等特征。在此阶段内，企业要建立并完善客户档案信息，通过恰当的方式与客户沟通，了解客户的真实需求和感受，同时向客户传递企业的价值观，通过"承诺和兑现承诺"使客户建立起对企业的信任，在满足客户对企业基本预期的基础上，努力实现甚至超越客户的预期，以帮助客户抵制竞争者的促销和诱惑。

（3）稳定期：稳定期是客户关系发展的最高阶段。此时企业与客户双方已经建立长期合作关系，客户对产品或服务的数量和质量需求稳定，对价格的敏感度降低，价格忍耐力达到最大值，交易量增大，客户对企业的产品和服务有信心，愿意试用新产品和新服务，并主动为企业传递良好的口碑及为企业推荐客户，形成外部效应。稳定期客户关系管理的任务是"保持"，即将客户关系保持在一个较高的水平，并且保持尽可能长的时间。保持策略是企业通过恰当的客户接触渠道和客户沟通方式，向客户传递企业价值观，建立双方信息共享机制和深度合作平台，提高客户的参与程度，通过企业和客户之间的互动创造价值。这一阶段应构建客户学习曲线，使客户感受到和企业保持现有关系所带来的附加价值和成本节约，培养客户的"主动忠诚"，同时提高客户转移成本，培养客户的"被动忠诚"。

（4）退化期：退化期是客户关系发展过程中的逆转阶段，表现为客户的购买水平下降。这种下降可能骤然发生，也可能缓慢出现，原因很可能是客户对产品或服务的不满意度增加，客户开始与企业的竞争者来往。退化期在客户生命周期中并不总是处在稳定期之后的第四阶段，而是在上述三个阶段的任一阶段中都有可能发生。如果客户关系没有存在的必要，就采取客户关系终止策略；如果客户关系仍然有存在的必要，就应该采取关系恢复策略。企业应当认真倾听客户的心声、了解客户的真实需求、分析客户流失的原因，并制订重建信任的关系恢复计划，并且保证承诺的内容能够兑现，努力过后，即使客户仍拒绝恢复关系企业也要表现得大度。

（五）客户感知价值理论

Zeithaml 在 1988 年提出了客户感知价值（Customer Perceived Value，CPV）理论，她将客户感知价值定义为：客户将其所能感知到的利得与其在获取产品或服务中所付出的成本进行权衡后对产品或服务效用的整体评价。该理论的贡献在于，提出了研究客户价值的两个重要因素：一是客户对自身所获取的价值的感知，二是客户对自身所付出成本的感知。

价值是由客户决定而非企业。对于客户而言，价值是他的全部付出所能得到的全部。客户感知到的价值既有其付出的因素（时间、金钱、努力），也有其得到的利益。综合来讲，客户有以下 12 类感知价值。

（1）价格的价值：这是价值最为基本的来源。它的特征是客户会为了较低的价格流向同类提供商。将价值等同于价格的客户是传统的价格追求者。这就是长途电话服务和诸如抵押之类的金融产品通常在价格层次上进行竞争的原因。

（2）便利的价值：如果企业可以使客户很容易地获取他们需要的产品或服务，并且便利地进行交易，那么便利的价值就被创造出来了。便利或者方便的价值可以通过企业在客户需要的时候营业、保持位置的便利、提供多种服务等方式创造出来。

（3）选择的价值：在客户选择时给他们提供更多选项或者更多获得这些选项的方法就是为他们创造了价值。客户可以与企业继续交往，并能够以节省时间、精力和心理成本为目的选择与企业交易的方式。当企业允许客户选择交易、支付、运输产品、获取信息的方式时，选择价值就被创造出来了。

（4）员工的价值：这种形式的价值与企业接待客户的水平和方式有关。高质量的服务往往能够使客户成为回头客，而这往往要归功于员工的行为和态度。服务包括很多方面，例如提供服务的速度和态度等。

（5）信息的价值：为客户提供更多的信息可以为他们增加价值。如果客户得到了这些信息，他们就可以根据自身的知识做出选择，这有助于他们进行决策。例如，很多客户并不完全了解他们使用的技术的全部作用，他们很愿意学习使用新的方法来应用这项技术。了解技术的功能并且知道如何全面发挥它的潜力，可以减少客户的焦虑并增加他们获得的价值。

（6）关联的价值：客户有时候会从与某个特定的服务提供商的关联中获得快乐和一定程度的舒适感，这种关联带来了正面的贡献或者说价值。一些客户会骄傲地宣称他们是某家公司的客户，因为别人对这家公司的评价很高，这些客户由此会产生一定的优越感。

（7）功能的价值：很多服务提供商获得的好评并不是来自核心产品或服务，而是来自这种产品或服务带来的效果。例如，呼叫中心使父母可以随时知道他们的孩子在哪里。将注意力集中于服务的影响上而不是服务本身，也可能会增加客户获得的价值。

（8）关系的价值：如果在交易过程中企业让客户感觉良好，那么关系价值就会被创造出来。这种类型的价值与企业的产品或者产品的价格没有直接的联系，而是体现在与客户某些微妙的互动中。例如，向客户询问他们喜欢同什么样的企业进行交易，他们总是会提到那些给予他们特殊照顾的公司，这些企业看起来很了解他们，并且很看重与他们的业务往来。企业在与客户的互动中表现出的对客户的重视，会让客户感到与这些企业很亲近，并且使其在向他人介绍的时候使用大量私人化语言，如"我的美容师""我的律师"。客户感觉自己成为这个组织的一部分，并对它有着丰富的感情。

（9）个性化的价值：如果企业接待客户的时候重视他们的个体差异，就可以为客户创造出个性化的价值。通过为客户量身定制服务，企业就可以表明自己是多么的重视客户，而客户对公司是具有价值的。

（10）惊喜的价值：这种价值指的是客户意外地从好消息或者说特别的待遇中获得的收益。这需要服务提供商寻找机会用意外的行动或者计划打动客户，发出信息表示公司已经注意到了并真正重视他们的需要。如果企业员工采用很独特的方式帮助客户解决问题或者是获取信息，企业就会给他们留下深刻的印象。

（11）记忆的价值：这种价值源于客户很多年来一直保存在他的记忆中的一些情景和经历。为客户创造第一次体验：带孩子去迪士尼乐园并不是因为这个环境本身的特殊性，而是为了分享一种经历，这种经历已经成为家庭谈话内容的一部分而且会保持很多年。记忆价值产生于客户的内心，并且会在那里保留很长时间。为客户创造经历价值与记忆价值的概念密切相关。娱乐只是一次经历的一部分，一旦客户参与进去，经历价值就会被创造出来。企业可以将服务经历变为一种有纪念价值的经历，而提供这种特殊服务将会使客户永远记得这种经历，并且会向他的朋友和同事介绍这种经历。

（12）社区的价值：这种价值与企业的社会责任和在社区展现的形象有关。企业并不是一个单纯的营利性机构，其若单纯展现"Business is Business"会让广大的社区成员认为企业是自私和逐利的，从而在心里留下负面的企业形象。事实上，企业盈利和承担社会责任并不矛盾，相反，企业通过在社区展现高尚、温暖和有责任的形象，反而会促进企业的发展。

扫一扫，看视频 ☞

本章小结

本章详细介绍了现代客户关系形成和发展的历史脉络，如果你能够发现客户需求变化和科技发展两种力量正在改变我们的市场，能够从企业界和学术界两个领域去认识客户关系管理的"基础"理念、内涵、体系和内容，那么你就有了充分的知识储备去更新你所在企业的管理和营销理念。但是本章的内容更多的是"基础"，因为本章介绍的是"前导"和"概述"性的内容，更多有关客户关系管理的内容，还请读者阅读后续章节中的内容。

本章案例

星巴克的客户关系

星巴克是一个奇迹。自1992年在纳斯达克上市以来，星巴克的销售额平均每年增长20%以上。截至2006年，星巴克的股价上涨了2200%。星巴克也是世界上增长最快的品牌之一，它是《商业周刊》评出的"全球最佳品牌100强"之一，是在2008年全球经济危机下为数不多的仍能保持品牌价值增长的公司（与2007年相比，星巴克的品牌价值增加12%）。

不过，星巴克引人注目的并不是它的增长速度，而是它的广告支出之少。星巴克每年的广告支出仅为3000万美元，约为营业收入的1%，这些广告费用通常用于推广新口味咖啡饮品和店内新服务，譬如店内无线上网服务等。与之形成鲜明对比的是，同等规模的消费品公司的广告支出通常高达3亿美元。

星巴克成功的重要原因是它视"关系"为关键资产，公司董事长舒尔茨一再强调，星巴克的产品不是咖啡，而是"咖啡体验"。与客户建立关系是星巴克战略的核心部分，它特别强调的是客户与"咖啡大师傅"的关系。

舒尔茨认识到"咖啡大师傅"在为客户创造舒适、稳定和轻松的环境中的关键角色，那些站在咖啡店吧台后面直接与每一位客户交流的吧台师傅决定了咖啡店的氛围。为此，每个"咖啡大师傅"都要接受培训，培训内容包括客户服务、零售基本技巧以及咖啡知识等。"咖啡大师傅"还要预测客户的需求，并在解释不同的咖啡风味时与客户进行目光交流。

因为认识到员工是向客户推广品牌的关键，所以星巴克采取与市场营销完全不同的品牌管理方式。星巴克将其他公司可能用于广告宣传的费用用于发放员工福利、进行员工培训。1988年，星巴克成为第一家为兼职员工提供完全医疗保险的公司。1991年，它又成为第一家为兼职员工提供股票期权的公司，星巴克的股票期权被称为"豆股票"（Bean Stock）。舒尔茨在其自传《星巴克咖啡王国传奇》中写道："'豆股票'及信任感使得职员自动自发地以最大热忱对待客人，这就是星巴克的竞争优势。"星巴克的所有员工，不论职位高低，都被称为"合伙人"，因为他们都拥有公司的股份。

星巴克鼓励授权、沟通和合作。星巴克公司总部的名字为"星巴克支持中心"，这表示对于那些在星巴克店里工作的"咖啡大师傅"们来说，公司管理层将为他们提供信息与支持。星巴克鼓励分散化决策，并将大量的决策放到地区层面，这给员工很大的激励。许多关键决策都是在地区层面完成的，每个地区的员工就新店开发与总部密切合作，帮助总部识别和选定目标人群，与总部一起完成最终的新店计划，保证新店设计与当地社区文化相符。星巴克的经验显示，在公司范围内沟通文化、价值和最佳实践是建立关系资产的关键部分。

另外，客户在星巴克消费的时候，收银员除了要在收银机中输入产品名称、价格以外，还要输入客户的性别和年龄段，否则就打不开收银机。所以星巴克可以知道客户消费的时间、产品、金额以及客户的性别和年龄段等，除此之外，星巴克每年还会请专业公司做市场调查。

星巴克也通过反馈来增强与客户的关系。每周，星巴克的管理团队都要阅读原始的、未经任何处理的客户意见卡。一位主管说："有些时候我们会被客户所说的吓一跳，但是这使我们能够与客户进行直接的交流。在公司层面上，我们非常容易失去与客户的联系。"

星巴克将其关系模型拓展到供应商环节。现在，许多公司都将非核心业务剥离出来，这使它们与供应商的关系变得极其关键，特别是产品关键部件的供应商。有些公司把所有完成的交易都视为关系，但是真正优秀的公司都认识到，商业交易和真正的关系之间存在着巨大的差别，即是否存在信任，他们都投入大量的资源以与供应链上的合作伙伴建立信任关系。

星巴克倾向于建立长期关系，它愿意通过与供应商一起合作来控制价格，而不仅仅是从外部监控价格，于是投入大量的时间与金钱来培育供应商。在星巴克看来，失去一个供应商就像失去一个员工，因为你损失了培育他们的投资。星巴克对合作伙伴的选择非常挑剔，但选择过程结束后，星巴克就会非常努力地与供应商建立良好的合作关系。第一年，两家公司的高层主管代表通常会进行三到四次会面，之后，每年或每半年进行一次战略性业务回顾以评估这种合作关系。产品和产品涉及的领域越重要，参与合作沟通的主管级别就越高。

资料来源：星巴克是怎样管理客户关系 ［J/OL］.36 氪，https：//36kr.com/p/1485647517810824；星巴克客户关系管理调研报告 ［EB/OL］.https：//wenku.baidu.com/view/8c0edc1a58cfa1c7aa00b52acfc789eb172d9ef7.html，经编者整理。

问题思考：

1. 星巴克的客户理念是什么？

2. 星巴克是怎样管理客户关系的？

第二章

客户的选择与开发

本章引言

当前，我们处在一个商品品类"大爆炸"的时代，同时也处在一个极具个性的"心"时代。寻找和开发客户是企业在这个激荡时代稳定发展下去的基础，但是很多企业都面临一个同样的问题：我应该选择什么样的客户？要做出合理的客户选择需要经过多方面的考量，那么哪些因素会影响到企业的客户选择？又有哪些客户开发的策略和方法是企业可以运用的？本章首先介绍了企业选择客户的重要性，由此引出应该选择什么样的客户和选择客户的一些策略与原则；其次从综合营销的角度介绍了客户开发的一些基本策略和方法。

学习目标

- 理解为什么要进行客户的选择
- 了解选择客户时常用的策略
- 熟练掌握开发客户的两种策略
- 了解推销和营销导向客户开发策略的优劣

第一节　为什么要选择客户

迈克尔·雷在《成功是道选择题：斯坦福大学人生规划课》中写道："选择是影响个人成功的一个重要因素。"企业亦如此。选择客户在很大程度上决定了企业的战略、运营和营销模式。没有一个企业会不加区分地选择客户，因为面向所有客户意味着残酷的同质化、全方位竞争、极低的运营效率以及无法承受的资源消耗。细分市场并选择最好的客户，将有限的资源尽可能多地投入在使自身利益最大化的关系客户上是企业成功的关键。本节将从四个方面对"为什么要选择客户"进行阐述。

一、不是所有的购买者都会是企业的客户

一方面，每个客户都有不同的需求，需求个性化决定了不同的客户会购买不同的产品。任何企业都不可能把所有的购买者作为自己的服务对象，不可能满足所有购买者的所有需要，也不可能为所有的购买者提供令其满意的产品或服务。另一方面，企业每增加一个客户就需要占用一定量的资源（如人、财、物、生产能力、时间等），然而企业的资源是有限的，这就决定了企业不可能什么都做，即没有哪家企业能提供市场上需要的所有产品或服务，也没有哪家企业能把全世界的钱都挣到。此外，竞争者的客观存在，也决定了任何一家企业不可能"通吃"所有的购买者，不可能为所有的购买者提供产品和服务。

需求差异和自身资源有限，使每个企业能够有效服务的客户的类别和数量是有限的，只有一部分客户能成为企业产品或服务的实际购买者。在那些不愿意购买或者没有购买能力的非客户身上浪费时间、精力和金钱，将有损企业的利益。相反，企业如果能准确选择属于自己的客户，就可以节省花费在非客户身上的成本，从而减少企业资源的浪费。因此，企业应当在庞大的市场中选择属于自己的客户，而不应以服务天下所有客户为己任，不可把所有的购买者都视为自己的目标客户。有舍才有得，盲目求多求大的结果可能是失去自己的客户。

二、不是所有的客户都能够给企业带来收益

传统观念认为"客户越多越好"，很多企业都在盲目扩大客户数量而忽视

客户的质量，可事实上客户天生就存在差异、有优劣之分，不是每个客户都能够带来同样的收益、都能给企业带来正的价值。一般来说，"优质客户"带来大价值，普通客户带来小价值，"劣质客户"带来负价值甚至还可能带来很大的风险。

威廉·谢登曾提出"80/20/30法则"：在顶部的20%的客户创造了企业80%的利润，但其中一半的利润被底部的30%的非盈利客户消耗掉了。一些优质客户给企业带来的超额价值，通常被"劣质客户"给抵消了。"劣质客户"好似"魔鬼"，他们不仅消耗了高额的服务费用，还可能会形成呆账死账，让企业"赔了夫人又折兵"，不仅没有得到收益，还会亏损。

客户数量已经不再是衡量企业获利能力的最佳指标，客户质量在很大程度上决定了企业盈利的大小。因此，企业应当放弃任何客户对企业都是有价值的想法，注意选择有价值的客户。

银行存款账户为什么要收费

阅读小贴士

2002年花旗银行上海分行决定对5000美元以下的存款账户进行收费，社会上对此反应强烈。因为在中国这是第一家只要存款低于一定额度，就要对相应客户进行收费的银行。这和中国老百姓对银行储蓄的传统看法是相悖的：存款本来应该越存越多，哪有越存越少的道理？

负责人解释收费的原因时说：我们有1亿个个人账户，有40万个公司账户，其中100元以下的账户有2000多万个，而且平均存款只有13元，但是银行管理100元以下账户和管理一个100万元账户的成本是一样的。由此可见，对于企业而言，并非客户越多越好，因为每个客户都需要消耗成本，这对企业来说就是代价，除非管理每个客户的成本很少甚至可以忽略不计。

资料来源：每月6美元管理费 花旗银行为何收费［EB/OL］.搜狐工商财经，https：//business. sohu. com/19/26/article200482619. shtml，经编者整理。

但也有一些企业在竭尽所能追求客户数量（不仅仅是付费的客户），并将客户数量作为自己的竞争优势。是否应不加区别地追求客户数量，取决于那些无营收贡献的客户能否为企业带来网络价值。这种网络价值在于：①可以利用庞大的无效客户获得其他更多的客户，这取决于企业的产品是否可以成为大众常用的基础工具；②可以实现多种交叉销售的可能性，这取决于企业产品是否具有很强的增值服务和拓展能力。如果企业提供的产品和服务存在巨大的网络价值，那么追求客户数量就是值得的，因为企业总能找到交叉补贴的盈利模式，即互联网创业者经常说的"羊毛可以长在猪身上"。

例如，早年的腾讯QQ利用各种方式极力扩大用户群体，如用户甚至可以不用电子邮箱和手机号码就可以注册账号。庞大的QQ用户群和惊人的线上流量让腾讯能够从增值服务、游戏、广告和金融服务等方面获得可观的收入。2010年腾讯微信的扩张也采用了类似的逻辑，一个拥有十几亿用户的产品就是国民级的互联网工具，在微信平台上，腾讯实现了多种交叉销售。又如，虽然淘宝网上低成交量的店铺约占淘宝店铺总数的七成，运营良好的店铺只占少数，但这些低成交量的店铺却帮助淘宝达成了"店铺数量庞大、商品门类齐全"的目标，淘宝以此占据了中国电子商务市场的半壁江山，它的广告、物流和金融等盈利项目也得以开展。

三、没有选择合适的客户可能导致企业定位模糊

不同的客户之间存在很大的差异。企业如果没有选择适合自己的客户，就不能更好地为确定的目标客户提供适当的服务或开发适合的产品，这就会导致企业的对外形象不鲜明，没有明显的定位，使购买者感到迷茫。例如，一个为专业人士或音乐发烧友生产音响的企业，如果出击"大众音响"的细分市场，则会破坏它生产高档音响的形象。同样，五星级酒店如果在为高消费客户提供高档服务的同时，也为低消费的客户提供廉价服务，高消费客户对该五星级酒店的服务就会产生疑问。

企业主动选择特定的客户、明确客户定位，其实质就是明确企业产品和服务的市场定位和竞争方式。例如，比亚迪汽车定位在中低端市场和新能源车市场，特斯拉则致力于生产"智能+绿色"的电动车，宝马、奥迪、奔驰定位在中高端市场，宾利则为富豪级客户提供产品。除了以客户的消费水平定位市场，每个汽车品牌都有自己的特色，比如：宝马"驾驶操控卓越"、丰田"经济可靠"、沃尔沃"耐久安全"、奔驰"商务精英"。因为有清晰的价值主张，所以这些企业都获得了固定的消费群，在各自的区隔内占据最高的市场份额。

微信为什么免费

微信由深圳腾讯控股有限公司于 2010 年 10 月筹划启动，于 2011 年 1 月 21 日推出微信，为智能终端提供即时通信服务。截至 2021 年第三季度末，腾讯微信月活跃用户数已增至 12.63 亿，活跃小程序数量同比增长超过 40%，微信的海量月活跃用户得益于微信商业业态的不断扩张，微信在生活、医疗、交通、电子商务、在线支付、在线软件、短视频等领域实现了强生态圈，目前成为名副其实的"国民级"应用。如果微信向每个用户收取每年 10 元的服务费，那将会为微信贡献 120 亿以上的应收，但为什么微信却没有向用户收取任何的服务费，原因就在微信的交叉补贴。

首先，目前中国大量用户已经习惯了"优质+免费"的软件服务，为了 120 亿元服务费丢失 10 亿以上的用户对微信来说是极为不明智的选择。其次，微信的价值在于其庞大的客户流量，这些流量成为嫁接在微信生态圈中商业的宝贵财富，为生态圈商家创造财富并收取一定的服务费（如广告）所获得的收益远超 120 亿元。最后，巨量用户在微信中建立起了庞大且复杂的关系链，可以毫不夸张地说：微信就是中国人的生活。基于微信构建的关系链对用户产生了极大的黏性，而这种黏性进一步增强了微信生态圈的价值，同时也为微信生态圈中企业创新商业模式和商业价值提供了无限进化的可能。

资料来源：《腾讯 2021 年财报》，编者整理。

四、选择正确的客户是企业成功开发客户、实现客户忠诚的前提

囫囵吞枣不仅不能品尝到枣子的味道，还可能会噎住自己。同样道理，一个企业在选择客户时不能囫囵吞枣般地吸收所有客户，这不仅对企业无益，反而可能越做越糟。企业如果没有选好客户或选错了客户，那么开发客户的难度和成本就可能较大，后期维持客户关系的难度和成本也比较大。

"选择什么样的客户"应在认真分析企业自身的资源和能力后决定。我们曾看到一些发展势头不错的中小企业在没有评估自身的资源和能力的情况下盲目采取进攻策略，与大企业直面争夺客户，结果陷入非常尴尬和危险的境地，既失去

了原来的客户，又无能力为新客户提供足够的服务。

实践证明，重视客户忠诚度的企业往往更关注对新客户的筛选，而不是一味追求客户数量的增长。这些企业非常清楚自己的目标客户是谁，善于从双方长远合作的角度去考虑如何吸引、保留客户，从而获得了长远的发展。客户的高忠诚度能让企业稳定发展，有时还能让已经没落的品牌"起死回生"。

在客户选择方面，美国强生公司为其在中国的子公司提供了许多经验。其中一点就是放弃所有产品百花齐放的方案，只以婴儿护理用品为营销主线，选择"您的宝宝"为站点主题，以"宝宝的书"为其与客户交流及开展个性服务的场所，力求从护理、知识层、操作层、交流层、情感层、产品层等多层面关心顾客，深入挖掘每户家庭的需求、实时跟踪服务。此外，美国强生公司在中国推广婴儿护理品牌时，不仅为中国的消费者带来婴儿护肤产品，还致力于推广专业的婴儿护理理念。正是这种全心全意为消费者考虑的行为，强生才赢得了广大消费者的信赖。

扫一扫，看视频 ☞

第二节　选择什么样的客户

选择什么样的客户要从市场细分说起。市场细分是根据消费者的需求与欲望、购买行为和习惯等方面的差异，把某一产品或服务的市场划分成若干个客户群体的过程。选择目标客户是企业在市场细分的基础上，对各细分客户群的盈利水平、需求潜力、发展趋势等进行分析和研究，然后综合自身市场和竞争状况，选择一个或几个细分客户群，最后将资源投放到能够产生最大投资回报的客户身上。本节主要介绍什么样的客户是企业的"好客户"。

一、"好客户"和"坏客户"的特征

与我们交朋友的出发点类似，每个企业都希望自身的客户是天下最好的客户

（好朋友），没有一个企业希望碰到"坏客户"（坏朋友）。

一般来说，"好客户"通常具有以下五个方面的特征：

（1）购买欲望强烈、购买力大，特别是对企业高利润产品的采购较多。

（2）能够保证企业盈利，对价格的敏感度低、付款及时，有良好的信誉①。

（3）服务成本低，不需要多少服务或对服务的要求低。

（4）经营风险小，有良好的发展前景。

（5）希望和企业一起成长，愿意建立长期伙伴关系。

可以看出，"好客户"就是能够给企业带来尽可能多的利润，而占用企业的资源却尽可能少的客户。但遗憾的是，能够满足全部特征的客户可以说是凤毛麟角，一旦遇到这样的客户，企业应该倍加珍惜。从企业实践来看，以上第（1）条和第（2）条是成为"好客户"的基本条件，在此基础上能够满足更多的条件，那就是不错的客户了。

与"好客户"相反，"坏客户"至少有以下三个特征：

（1）只向企业购买很少一部分产品或服务，但要求却很多，花费了企业高额的服务费用，企业消耗的成本远远超过他们给企业带来的收入。

（2）不讲信誉，给企业带来不必要的呆账、坏账、诉讼及其他负效益。

（3）让企业做不擅长或做不了的事，分散企业的注意力，使企业改变发展方向，与企业的发展战略和计划相脱离。

二、利用目标客户选择矩阵分析客户

"好客户"与"坏客户"是相对而言的，在一定条件下是有可能相互转化的。因此，企业要用动态的眼光来评价客户，并注意及时全面地掌握与追踪客户的动态信息，如客户的资金周转情况、资产负债情况等。

企业选择客户的同时，客户也在选择企业，这是一个双向选择的过程。企业想选择最好的客户，客户也想选择最好的企业。因此，企业在选择客户的时候必须双向考虑客户是否有较高的价值，企业能否满足客户的需求（即企业自身的实力是否能够满足目标客户对企业技术、人力、财力、物力和管理能力等的需求）。

---

① 应付账款会吞噬企业现金流，所以客户的支付能力应该被企业放在一个极为重要的位置。如果一个客户无法及时支付费用，那么满足其他条件也不能称为是一个"好客户"，相反有可能成为风险极高的客户。

根据企业综合能力和客户综合价值这两个维度，可以构造一个目标客户选择矩阵，如图 2-1 所示。对于企业而言，处于 A 象限的客户是企业应重点选择的客户，处于 B 象限的客户是企业需要提升能力再去择机获取的客户，而处于 C 和 D 象限的客户则是企业应该消极选择或是直接放弃的客户。

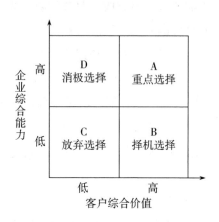

图 2-1　基于企业综合能力和客户综合价值维度的目标客户选择矩阵

三、大客户和小客户的辩证关系

正如前文的分析，客户的"好""坏"不是一成不变的。类似地，客户的大小也并非衡量客户"好""坏"的唯一标准。尽管大客户会带来很多好处，但是大客户也会给企业带来很多风险。同样，小客户虽然会消耗企业较多的前期资源，但是小客户也会成长为高利润的大客户。

（一）大客户不一定是"好客户"

通常购买量大的客户被称为大客户，购买量小的客户则为小客户。显然，大客户往往是所有企业关注的重点。但如果认为所有的大客户都是"好客户"，而不惜一切代价争抢和挽留大客户，那么企业就要为之承担风险。因为，大客户未必都是"好客户"，为企业带来最大利润和价值的通常并不是购买量最大的客户。此外，大客户可能会给企业带来以下四个方面的风险：

1. 财务风险大

大客户通常要求企业赊销，这就容易使企业产生大量的应收账款，而较长的账期可能会给企业经营带来资金风险，因而大客户往往也容易成为"欠款大户"，甚至使企业承担呆账、坏账的风险。

2. 利润风险大

某些大客户还会凭借其强大的买方优势，或利用自身的特殊影响与企业讨价还价，向企业提出诸如价格折扣、提供超值服务等要求，这不但没有给企业带来大的价值和更多的利润，反而使企业陷于被动局面。

3. 管理风险大

大客户往往容易滥用其强大的市场运作能力，扰乱市场秩序（如窜货、私自提价或降价等），给企业的正常运营和管理造成负面影响。一个真实的企业案例：A 公司是国内某零售连锁巨头 B 公司的保温杯供应商。A 公司是一个典型的中型企业，但其产品质量和品牌在业内有较好的口碑。B 公司的保温杯采购量占到了 A 公司保温杯产量的 18%，B 公司对 A 公司来说是一个非常典型的大客户。但出于利益考虑，B 公司经常以极低的价格出售 A 公司的产品，严重地影响了 A 公司的品牌形象，利润一直徘徊在一个较低的水平。A 公司负责人很苦恼地说："我们一直想提升产品的价值，但 B 公司却一直以低利润销售我们的产品，跟 B 公司沟通了很多次，都被各种理由拒绝了。我们想放弃 B 公司这个客户，但是 B 公司的采购量实在太大，我们销售人员的市场拓展能力又太弱，这真是让我们很苦恼。"

4. 流失风险大

一方面，激烈的市场竞争往往使大客户成为众多商家竭力争夺的对象，大客户很容易被利诱。另一方面，在经济过剩的背景下，产品或服务日趋同质化，品牌之间的差异越来越小，可供大客户选择的供应商越来越多。上述两方面造成大客户流失的可能性加大，它们随时都可能叛离企业。例如，前述的 B 公司为进一步降低成本，在 A 公司之外还选择了另一家保温杯生产公司作为备份供应商。B 公司的采购经理经常暗示 A 公司的销售主管，如果不满足 B 公司的条件，其就会考虑将订单交给其他生产厂家。

（二）小客户不一定是"坏客户"

客户的"好""坏"要用客户的终生价值来衡量。现实中，许多企业缺乏战略思维，对"好客户"的认识只是着眼于眼前其是否能够给企业带来利润。企业只追求短期利益和眼前利益，不顾长远利益，很少考虑客户在未来可预期的时间内能给企业带来多少利润。因此，一些暂时不能给企业带来利润但长远来说很有发展潜力的客户没有引起企业足够的重视，甚至被忽视。

小客户不等于"劣质客户"。过分强调当前客户给企业带来的利润，可能会忽视客户未来的合作潜力，因为今天的大客户也是从小到大一步步成长起来的。例如，1999 年刚成立的阿里巴巴在互联网巨头林立的"森林"里并不出众，2008 年金融危机也一度让京东濒临绝境，但时间证明这些企业增长潜力巨大，在短短的几年间就从"蚂蚁"成长为了"大象"。

因此，企业选择客户不能局限于客户当前对企业的贡献，还要考虑客户的成长性、资信、核心竞争力及未来对企业的贡献。对于当前利润贡献低，但是有潜力、有高度终生价值的小客户，企业要积极提供支持和援助。尽管满足这些小客户的需求可能会降低企业的当前利润，甚至可能给其带来损失，但是企业应该而且必须接受眼前的暂时亏损，因为这是一只能够长成"大象"的"蚂蚁"！

Zipcar 的客户选择：年轻人才是未来

阅读小贴士

美国的 Zipcar 公司以小时或天计费提供汽车的随取即用租赁服务，目前已经在美国、加拿大以及英国累积了上百万名会员，其旗下的车辆遍布从华盛顿到多伦多的几十个城市，并保持强劲的增长势头向全球扩张。Zipcar 甚至被《财富》杂志评为可能改变世界的 15 家公司之一。

Zipcar 公司倡导"汽车分享"理念，并且不断努力推广这一理念。所以公司需要先找到自己的同盟者，即可以从这一商业模式中受益的群体。经过大量的调研和分析，它们最终确定的同盟者包括：偶尔需要使用几个小时汽车的城市居民，停车受限的城市市长、议员和警察，偶尔需要使用几个小时汽车的大学生，想要将汽车共享服务作为员工福利的业务经理，对各项污染忧心忡忡的环保人士等。

Zipcar 从竞争者所忽视的客户资源入手。Zipcar 发现美国很多大的租车公司通常不向 21 岁以下的顾客提供服务，原因是这些顾客处于危险年龄段。但Zipcar 却不这么看，它们与一些大学合作，把大学生良好的行车记录拿给保险公司审核，争取到了较低的保险费率，学校也让 Zipcar 在校园内开展营销、提供廉价车库，甚至组织专人清洁和维护车辆来抵消保险费率，最后 Zipcar 在很短的时间内就将业务拓展到了 35 所学校。更重要的是，客户从年轻时就形成了对 Zipcar 的忠诚度，现在 Zipcar 大约三分之二的会员都在 35 岁以下。正是凭借着对别的企业忽视的小客户的关注，Zipcar 才能获得大量的客户和同盟者。

资料来源：共享汽车领导品牌 Zipcar 应用 newline 践行新商业模式［EB/OL］. 中国日报网，https：//baijiahao. baidu. com/s？id＝1637204121419001498. 经编者整理。

扫一扫，看视频 ☞

第三节　推销导向的客户开发策略

当企业确定好目标客户之后，便要考虑如何开发客户和抢占市场。与客户选择不同，客户开发更多是实战导向的。在大多数商业场景中，推销是主要的客户开发策略，这种策略的主要应用背景是：企业在自己的产品、分销渠道和促销手段没有明显特色或者缺乏吸引力的情况下，通过人员推销引导或者劝说客户购买，从而将目标客户开发为现实客户。推销导向的客户开发的第一步是要能够寻找到目标客户；第二步是要想办法说服目标客户采取购买行动。本节将对客户开发的这两个步骤分别进行阐述。

一、寻找目标客户的主要方法

推销导向下寻找目标客户的方法有很多，在合法合规的前提下，企业可以采用任何能想到的方法。常见的方法有逐户访问、网络寻找、"猎犬"、"中心开花"、电话短信寻找、去会议/俱乐部寻找、在亲朋故旧中寻找，甚至是抢夺对手的客户等，以下简要介绍前四种方法。

（一）逐户访问法

在市场推广中，逐户访问法被俗称为扫楼或扫大街。该方法通常被没有客户资源的企业或者市场"新人"所使用。在运用该方法的时候企业一定要注意语言和行为的得体，不然还没开始介绍自己的产品，就会被客户拒之门外，更谈不上寻找到愿意购买产品的客户。逐户访问法的要点在于如何获得被访客户的好感。以下四种方法能够帮助推销人员获得被访客户的好感。

（1）注意礼貌。向客户问候要面带微笑，打招呼要有礼貌，尊称对方，或热情地称呼名字。请牢记中国的古话：伸手不打笑脸人。

（2）学会感谢。会面时首先要感谢对方的会见，语气要热忱有力，要对客户做出具体、真诚的称赞而不要随便奉承。如果做不到，就不要勉强，宁可省略，否则会产生反效果。

（3）做好介绍。大大方方地介绍自己的公司和自己的名字，自信地说出拜访的理由，认真熟练地介绍自己要推荐的产品和服务，并认真解答对方的疑问，让客户感受到你的专业性及可信赖性。

（4）引起客户兴趣。说一些对方感兴趣的话题，或者说明客户能获得的一些实在的利益，帮助客户解决有关问题，以激发客户的兴趣。

销售高手都是"高级情报员"

阅读小贴士

从信息经济学的角度看，充分掌握信息的人员，往往处于比较有利的地位；而信息贫乏人员，则处于比较不利的地位。在销售的过程中，信息对于项目的跟进是至关重要的，在产品差异性不大的情况下，谁掌握的信息越多，谁的销售胜算就越大。所以，销售高手往往都是非常有经验的"高级情报员"。

一位软件销售界的高手曾说，一切武艺都是基本路数，配上各种技巧，能熟练使用便是高手，而要成为高手中的高手，首先要练内功。销售领域的"内功"是什么？有道是"知己知彼，百战不殆"，销售做得好，情报少不了，搜集情报的能力，就是每个销售人员必练的基本功。

一次他去北京金融街某中心拜访该中心一位负责采购的老总，来到门口正要举手敲门，他停下来侧身询问手下："你在中心有没有熟悉的朋友？"助理想了想，说有一位大学同学正好在该中心负责技术处理，和中心的领导有直接的接触。

于是他专门请助理约这位同学出来喝咖啡，顺便对该中心的情况进行了解。短短的20分钟里，助理同学对该中心的结构框架、人事安排做了大致的介绍。起身告别前，他又突然听到一个令他脑子猛然一亮的信息："我们×总，技术出身，为人正派，老伴儿已经去世，女儿正在音乐学院读大学。"

结果多数人可能已经猜到，他拜访老总相谈甚欢很是顺利。出来后在一个路口，他又停车买了四张座位连在一起的音乐会门票，邮寄给老总和女儿两张，自己和助理留两张，约好老总"有空"一起去欣赏。就这样，他凭借对"情报"的巧妙收集和合理运用，十分轻松地拿下了采购的订单，并且获得了那位老总的好感，对其以后的职业生涯也有了很大的帮助。

资料来源：销售高手都是"高级情报员"［EB/OL］.http://www.360doc.com/content/18/0722/18/11222586-772405516.shtml，经编者整理。

（二）网络寻找法

许多目标客户的信息并不是秘密。如果还记得前文所说的"选择是一个双向过程"，那么就可以知道，客户也一直在寻找和等待合适的合作伙伴。幸运的是，现在的互联网和企业公众号给了我们很多目标客户的信息，搜索引擎也给我们提供了强大的信息检索工具。"互联网是存在记忆的"，只要推销人员不懒惰，总是能够在网络中提炼出目标客户的有关信息。以下介绍几种网络寻找方法，以供读者参考。

（1）通过行业及分类信息网站寻找客户。每个行业都存在信息充沛的行业门户网站，这些网站上不仅有整个行业发展的最新资讯，也有对行业中重要企业和发展新势力的评价，同时与该行业相关的企业也非常乐意在这些网站上发布信息（如采购、招聘、研发方面的信息）。所以，企业在这些行业网站上可以找到其想合作的客户信息。

（2）通过搜索引擎利用搜索关键词寻找意向客户。百度和谷歌为我们提供了很好的搜索工具，我们可以在搜索引擎上输入与自己行业相关的关键词，搜寻到相关客户的背景资料。近年来，微信和微博等移动社交App也汇聚了海量的信息，我们可以通过App的搜索功能找到客户的相关信息，也可以对客户进行关注以及时掌握其动态。当然，使用这种方式寻找客户的前提是：你应该了解行业的关键词（或术语）和行业中的一些关键人物。

（3）通过发布信息让客户主动找上门。千万不要忘记客户也在寻找企业的信息。企业可以在行业网站中发布信息，也可以在搜索引擎中购买关键词排名服务，或者多发布几条微博和公众号文章（无论是自己发布还是寻找第三方）都有助于客户找到。

（三）"猎犬"法

"猎犬"法又称委托助手法，亦称推销助手法或推销信息员法，就是销售人员委托有关人员寻找顾客的方法。此法比较适用于推销高价值产品或服务，如耐用品、大宗货物、商品房等。

在国外，有些公司专门安排一些销售助手寻找顾客，以便让销售人员集中精力从事实际的销售活动。这些销售助手往往采用市场调研等措施，对某些可能性比较大的销售地区发起地毯式访问。一旦发现潜在顾客，立即通知销售人员或销售经理安排销售访问。也有一些企业或销售人员专门找特定行业、特定职业的工作人员为其寻找潜在顾客。

"猎犬"法的依据是经济学的最小，最大化原则与市场相关性原理。委托一些销售助手，在产品销售地区与行业内寻找顾客、收集信息，然后由销售人员自己去洽谈所花费的金钱与时间，比销售人员亲自外出收集信息花费得更少。销售人员只接待那些影响大的关键顾客，以此获得最大的销售效果。另外，行业间与企业间都存在着关联，通过其他行业的人可以较早地发现销售产品市场先行指标的变化，可以为销售提供及时、准确的信息。

"猎犬"法的优点：①提高工作效率。此法可使销售人员把更多的时间和精力花在有效销售上，而助手又能帮助销售人员不断开辟新区，从深度和广度两个方面来寻找合格的顾客。②避免了突然拜访的压力。助手先做铺垫，再将客户引荐给销售人员，有利于销售工作的开展。

"猎犬"法的缺点：①难以选择到理想的助手。通常，选到一个理想的销售助手是比较困难的，招聘来的销售助手他们大多没经验，未受过训练，因此需要花一定的时间、精力去培训销售新人。②销售人员较被动。寻找顾客的绩效完全取决于销售助手的能力及销售助手与销售人员的合作关系。销售助手能否毫无保留地将信息全部传递给销售人员，也是销售人员需要考虑的问题。现实中有很多销售助手出于自身利益，会把一些客户信息传递给竞争对手。

（四）"中心开花"法

"中心开花"法又称权威介绍法，是指推销人员在一定范围内寻找一些有影响力的中心人物或组织，并说服其成为自己的潜在顾客，进而影响该范围内其他人或组织成为自己潜在顾客的方法。"中心开花"法的理论依据是社会学中的顺从理论。顺从理论认为，人们对自己心目中有权威性的人物是信服和顺从的，权威人物会对周围的人产生示范效应。

一般来说，中心人物或组织常常是消费者领袖，诸如政界要人、企业界名人、文体界明星、知名学者、名牌大学、星级酒店、知名企业等。他们的购买与消费行为，对其崇拜者具有示范作用和先导作用，从而可引起其崇拜者的购买与消费行为，这就是心理学中的"光晕效应"。

"中心开花"的优点：省时省力，能有效扩大产品影响力。例如，特斯拉汽车在推广初期，马斯克利用其影响力，说服了一大批科技界、影视界和企业界的大腕，让他们相信特斯拉有着崇高的环保使命和酷炫的未来，而这些大腕预订特斯拉就对大众消费者产生了极强的示范效应。

"中心开花"的缺点："中心人物"难以被说服；"中心人物"在客户关系中起决定作用，如果中心人物出现绯闻、丑闻，其负面影响将会传到企业的产品销售上，因此风险也较大。

二、说服目标客户的方法

即便是有着丰富经验的市场高级经理也无法说服所有客户。说服客户的过程并不完全是一个价值匹配的过程，尤其是在企业产品并不是独一无二的情况下，打动客户需要使用一定心理学技巧，但真诚是前提。以下仅介绍一些说服客户的方法和技巧，请牢记《红楼梦》中的一副对联："世事洞明皆学问，人情练达即文章。"

（一）说服客户的方式和技巧

1. 找到兴奋点

说服客户先要了解客户的兴奋点，这个"兴奋点"往往是他的爱好、兴趣以及他所关心的话题等。某厂商想同一家百货公司做一笔生意，几次交谈都未成功。一个偶然的机会，这位厂商听说该百货公司经理喜欢钓鱼，等到他们再次见面的时候，他们便围绕钓鱼这个话题交流开来，后来这位厂商就如愿以偿地做成了这笔生意。

2. 赞美客户

说服客户，可以先从发现和巧妙赞美客户的优点开始，让客户得到一种心理上的满足，然后再向他推销，他就会愉快地接受。某推销员上门推销化妆品，女主人说："这些化妆品我都有了，暂时还不需要。"这位推销员说："噢，您很有气质，不化妆也很漂亮。"女主人听后很开心。这位推销员接着说："但是为了防止日晒，应该……"没等说完，女主人就接过了产品。

3. 反弹琵琶

"王婆卖瓜，自卖自夸"式的推销方式可能会引来客户的不悦，因为客户可能已掌握了很多同类产品的信息和知识，王婆式的推销反而会产生反作用。如果坦诚地说出自己产品的优缺点，反而可能会让客户觉得你是诚实的，并对你产生信任感。例如，一位女士在一家商场里被一款外形精巧的银色哑光房门锁吸引，没想到促销员不仅不趁热打铁，反而给这位女士泼了一瓢冷水："这款房门锁虽然美观，但在设计上却有一个小缺陷，会给安装带来一定的麻烦，如稍不注意，还容易导致锁打不开，因此必须严格地按照说明书进行安装。"促销员一边说还一边演示。该女士事先确实不知道这种锁有这样的缺陷，她为推销员的坦诚而惊奇，反而爽快地买下了这种锁。

4. 设置悬念

经验和知识丰富的客户，往往坚持自己的意见和判断，如果营销人员漠视这一点，会被客户认为是对其的一种冒犯，后续无论营销人员如何弥补都无济于事。当客户坚持自己多意见的时候，如果营销人员善用悬念，可能有助于打破这种僵局。例如，在一个集市上，一位顾客对摊主说："你这儿好像没有什么东西可以买的。"摊主说："是呀，别人也这么说过。"当顾客正为此得意的时候，摊主微笑着说："可是，他们后来都改变了自己的看法。""噢，为什么?"顾客问。于是摊主开始了正式推销，结果他又做成了一笔生意。

5. 转换角度

当客户拒绝购买商品时，营销人员不要固执一端，而要让客户看到买下商品对他有利的一面，让客户转变态度。美国有一个名叫奇科的推销员，他为一个厂家推销价格为 395 美元的烹调器具。一次，他来到一个城镇推销，选择人口集中的地方一边用这种器具烹调食物，并强调它节省燃料的好处，一边把烹调好的食品分发给大家品尝。这时，一位在当地出了名的守财奴一边吃着奇科烹调的食物，一边说："你的产品再好我也不会买的。"第二天，奇科敲开了这位守财奴的家门。守财奴一见到推销员就说："见到你很高兴，但你我都知道，我不会购买 400 元一套的锅。"奇科看看守财奴，从身上掏出 1 美元把它撕碎，然后问守财奴："你心疼吗？"守财奴对推销员的做法很吃惊，但他说："我不心疼，你撕的是你自己的钱。如果你愿意，你尽管撕吧。"奇科说："我撕的不是我的钱，而是你的钱。"守财奴很奇怪："怎么会是我的钱呢？"奇科说："你已经结婚 23 年了吧？""这有什么关系？"守财奴说。"不说 23 年，就按 20 年算吧。你如果使用我的节能烹调器做饭，你每天可节省 1 美元，一年节约 360 美元。过去的 20 年里，你没有使用我的烹调器，你就白白浪费了 7200 美元，不就等于白白撕掉了 7200 美元吗？而今天你还没有用它，那么你等于又撕掉了 1 美元。"守财奴被奇科说服了，其他人看到守财奴买下了烹调器，也都争着买。

6. 转化顾客异议

转化顾客异议，就是将顾客对商品的异议巧妙地转化为说服顾客的理由，达到说服顾客的目的。例如，一位顾客对推销电子琴的营销员说："我家孩子对电子琴不感兴趣，买了也没有多大用处。"营销员说："女士，您知道小孩子为什么对电子琴不感兴趣吗？是因为他平时接触得太少。您的孩子天资不错，多让他接触电子琴，可以培养他的乐感、兴趣，这对儿童的智力发育和性情陶冶非常重要，接触多了，兴趣就来了。"本来，这位顾客想以其儿子不喜欢电子琴为由拒绝购买，可营销员却将计就计，从关心孩子发展的角度出发，让顾客在惭愧自省之中买下了这架电子琴。

（二）　不同类型客户的说服策略

不同的客户具有不同的性格，因此我们在说服客户之前要分析客户的性格类型，采取最恰当的语言技巧与行为方式，才能"投其所好"、事半功倍。以下是一些客户的性格表现以及可采取的说服策略：

（1）客观理智型：考虑周详，决策谨慎，客观理性。销售人员应按部就班，不投机取巧，规规矩矩、不卑不亢、坦诚细心地向他们介绍产品的情况，耐心解答疑问，并尽可能提供有关证据。

（2）个性冲动型：情绪不稳定，易激动，且反复无常，对自己做出的决策易反悔。对这类客户销售人员一开始就应该大力强调所推销产品的特色，促使其尽快购买，但是要注意把握对方的情绪变动，要有足够的耐心，不能着急，要顺其自然。

（3）思想顽固型：具有特别的消费偏好，对新产品往往不能轻易接受。对这类客户销售人员不要试图在短时间内改变他，否则容易引起对方强烈的抵触情绪，要善于利用权威、有力的资料和数据来说服对方。

（4）争强好斗型：比较专横，征服欲强，喜欢将自己的想法强加于别人。对待这类客户销售人员要做好被他步步紧逼的心理准备，切不可意气用事，贪图一时痛快与之争斗，相反应以柔克刚，有时丢点面子，适当让步也许会使事情好转。

（5）优柔寡断型：缺乏决策能力，没主见，胆小懦弱。销售人员应以忠实的态度，主动、热情、耐心地向这类客户介绍产品并解答其提出的问题，要让这类客户觉得你是可信赖的人，然后帮助他们做出决策。

（6）孤芳自赏型：喜欢表现自己，不喜欢听别人劝说，任性且嫉妒心较重。对这类客户销售人员应在维护其自尊的前提下向其客观地介绍产品；要讲客户感兴趣的话题，为客户提供发表意见的机会，不轻易反驳他；推销人员不能表现太突出，不要给对方造成对他极力劝说的印象。

（7）盛气凌人型：摆出一副趾高气扬的样子，不通情达理，高傲、自以为是。销售人员应不卑不亢，用低姿态充当这类客户的听众，表现出诚恳、羡慕及钦佩，并提出一些问题向对方请教，让其畅谈。如果仍然遭到拒绝，可使用激将法，寻找突破口，但也不要言辞激烈，以免刺激对方，引发冲突。

（8）生性多疑型：不相信别人，无论是对产品还是销售人员都疑心重重。销售人员应充满信心，以端正的外表与谨慎的态度介绍产品特点和客户将获得的收益。某些专业数据、专家评论可帮助这类客户对产品建立信心，但切记不要轻易在价格上让步，否则会使对方对产品产生疑虑。

（9）沉默寡言型：性格比较内向，对外界事情表现冷淡。对待这类客户销售人员应主动向其介绍产品的情况，态度要热情、亲切，要设法了解其对产品的真正需要，注意投其所好，耐心引导。

（10）斤斤计较型：精打细算，精明能干，爱讨价还价，贪便宜且不知足。销售人员应避免与其计较，一方面要强调产品的优惠力度和好处；另一方面可先赠予其小礼物，激发他的购买兴趣。

介绍了这么多说服客户的技巧，下面我们来置身场景之内实战分析一把！我们通过电话销售的案例，讲讲如何去说服客户。

语言的奥妙——电话销售实例

阅读小贴士

情景一

情景设置：以汽车销售行业为例，模拟几个日常工作中的通话场景。

有这样一对夫妻，曾经到访过某家汽车4S店，并在离开之前给销售人员留下了男主人的电话号码。几天之后，销售人员给这位男士打去了一通业务电话。

销售A：请问您是某某先生吗？您好，我是某某店的销售员小李，上次您来过我们店，我们见过面。

顾客：哦，小李是吗？我想起来了。我是去过你们那儿。你有什么事儿吗？

销售A：是这样。上次您和夫人在我们店看的那款车，刚好现在有现货，而且我们店最近正在搞大规模促销活动，力度不小，能给打八折呢！现在正是买车的好时机。不知您和夫人商量得怎么样了，最近有购车的打算吗？

顾客A：哦，是这样。我们现在还没最后决定，还想再多转转，多看看。等什么时候有消息了，会主动通知你的。

销售A：别再犹豫了，机会难得呀！现在我们店里的车都让顾客抢疯了，再不买就没货了。我特意给您争取了一台，一时半会儿还卖不出去。可如果您耽误的时间久了，我就不敢保证了。所以您赶紧和家人商量商量，尽量早做决断，否则我这儿就不好办了。如果真有别的客户要买，我也不能老不卖给人家啊！

顾客：谢谢你的好意，难得你这么为我着想。不过我们真没最后决定，如果你那儿实在不方便，那就卖出去吧，我们这儿真没事儿！

销售A：哦，这样啊，那好吧，什么时候等您想好了，再和我联系吧，打扰您了。再见！

顾客：成，等什么时候想好了，我一定给你去电话。再见。

这一幕大家一定非常熟悉，这样的销售人员在我们的身边也非常常见。

尽管这位销售人员试图展开"饥饿营销"，可这并不是一个好方法。客户对销售人员的心思非常了解，销售人员想用这样的方式说服客户的成功概率并不大。但不可思议的是，我们经常见到销售人员乐此不疲地使用这种方法，其中的原因恐怕还是思路窄、缺乏对客户心理的全面把握。

不妨换位思考一下，如果你自己是一位顾客，销售人员打来电话，一张口就是"要钱"（对顾客而言，谈业务就意味着"要钱"），你会怎么想？不出意料的话，你会对此十分反感。难道我们的销售人员与顾客之间，除了赤裸裸的金钱关系，就无法发展出其他种类的关系了吗？答案显然是否定的。销售人员与顾客之间，除了业务方面的沟通之外，可沟通的话题还有很多。

让我们体会一下另外一种对话方式。

语言的奥妙——电话销售实例

阅读小贴士

情景二

销售 B：请问您是某某先生吗？您好，我是某某店的销售员小李，上次您来过我们店，我们见过面。

顾客：哦，小李是吗？我想起来了。我是去过你们那儿。你有什么事儿吗？

销售 B：是这样。上次您和夫人来我们店看车的时候，好像夫人的脸色不太好，据说是胃不太舒服。我当时给夫人倒了一杯热水，她喝下后说是没事了。可是后来我发现她的脸色还是不太好，好像一直没有恢复过来。为这个事儿我一直感到很内疚，觉得自己没有尽到义务，没能照顾好自己的客人。所以犹豫再三还是决定给您去个电话，问问夫人的情况。不知她后来怎么样了，回到家后休息一段时间是不是能好一些。不好意思啊，打扰您了。我只是想了解一下夫人的近况，好让自己能够安心一点。

顾客：真是太感谢你了。没想到你还一直惦记着这个事儿，连我自己都快忘了！她那天是不太舒服，回来后吃了点药，休息了两天，现在已经没事了。

销售 B：是吗？那太好了，这回我总算可以放心了。说实话，我做了这么多年销售工作，还从来没有产生过这么重的心结呢！谢谢您替我打开了这个心结，可以让我轻装上阵，不再惦记这个事儿了。祝您和夫人生活幸福，身体安康。打扰您了，再见！

顾客：等一下！你今天打电话来就是为了这个事儿吗？没有其他的话要说？

销售 B：没有别的事儿，就是想打听一下情况，问候一下。

顾客：哦，是这样。明白了。上次我们去看的那款车，你们店里还有现车吗？

销售 B：当然有。货很充足。

顾客：哦，明白了。是这样，我们还在商量，还没最后决定。想着再去别的店转转，看看还有没有其他的车型适合我们。不过，我和媳妇儿还是比较倾向于买你们那款车，所以也许近期还会去看一次。

销售 B：那好啊，非常欢迎！不过，买车这种事儿不是小事，您是应该多转转，多看看。一定要多方比较，挑选一辆最适合您家的车。您放心，我都能理解。将心比心嘛！即便是买普通的商品还要货比三家呢，何况是买车！是这样，毕竟在这方面我算比较内行的人，应该能帮到您。所以，您在转其他店家的时候要是有什么不明白的事情或者让您犹豫的地方，不用介意，尽管问我，我一定知无不言言无不尽！

顾客：好的，放心吧！你这个朋友我算交定了，有事情一定会问你的。再见！

销售 B：再见！

对销售 B 的这段通话，你的感觉如何？

不出意料的话，相信这一次你会为销售 B 精湛的话术点赞。至少与销售 A 和客户的对话相比，销售 B 的沟通水平高了许多。其实，销售人员 B 在这通电话里打出了"感情牌"。在这个案例中，显然顾客真正的痛点不是"买车"，虽然买车是客户拜访店家的主要目的，可问题在于销售人员通过这个目的不容易击中客户心里的痛点。如果销售人员 B 像销售人员 A 一样不断强调卖车，结果往往会适得其反。能够引起客户情感共鸣的事件并不常见，像这个案例中出现的"家人身体出现突发状况"是任何营销人员都应该抓住的事件，通过客户关怀将情感植入客户的内心，往往会有助于销售的达成。

扫一扫，看视频 ☞

第四节　营销导向的客户开发策略

不刻意的开发客户是客户开发的首选之策，即让客户不请自来，通过提升产品、服务的品质，改善销售渠道等方式来吸引客户。营销导向的客户开发策略的特点是"不求人"，是企业靠自身特色来吸引客户。相比于推销导向的客户开发策略，营销导向的客户开发策略更加具有远见性与持续性，本节将介绍一些常用而有效的营销导向的客户开发策略。

一、适当的产品或服务

企业的产品和服务是成功开发客户的前提。营销人员必须对客户抱有敬畏之心，因为任何客户在选择产品和服务之前都对该类产品有过基本甚至是深入的了解。如果产品和服务质量不过关，即便营销人员拥有高超的客户开发技巧也无济于事。以下七个方面供营销人员在设计营销方案时参考。

（1）产品或服务的功能。功能是吸引客户最基本的点，对于相似的产品或服务来说，功能越强的产品或服务对客户的吸引力就越大。例如，苹果的营销广告一直强调，拥有 iPhone、iMac 和 iPad 的客户将获得最大的工作、生活和娱乐的协同能力。每次苹果产品的发布会也会突出强调产品的某个特色功能，例如 iMac 电脑强调的是 M4 芯片带来的超强电池续航和超强计算性能。

（2）产品或服务的质量。质量在吸引客户上起着重要的作用，人们之所以购买名牌产品或服务最主要的就是看中其过硬的质量。

（3）产品或服务特色。不同的特色吸引不同的客户。例如，在智能手机硬件配置相差无几的情况下，华为手机强调底层系统优化、vivo 手机主打美颜拍照，其自然会吸引不同的客户。

（4）产品或服务的品牌。品牌对于客户的吸引力在于它是一种承诺。很多公司都希望能成为世界 500 强或者上市公司，以增强其产品或服务品牌的信用度。百年老店同仁堂这一品牌自身就具有强大的客户吸引力。

（5）产品或服务的包装。包装主要充当"无声销售员"来吸引客户。例如，化妆品多以精美的包装吸引客户。

（6）产品的附加服务。主要包括产品介绍、安装、调试、维修、技术培训等。现在越来越多的商家利用微视频对产品的功能、安装步骤等内容进行介绍，以便客户方便地使用产品。

（7）承诺与保障。承诺与保障可以降低客户购买的心理压力，使客户对产品产生好感和兴趣，促使客户放心购买和消费。例如，有些餐厅承诺十五分钟之内上菜并以沙漏计时，超出时限会对本次消费免单，这一举措大大提升了顾客的满意度。另外，淘宝、京东、联想和华为等公司纷纷推出了产品保险服务，承诺购买产品保险的客户可以得到更多的售后保障。

二、适当的产品或服务价格

客户对自己购买的产品或服务一般都有一个期望价格，当市场价格高于期望价格时，客户就会放弃购买这个产品或减少购买量。营销人员应该时刻牢记：客户做出购买决策是综合考虑产品或服务的性价比的结果。

（1）折扣定价。企业多用数量折扣或价格折让等方式，来吸引客户购买。例如，麦当劳经常使用"第二份半价策略"，并推出"第二份寄存"服务，来持续吸引客户购买。

（2）高价策略。利用有些客户以产品价格高低来判断产品质量的心理，对产品或服务设定较高的价格。例如，很多豪华车品牌会长期坚守高价格的策略，一方面让客户感受到该产品产生的身份和阶层效应，另一方面也让客户觉得产品保值性强。高价策略更容易吸引某一特定群体，降价反而会引来客户的维权和抗议等。你能举出类似的例子吗？

（3）心理定价。利用客户对数字的不同联想进行定价。例如，吉利数字定价，如价格中带有 6、8、9 的数字；整数定价，如"不二价，10 万元/套"，给客户带去干脆利落的感觉；零头定价，利用客户求廉心理在价格上不进位保留零头（如 5.99 元），给人以便宜、认真核算、作风严谨的感觉。

（4）差别定价。消费时间差别定价，即按照不同的时间（如季节、时期、日期、钟点）来设定不同的价格，从而达到吸引客户，刺激消费的目的。客户差别定价，如学生半价，老顾客优惠价，小孩比大人更加便宜等。购买批量差价，如年票和套票比单场票便宜。

（5）招徕定价。利用部分客户的求廉心理，将某种产品的价格定得较低以吸引客户，而客户在采购完廉价产品后，还往往会选购其他产品，从而促进企业的销售。例如，宜家将冰激凌的价格定为"一块钱"，其目的是吸引客户购买家居产品。

（6）组合定价。针对同一个系列、组合的产品，先将其中某一个产品的价格定得较低，以此来吸引客户购买，然后通过客户购买同系列的其他"互补"产品来获利。这种定价方法主要用在同一个系列、组合的产品上。

（7）关联定价。企业对其关联企业的客户的消费实行优惠价，当然这种优惠是相互的。例如，上海新世界商厦与邻近的金门大酒店签订了联合促销协议，凡在金门大酒店住宿、用餐的顾客可享受新世界商厦的购物优惠，同时顾客在新世界商厦购物满 800 元以上，可在金门大酒店享受 8 折以下的住宿、用餐折扣。

（8）结果定价。企业可以根据产品或服务的使用效果或服务效果进行定价，这有利于让客户放心地购买或消费。例如，有很多公司都会承诺"无理由退货"，甚至"×天免费试用，不满意就退货"，事实上，只有很少的一部分客户会选择退货。

三、其他一些常用的策略

除了产品服务的质量和价格策略外，还有以下几个常用的客户开发策略。

（一）售前体验策略

尽管产品和服务的展示和销售可通过互联网和移动应用 App 来完成，但是线上销售仍然具有很大的局限性，毕竟虚拟现实（Virtual Reality，VR）和增强现实（Augmented Reality，AR）技术尚未能让客户的体验达到类似于电影《头号玩家》所描述的那种身临其境的程度①。一些企业选择给客户提供丰富的售前体验，苹果、华为和小米等手机品牌纷纷建立产品体验馆，一些化妆品公司也为客户邮寄样品（通常称为小样）让客户感受和体验。一般来说，"试用"具有少量、期限短、客户投入少甚至零投入的特点，降低了客户购买的风险，相当于给了客户承诺与保障，从而增强了客户尝试产品或服务的信心，从而有更大的可能吸引客户选择自己的产品与服务。

阅读小贴士

"试用商品" 的智慧

"侯经理，我们是第一次接触，彼此不是很了解，我有一个建议，您第一次

---

① 《头号玩家》是 2018 年由斯皮尔伯格导演的科幻冒险作品，该电影描述了 VR 和 AR 技术的应用。

可以少买一点，如果您在使用后觉得效果不错，再多买一点，您看如何呢？"

"按照贵公司业务部门的规模，需要五期才能培训完，不过我建议您先做一期，如果觉得我们的培训的确能够帮得上您，您再增加也不晚。您看呢？"

"黄经理，我建议您先开通一个月的权限试试，使用一个月后，如果您觉得很满意，我们再续约也不晚，您觉得呢？"

越来越多的商家开始使用"试用商品"的方法来吸引留住客户，它们总是建议客户先对产品进行少量试用，通过试用，培养起客户对产品的信心，接着销售人员就有可能会获得更大的订单。对服务行业、商业企业而言，商品的"试用"环节无比重要。但是，也有一些客户在试用完商品后并没有购买的意愿，不过好的销售总能运用好的方法去激活那些"试用客户"，把他们真正转化为产品的客户。

（二）构建便捷的分销和售后渠道

客户在做出购买决策之前，还会考虑企业产品销售和服务的便利性。尽管当前电子商务的发展可以让客户在很多平台上购买到目标产品，但物流配送和安装调试等线下服务却无法通过线上完成。所以，空调生产商通常会在一个城市内设置多个分销渠道，由分销商帮助企业配送、安装和调试空调。京东为了能够给客户带去更快捷的交付服务，甚至自建物流体系。客户除了需要更多的商品选择之外，还需要更快地收到产品。

（三）广告营销

当下的广告已经突破了广告传统意义上单纯传递产品功能、价格、促销等信息的功能，而是赋予产品和服务内在的价值和理念，其目的是通过打动客户的心来实现产品营销及文化传播。例如，农夫山泉广告的取景和经典台词"我们不生产水，我们只是大自然的搬运工"给人留下了深刻的印象，该广告不仅向客户传递了水的品质，而且还唤起了消费者心中的环保意识。另外，当前也有越来越多的企业使用"软文"来进行广告营销。在这些软文中，企业通过各种形象塑造、故事撰写和情感交流等方式向客户宣传产品，意图在情感上和客户产生共鸣，达到"种草"或者销售的目的。

（四）公共关系营销

企业不是一个独立的王国，它仍然是社会网络中的一个单元，企业也需要承担一部分社会责任。与广告营销相比，公共关系营销对企业的影响更加深远，甚至在某些紧要关头会影响整个企业的生命。当企业的产品出现问题时，到底是选择道歉赔偿，还是选择回避，这不仅取决于企业的理念、勇气和态度，也取决于企业当下所处的社会和文化环境。

从公共管理的理念来看，"亡羊补牢"的危机公关是企业公关部门的次要任务，其首要任务是"治未病"，即在危机出现之前做好足够的公共关系管理，树立或维护企业的良好形象，建立或改善企业与社会公众的关系，以便在危急时刻能够挽救企业的声誉和生命。公共关系营销的类型很多，如服务性公关、交际性公关、社会性公关、宣传性公关和营销性公关等。本书在此不再赘述，读者可参阅其他参考书目。

扫一扫，看视频 ☞

🏠 本章小结

学习完本章，如果你能明确不同的企业应该寻找什么样的客户，能合理地运用推销技巧来开发自己的目标客户，那么你就具备了成为一名优秀销售人员的能力。如果你能找准自己企业的定位与客户市场定位，制定合适的客户开发策略，并且能够巧妙地将推销和营销手段相结合来开发自己的目标客户，那么你将会成为一个企业销售部门的优秀领导者。

🏠 本章案例

安利公司的客户开发策略

安利公司主要生产家居护理用品、美容护肤品、个人护理用品和营养食品。为了更好地满足消费者对产品功能的需求，安利在全球设有97个实验室，其中有7个在中国。安利目前有两大生产基地，一个在美国本土，另一个就在中国广东。安利在中国广东设立生产基地的目的是专门针对中国人的特征来进行产品研发和改进，以更好地服务于亚洲区市场，这可使安利的产品本土化，更好地满足消费者的需要。

安利公司为了向客户提供优质产品，从筛选原料到加工、配方测试，再到成品包装，都进行了严格的质量检验，每项生产工序都由质量控制人员严密监督，确保只有完全合格的产品才能进入市场。安利公司一直实行售出商品的"保退"政策，在中国市场上实行"30 天保退"。尽管少部分消费者的不规范行为导致中国市场的退货率曾一度达到 32%，但安利坚持实行这一政策不动摇。

由于中国的消费者对直销模式有一定的顾虑，所以安利的分销模式在中国逐渐演变成了店铺销售+雇佣推销员的形式。这种经营方式既保留了安利的优势，又符合中国国情，而且减少了中间环节的费用，安利把节省下来的开支让利给了消费者，或用于产品研发及作为营销人员的奖励。

安利邀请了众多体育明星进行产品代言，很大程度上提升了安利产品在消费者心中的影响力，以明星效应带动消费者的购买欲望。2001 年至今，"跳水皇后"伏明霞、"跳水王子"田亮和中国男篮主力易建联，先后接棒出任纽崔莱代言人。2000 年和 2004 年，纽崔莱两度成为中国体育代表团出征奥运专用营养品，品牌塑造与巨大的奥运效应牢牢联系在了一起，树立起了"营养健康"的品牌形象。

安利进入中国以来，怀着"取之于社会，用之于社会"的真诚意愿，围绕"营养、运动、健康"，有健康才有将来的品牌理念，坚持"回馈社会、关怀民生"的企业理念，开展各类公益活动，在中国的教育、扶贫救灾、社会公益、环境保护和文化体育方面的捐赠超过 2000 万元人民币。由于在保护消费者权益方面的突出贡献，2001 年 2 月安利（中国）日用品有限公司被中国保护消费者基金会授予"保护消费者杯"荣誉称号。2003 年 6 月 26 日，在度过"非典"危机后，史迪夫·温安洛是第一个携带巨资来到中国投资的世界级商人，为安利（中国）日用品有限公司增加投资 1.2 亿美元，并新增注册资本 4010 万美元，大大刺激了国外投资者投资中国的信心和热情。此外，安利（中国）日用品有限公司还积极参与环境保护，大量植树。所有这些活动有效地树立了安利公司良好的企业形象，当然也增强了安利产品的魅力，这最终使安利公司的客户开发变得自然而然！

资料来源：理查·狄维士. 丰盛人生：揭示安利诞生与繁荣之道［M］. 萧美惠译，杭州：浙江人民出版社，2021.《客户关系管理——安利》，百度文库。经编者整理。

问题思考：

1. 安利公司是如何选择它的客户的？

2. 安利公司的客户开发策略对你有什么启发？

第三章

客户心理分析与行为表现

本章引言

美国销售大师甘道夫有一句名言："销售是'98%的了解人性+2%的产品知识'。"很多企业产品销售不成功的原因是没有从客户自身出发、没有很好地了解客户的心理及其行为。尽管现实中客户的心理和行为千差万别，但仍然有一些共同的心理活动在深刻影响着他们的个性和群体特征。在信息技术的赋能下，客户的信息检索能力越来越强，他们在决策过程中的心理和行为与以往相比也呈现出了不同的特点。本章将对客户的心理过程和行为表现进行详细介绍，目的是帮助企业更好地开展营销、服务和沟通工作。

学习目标

- 了解客户心理与行为的基本概念
- 熟悉客户的一般心理特征
- 掌握客户动机及行为的产生
- 理解不同客户心理下的营销战略选择

第一节　客户心理特征与分析

有关人的心理研究最早开始于宗教，但从弗洛伊德的《梦的解析》问世以来，心理学家开始用科学测量和实验的方法对人心理的产生、特征和表现进行了多方面的研究。越来越多的证据表明：绝大多数客户在做出购买决策的过程中都表现出非理性情绪。如果企业在产品设计、销售和沟通过程中忽略客户的心理注定将以失败告终。本节将从心理学的角度对客户心理特征进行介绍。

一、客户心理概述

（一）客户心理的概念

就人类群体的普适性心理特质而言，每个客户的思想、感情、欲望、兴趣爱好、性格气质、价值观念、思维方式等具有一定的相同点，但同时也会因为社会环境以及时代背景不同而存在较大差异。

就生物的个体而言，心理活动是人脑对客观事物或外部刺激的反映，是人脑所具有的特殊功能和复杂的活动方式，它处于内在的隐蔽状态，不具有可直接观察的形态。但这种心理活动可以支配人的行为，决定人们做什么、不做什么以及怎么做。总而言之，人的行为尽管各种各样、千变万化，但无一不受到心理活动的支配，观察一个人的行为表现，可间接了解其心理活动状态。

人作为消费者在消费活动中的各种行为也无一不受到心理活动的支配。是否购买某种商品，购买哪种品牌、款式，何时何地购买、采用何种购买方式以及怎样使用等，其中的每一个环节、步骤都需要客户做出相应的心理反应，需要客户进行分析、比较、选择和判断。

客户心理是指客户在寻找、选择、购买、使用、评估和处置与自身相关的产品和服务时所产生的心理活动，即客户进行消费活动时所表现出的心理特征与心理活动的过程。

消费者常见的11种心理

1. 求实心理。消费者购买物品时，首先要求商品必须具备实际的使用价值，讲究实用。例如，消费者对生活用品的选择。

2. 求新心理。消费者会存在追求时髦、奇特和赶潮流的心理。例如，消费者对手机等消费品的选择。

3. 求美心理。爱美是人的一种本能和普遍追求，消费者会注重商品的造型、色彩、美化和装饰作用。例如，消费者对服装等时尚产品的选择。

4. 求名心理。炫耀、显示和展现是一些消费者购买商品的心理，目的是通过商品品牌附着的"名牌效应"展示其个人社会地位和财富。例如，消费者购买豪车等产品。

5. 求利心理。消费者还存在"贪小便宜"的心理。淘宝"双十一"、京东"618"等购物节中，商家会普遍推出低价和折扣商品来吸引消费者。

6. 偏好心理。这种偏好性往往同消费者的专业知识、生活情趣等有关，其消费商品指向比较稳定。例如，某些女士钟爱某一款化妆品。

7. 自尊心理。消费者在购物时，会追求精神方面的满足。例如，一些消费者在购买产品的过程中希望得到推销员的高品质接待，感受到对方对自己的尊重。

8. 从众心理。消费者在购买产品时会考虑和周边人群的行为和偏好一致。例如，小朋友购买市场中流行的某一款玩具。

9. 隐秘性心理。消费者在购物时不愿为他人所知，常常采取"秘密行动"。他们选中某件商品，待周围无旁人时迅速成交。例如，购买计生用品。

10. 疑虑心理。消费者对商品质量、性能、功效持怀疑态度，他们会反复向推销员询问、仔细检查商品，并非常关心售后服务。例如，消费者购买电脑等产品。

11. 安全心理。消费者要求预购的物品，如食品、药品、洗涤用品、卫生用品、电器用品和交通工具等必须绝对安全。

（二）客户心理的主要类型

人的消费行为不是一种简单的机械性行为，而是表现为对某种需求的行为冲动，这种行为冲动总是受到当下个体心理、社会环境和时代背景等诸多因素的影响。客户心理可从本能性心理和社会性心理两个角度进行分析。

1. 人的本能性心理

本能性心理由人的生理因素所决定，是自然状态下人心理需求的反映，是人类全部行为活动的基础。人类的活动从自然状态开始，并逐步发展为较高层次和复杂的社会行为。个体外在行为的表现形式，主要取决于其内生的本能性心理强度。例如，在一个极具威胁的环境下，恐惧感会让一些个体表现出颤抖、绝望，但另一些个体则表现出抵抗、兴奋。如果排除社会因素和道德范式的影响，上述不同人的行为方式主要取决于人的气质、性格及能力等个性因素。

2. 人的社会性心理

社会性心理由人所处的社会环境因素决定，是以某种生理因素为条件、在一定社会状态下的心理需求的反映。它是人类特有的、高级的、以社会因素为基础和载体进行的某种具有社会意义的心理活动。它使人类的消费活动由简单的满足生活需求变为具有特定含义的社会行为。例如，人类穿衣从蔽体开始，发展到对美的追求，后又逐渐发展成为人的名誉地位、职业特征、民族类型的外在表现形式。人的社会性消费心理主要受社会、政治、经济、文化环境的影响，受其自身经济水平的制约，同时以自身的本能性消费心理为基础。

3. 本能性心理和社会性心理的关系

这两种心理活动是一种相互依存、相互联系的关系。前者表现为基础的、初级的心理活动，后者表现为发展的、高级的心理活动；前者是后者的前提与基础，后者是前者的发展与提高。本能性心理由人的生理因素决定，而社会性心理则是由社会、政治、经济发展水平所决定。

在社会、经济、文化高速发展的今天，消费者的社会性心理已经成为显现的、主流的心理活动表现形式。人的本能性心理活动已经越来越被社会性心理活动所掩盖。例如，现在制作食物已经不单单是为了填饱肚子，不同地区的食物更是一种区域文化的体现，承载着人们对家乡的感情。

在研究客户心理的过程中，不仅需要关注客户的个体心理特征，更需要关注客户在所属群体、环境下体现的社会性心理特征。例如，在欧洲女性有着较高的社会关注度，"女士优先"已经成为社会共识，但是在阿拉伯国家和印度等地区，赞美女士可能引来男士的不悦。

二、客户的一般心理过程

现实生活中，客户的行为千差万别、各不相同，但无不以某种共同的心理活动为基础。客户心理过程的实质是客观事物在其头脑中的动态反映，这种过程是其行为产生的基础，也是影响其行为的首要因素。心理学研究表明：个体的心理过程可以分为认知、情感和意志这三个逐次递进的过程（见图3-1）。

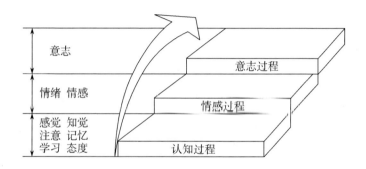

图3-1 客户的一般心理过程

人的认知过程依赖于个体的感觉、知觉、注意、记忆、思维等心理机能，这些是个体产生心理活动的基本要素，如果缺乏认知过程，后续的心理活动将无法继续。例如，一个存在智力缺陷的人是无法对其看到的现象进行心理响应的。许多产品的销售都非常依赖与客户的互动体验，化妆品销售就是一个很好的案例：当销售一种新型护肤品时，消费者用眼睛看到奶白色膏体，用鼻子嗅到清新淡雅的香气，用手触摸膏体感受其细腻柔滑，将其涂抹在皮肤上感受其滋润感，由此产生对该护肤品颜色、状态、香型、质地等方面的感知，该过程就是对产品的认知过程。

认知过程的主要构成

阅读小贴士

（1）感觉：感觉是人脑对直接作用于感觉器官的客观事物个别属性的反映，包括视觉、听觉、嗅觉、味觉、肤觉等。

（2）知觉：知觉是人脑对直接作用于感觉器官的客观事物的个别属性进行分析综合后的整体反映。知觉具有选择性、理解性、整体性和恒常性。

（3）注意：客户把心理活动指向并集中于特定对象的状态就是注意。

（4）记忆：记忆是过去经验在人脑中的反映。

（5）思维：思维是人脑对客观现实间接的、概括的认知，是认知的高级阶段。

资料来源：苏朝晖．客户关系管理——客户关系的建立与维护（第5版）［M］．北京：清华大学出版社，2021.

情感过程发生在认识过程之后，加入了人的情绪和情感要素，并在心理上产生亲近、好感或者厌恶等感觉。例如，熟人推荐对信任会有直接的影响，这种信任感源自于熟人之间的情感认知。一般来说，客户的情感过程包括情绪和情感两个方面。

情绪一般是指短时间内与生理需求相联系的一种不稳定的体验，一般有较明显的外部表现，比如欣喜、兴奋、失落等情绪形式。情感是长时间内与社会性需求（社交、精神文化生活的需要等）相联系的一种稳定的体验，外部表现非常不明显，如使命感、道德感、理智感等。情绪和情感之间又有着密切的内在联系。情绪是情感的外在表现，情感是情绪的本质内容，在实践中两者经常被视为同义词。

客户在购买中的情绪过程

阅读小贴士

研究表明：客户在购买商品过程中的情绪通常会经历以下四个过程，营销者可以在每个过程中通过不同的方式对客户进行引导和产生影响。

（1）悬念阶段：客户产生了购买需求，但并未付诸购买行动。

（2）定向阶段：客户面对所需要的商品，情绪获得定向（喜欢/不喜欢、满意/不满意）。

（3）强化阶段：在定向阶段基础上，情绪得到强化，并形成强烈的购买欲望。

（4）冲突阶段：客户对商品进行全面评价，体验不同情绪之间的矛盾冲突。

意志过程，则是发生在前面两个心理过程之后，受个体特质、社会道德以及当下环境影响做出的一种心理反应。例如，在灾难发生时，社会道德会促使教师将救援学生放在首要位置，但个体特质和当下环境也会使一些教师放弃救援。

意志过程具有两个显著的特征：一是有目的的心理活动；二是有克服困难的心理活动。例如，客户想要买鞋子，在逛街过程中看到了心仪的鞋子，但尺码稍小或者价格过高，这就需要客户克服困难，重新考虑是否购买。在这个案例中：逛街买鞋是一种有目的的心理活动，但买什么样的鞋子则是一种克服困难的心理活动。

三、客户的态度

根据心理学家奥尔波特的定义：态度是个体后天学到的偏好，它以一贯有利或不利的方式对一个对象或一类对象做出反应。也就是说，客户的态度表现为客户在购买过程中对商品或服务表现出的心理反应倾向。态度可以是良好的，如满意、喜欢、赞同等；也可以是不良的，如不满、厌恶、反对等。

态度一般由认知成分、情感成分和行为成分组成，这三种成分共同决定了客户对某事物的态度。例如，当一则广告播放后，消费者对该产品的性能和特征有了一定了解（认知成分），消费者非常喜欢这个产品（情感成分），但后来因为价格或其他因素影响消费者并没有购买（行为成分）。态度可以说是三者的统一。

图3-2描述的是态度的构成与形成过程。当个体受到来自产品本身、所处情境、销售商和广告等的刺激，会产生某种心理反应倾向。基于这种倾向，个人对某一事物或观念产生了特定的意见或情绪反应，在认知成分、情感成分和行为成分的综合作用下，形成了对某事物的总体态度。

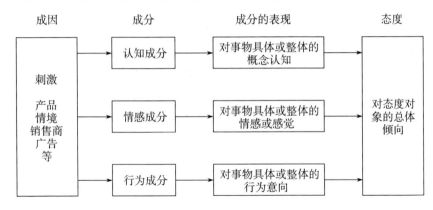

图 3-2　态度的构成与形成过程

四、客户个性心理特征与行为表现

"客户就是上帝"从另一个角度反映了企业对客户个体需求的重视程度。所谓个性心理特征，是指个体在社会活动中表现出来的比较稳定的成分，包括能力、气质和性格。不同的个性心理使个体的消费活动行为存在差异。

（一）能力与行为表现

能力是人顺利完成某项活动所必须具备的，并且直接影响活动效率的个性心理特征。任何一项活动都要求参与者具备一定的能力。例如，从事管理工作要具备一定的组织、领导、人际交往能力；新闻工作者要求具有出色的语言表达能力、较强的记忆力和逻辑思维能力等。在实践中，要成功地完成一项活动，往往需要具备多种能力。客户的能力特征与其消费行为直接相关，其能力差异必然使他们在购买和使用商品的过程中表现出不同的行为特点，具体可划分为成熟型、一般型和缺乏型三种客户类型，针对每类客户的营销策略也有所不同（见表3-1）。

表 3-1　个体能力特征与消费行为

基于能力的客户类型	能力构成	消费行为表现	营销策略
成熟型	较全面	具有丰富的商品知识和购买经验；有明确的购买目标和具体要求；表现自信、坚定，自主性高	真实详细地介绍产品的情况；尊重客户的意见

续表

基于能力的客户类型	能力构成	消费行为表现	营销策略
一般型	中等	缺乏相应的消费经验；目标笼统、缺乏对商品的具体要求；缺乏自信和独立见解，易受外界影响	明确客户的真实需求；有针对性地介绍产品；适时帮助客户下决定
缺乏型	缺乏和低下	不具备任何购买经验；缺乏购买目标；犹豫不决、极易受外界影响，带有很大的随意性和盲目性	详解产品性能，可以实例佐证；与客户建立长期信任关系，给予优惠

客户在购买商品的过程中，其能力及行为类型都是相对的。客户在消费过程中可能对某类商品的消费表现为成熟型，而对于另一类商品的消费又表现为一般型。根据客户不同的行为表现，企业需要开发针对性的营销策略。例如，针对成熟型的客户，在客户对产品的情况已经非常了解的情况下，企业仍要真实客观地介绍产品，给客户留下良好的印象，并尊重客户的意愿，适当给予建议。

（二）气质与行为表现

气质是人的典型的、稳定的个性心理特征，它主要表现为心理活动中的速度、强度、稳定性和灵活性等心理动力特征。气质是由先天因素决定的，并无好坏之分，它常常使个体行为表现出独特性。例如，优雅、恬静、张狂、冷酷这些词汇都描述了个体气质的差异性特征。一般认为，典型的气质类型有胆汁质、多血质、黏液质、抑郁质。

（1）胆汁质（兴奋型）：情绪兴奋性高、抑制能力强、反应速度快但不灵活、脾气暴躁等。例如，《三国演义》中的张飞。

（2）多血质（活泼型）：情绪兴奋性高、外部表露明显、反应速度快而且灵活、活泼好动、动作敏捷、喜欢交往等。例如，《水浒传》中的浪子燕青。

（3）黏液质（安静型）：情绪兴奋性低、外部表现少、沉着安详、少言寡语等。例如，《红楼梦》中的薛宝钗。

（4）抑郁质（抑制型）：刻板、细腻、少外露、情绪兴奋性低等。例如，《红楼梦》中的林黛玉。

不同气质类型的客户在相同或不同的情况下会表现出截然不同的行为方式、风格和特点。概括起来大概有以下几种对应的客户行为类型：主动型和被动型、理智型和冲动型、果断型和犹豫型、敏感型和粗放型。表3-2针对个体气质和行为表现提出了相应的营销策略以供读者参考。

表3-2　个体气质、行为表现和应对策略

基于气质的客户类型	气质构成	消费行为表现	营销策略
主动型和被动型	多血质和胆汁质	主动与售货员接触，积极提问题并寻求帮助；表现活跃	通过某个一致的看法，引出自己的见解，接近客户
	黏液质和抑郁质	由售货员主动询问；表现比较消极被动、不易沟通	尊重客户，并注意客户的购买迹象
理智型和冲动型	黏液质	冷静慎重，比较理智；不易受广告、外观及他人意见影响	从商品标识展开，详细介绍生产企业的真实情况
	胆汁质	易冲动；易受广告宣传及购买环境的影响	迅速接近、避免讲话过多；抓住客户购买的关键因素
果断型和犹豫型	多血质和胆汁质	购买迅速果断	在被客户询问时机智老练地插入自己的见解，见解需简洁有力
	抑郁质和黏液质	挑选商品优柔寡断，十分谨慎，动作比较缓慢	实事求是地介绍有关商品或服务的情况；必要时帮客户下决定
敏感型和粗放型	黏液质和抑郁质	心理敏感，对产品、服务十分苛求	出示商品让客户查看并让其试用
	胆汁质和多血质	心理不敏感，较为容忍	多赞美客户

（三）性格与行为表现

性格是个人对客观现实的态度和行为方式中经常表现出来的稳定倾向，是各种心理特征的核心。性格不是人生来就具有的，它是在个体生理素质的基础上，在不断受到社会环境、家庭教育和长期社会实践活动的影响中逐步形成，并且不断发展和变化的。例如，"父母是孩子的第一任老师"折射的就是家庭教育环境对孩子性格的深远影响。

每个客户都有不同的性格特点，企业的营销策略也应有所不同。一般来说，根据不同性格的客户表现出的购买行为，可以将客户分成以下不同类型：活跃型、完善型、能力型、平稳型。针对客户的性格特征和行为表现，表3-3提出了一些营销策略以供读者参考。

表3-3　个体性格特征、行为表现和营销策略

基于性格的客户类型	性格特征	行为表现	营销策略
活跃型	外向、多言者、乐观	幽默、健谈，语速快；喜欢提问及谈论最新潮流趋势	重视开场白及聊天话题，建立融洽的关系；以图形、影像等方式来介绍产品，使用有创意的营销方案；注意运用"认可、影响力、变化"等字眼
完善型	内向、思考者、悲观	成熟、稳重，语速较慢	找到共同的兴趣爱好，与客户建立信任关系；详细介绍品牌的各种信息；注意多运用"合作、参与、保证、有效"等字眼
能力型	外向、行动者、乐观	独断、有说服力、健谈、语速快；会主动提出自己的想法	谈话直入主题；做好充分准备以应对客户提问；使用简明扼要的营销方案，并准备其他备用方案；注意运用"高效、时间、领先"等字眼
平稳型	内向、旁观者、悲观	语速适中；希望他人提出意见	对话直入主题；以事实和依据来介绍产品；注意运用"细节、准确、绝对、数据"等字眼

五、客户群体心理特征

从心理学角度来看，群体是指若干社会成员在长期接触交往过程中，在相互作用与相互依存的基础上形成的集合体。一个群体内的成员之间通常存在着某种稳定的联系和心理影响。从营销学的角度来看，客户群体是指具有某些共同消费特征的人所组成的群体。

客户群体的形成是内外因共同作用的结果。内在因素包括性别、年龄、心理特征、个性特征、生活方式、兴趣爱好等客户生理、心理方面的特点。外在因素包括生活环境、国家、民族、宗教信仰、文化传统、政治背景等社会文化方面的因素。

（一）心理特征、生活环境和文化传统是影响客户群体的三个主要方面

（1）心理特征的不同会导致客户群体的差异。例如，不同专业背景出身的客户心理特征具有明显的群体差异性。对待同一个事件，来自工科院校的大学生会采用明显的工科思维来理解和看待该事件，来自经济管理院校的大学生则更多会使用经管规则来理解该事件，而来自法律人文院校的大学生则更喜欢从法律和社会的视角去理解该事件……因此，在现实中，我们可以经常见到不同专业背景的个体和群体之间经常出现沟通障碍，甚至发生矛盾冲突。

（2）各地生活环境的差异自然也形成了独特的消费群体。在我国，南北方民众的消费差异体现得尤为明显。例如，南方民众偏爱咸肉粽子而北方民众喜欢甜味粽子。

（3）文化是人们长期创造形成的产物，对消费群体的影响是非常显著的。例如：日本文化强调规则秩序和统一性，日本人在选择商品的时候更多会考虑周边人的选择，不会轻易做出与周边不一样的消费选择。美国文化重视创新和自由，美国人在消费时会特别追求创新性产品，奇异消费行为在美国也是被包容和鼓励的。英国文化较为保守，他们在选择消费时会倾向选择具有长久市场声誉的品牌。中国文化相对多元，重面子文化会使一部分消费者追求更凸显身份和地位的品牌，内敛文化却会使另一部分消费者克制奢侈消费的行为，集体文化则会抑制消费者标新立异的消费心理。

（二）群体意识和归属感也是划分客户群体的重要因素

社会学研究发现，个体通常都具有一定的群体意识和归属感，遵守群体的规范和行为准则，承担角色责任，同时也会意识到群体内其他成员的存在，在心理上相互呼应，在行为上相互影响。按照不同的划分标准，客户群体可以分为以下六种：

（1）正式群体与非正式群体。这主要依据客户群体组织的特点来划分。正式群体是指具有明确的组织结构、完备的组织章程、确切的活动时间的规模较大的客户群体。正式群体中的消费者必须遵守群体的行为准则，严格保证群体活动的规范性。例如，职业协会、行业联盟等均属于正式的客户群体。与此相反，一般规模较小的或没有明确组织结构与章程的消费者群体统称为非正式群体。例

如，共同兴趣爱好者、亲朋好友等形成的群体。值得注意的是：当前非正式的群体正在成为营销和客户关系管理的一种重要方式。例如，一些理财顾问会利用微信建立客户群，通过分享生活、学习感悟，与客户建立信任关系。

（2）首要群体与次要群体。这主要依据群体成员影响力的大小来划分。首要群体也称作主要群体或主导群体，是指由有着极其密切关系的客户所组成的群体。首要群体不但对其成员的消费心理有影响，而且对其成员的消费行为也有十分重要的制约作用。例如，家庭、亲朋好友、单位同事形成的群体。次要群体也称作次级群体或辅助群体，是指对成员的消费心理与行为的影响相对较小的客户群体，通常是由某种共同兴趣、需求、追求的客户组合而成。

（3）所属群体与渴望群体。这主要根据客户与群体的关系状况来划分。所属群体是指客户已加入其中的群体。渴望群体是客户渴望加入其中但实际尚未加入的群体。这两种群体对消费者的影响有很大的不同，前者对客户的心理与行为都有重要的影响甚至是制约作用，而后者则对客户行为具有很强的示范作用，导致其产生模仿行为。例如，很多大学新生希望在入学前能够加入本校的学生群以了解更多的校园信息。

（4）自觉群体与回避群体。这主要根据客户对群体的意识与态度来划分。自觉群体是指客户根据自身条件在主观上把自己列为其成员的某个群体，如中年知识分子群体、敬业者群体、传统型消费者群体等。自觉群体中的成员并无直接交往，但是其成员通常会自觉地约束自己的行为以符合群体规范。回避群体是指客户自己认为与自己完全不符合并极力避免与之行为相似性的群体。客户对于回避群体的消费行为持坚决的反对态度，并且也极力排斥其对自身行为的影响。例如，高收入者对低收入者的消费行为、成年人对于青少年的消费行为、男性消费者对于女性的消费行为等都在一定程度上采取回避态度。

（5）长期群体与临时群体。这主要根据客户与群体联系的时间长短来划分。长期群体指客户加入时间较长久的群体。长期群体的规范准则对客户行为具有重大且稳定的影响作用，甚至可能使群体成员形成一定的消费习惯。临时群体只是客户暂时参与其中的群体。临时群体对客户行为的影响也是暂时性的，但影响力可能很大。例如，参加某企业有奖销售的客户群，多数人的参与热情会激发更多人的购买欲望，形成一时的购买热潮，但购买客户组成的只是临时的群体。

（6）实际群体与假设群体。这主要根据客户群体的真实存在性来划分。实际群体是现实生活中客观存在的群体，成员之间具有实际交往与相互间的影响与制约。假设群体也称统计群体，特指具有某些共同特点的客户群体，但成员之间没有现实的联系，也没有任何的组织形式，只是具有统计意义或研究意义的群体。根据年龄、性别、职业、收入水平、文化水平、家庭规模、社会文化、宗教信仰、居住地区、居住环境形成的消费者群体都属于假设群体。

扫一扫，看视频 ☞

第二节　客户动机行为与决策

客户购买决策的产生过程为环境刺激产生需求→需求产生动机→动机激发人的购买行为。客户的购买决策是保证购买行为取得满意效果的重要心理活动，本节将依据这一线索展开，根据马斯洛需求层次理论来分析客户购买动机的产生，阐述客户购买行为和购买决策。

一、动机的产生

（一）客户需求和动机的含义

客户需求是指客户生理和心理上的匮乏状态，即感到缺少些什么，从而想获得它们的状态。个体在其生存和发展过程中会有各种各样的需求，如饿的时候有进食的需求，渴的时候有喝水的需求，在与他人交往中有获得友爱、被人尊重的需求等。但是客户需求不是时时发生的，只有当客户的匮乏感达到了某种迫切程度，需求才会被激发，并促使客户采取行动。

需求一经唤醒，客户就会为消除匮乏感和不平衡状态而行动，但它并不具有对具体行为的定向作用。比如，当出行的时候，面对乘坐公交车、出租车、地铁和步行等多种交通方式，客户到底选择何种出行方式并不完全由需求本身所决定，时间、交通方式的快捷程度等要素也可能是其选择的出发点。

客户动机是激励和维持人的行动，并将行动导向某一目标，以满足个体某种需求的内部动因。客户的动机是客户购买并消费商品时最直接的原因和动力。在现实生活中，客户若受到某种刺激，其内在的需求就会被激活，进而产生一种不安的情绪（紧张、不自在）。客户这种内在的不安情绪与可能消除其生理缺乏状态的消费对象结合，就演化成一种动力，即消费动机。例如，对美的追求，会促使客户寻找适合自己的化妆品来满足自身的需求，通过购买和消费行为来消除心理上的不安情绪。

需要注意的是：客户动机与消费行为之间并不完全是一一对应的关系，同样的动机可能产生不同的行为，而同样的行为也可以由不同的动机所引起。例如，老百姓买房的动机和行为就存在不同，即使同样是买房这一购买行为，不同客户的购房动机也是不同的，一般有以下一类或多类的混合动机：①自住或者为子女准备；②投资或者防范财富缩水；③跟风购买；④投机炒作。即便是拥有相同动机的购房客户，其购买行为也会存在差异：①经济实力雄厚的购房者多全款买房且购买的房屋面积较大；②普通工薪阶层或经济实力不足的购房者则会选择贷款买房。

（二）客户需求的特征

1. 多样性和差异性

需求的多样性是客户需求最基本的特征。客户需求多样性体现为：不同客户的需求千差万别；同一客户的需求多种多样。不同客户对同一商品的关注点、需求不同：有的注重品牌、有的关注价格、有的重视性能，这要求企业根据客户的多样性和差异性进行产品的定位和营销。例如，特斯拉向客户提供了内容丰富的定制服务，允许客户选配隔热膜、氛围灯、电吸门等用于车辆改装、允许客户远程下载软件更新汽车的功能配置……这些个性化定制服务极大提升了客户车辆的辨识度和专属感，满足了客户多样化的需求和驾乘体验感。

2. 层次性和发展性

客户需求不是一成不变的，而是一个由低级向高级、由简单向复杂不断发展的，具有层次性和发展性。随着社会经济的发展和人民生活水平的提高，客户对商品数量和质量的需求在不断提升。例如，近年来人们对汽车的消费越来越注视质量及车辆的舒适度，随着生活水平的提高及环保观念的增强，越来越多的顾客选择购买新能源汽车。人工智能的快速发展，使无人驾驶汽车也受到越来越多的年轻人的关注。

3. 伸缩性和周期性

需求的伸缩性是指受内部因素或者外部因素的影响，客户的需求会发生变化。内部因素主要是客户的个性特征、购买能力、生活方式等；外部因素主要是市场产品的供应、价格、宣传、促销等。客户需求的周期性是指客户对消费对象的需求会因某些因素的影响呈现出周期性的变化，具体表现为某种消费需求满足以后，经过一定时间这种需求又重新出现。影响需求周期性变化的因素主要有消费者的生理需要、自然环境变化、社会时代变化和其他周期性因素。例如，空调的销售多是按季度周期性进行的。

4. 可引导和可调节

客户的需求是可以被引导和调节的。正是消费者需求的可引导性，为企业进行有效营销提供了基础。在实践中，企业可以利用客户的这一特征进行广告宣传，创造示范效应，引领消费时尚，使客户的需求意识由弱变强，由潜在需求转变为现实需求，从而成功地销售产品。例如，马斯克就极为擅长利用事件营销和引导消费者。2018 年他利用猎鹰重型火箭将一辆特斯拉汽车送入太空，该事件产生了极大的轰动效应，也极大地推动了特斯拉汽车的销售。

（三）基于马斯洛需求层次理论分析动机的产生

马斯洛的需求层次理论将需求分为生理、安全、社交、尊重、自我实现需求五个逐级递增的层次。这五种需求之间相互联系，并依照由低级向高级的层次组织起来，只有当较低层次的需求得到满足后，才会出现高层次的需求，最后达到自我实现的顶峰。

生理需求是人类维持自身生存最基本的要求，包括对以下事物的需求：呼吸、水、食物、睡眠等。这是各类需求中必须首先满足的最基本需求，唯有生理需求获得满足后，人们才有可能产生新的其他方面的需求。在消费市场中，生理需求则体现为满足最低需求层次的市场，客户只要求产品具有一般功能。例如，客户选择价格最低的电风扇。

安全需求是人类要求保障自身安全、摆脱失业和丧失财产威胁、避免疾病侵袭等方面的需求。在消费市场中，安全需求体现为满足对"安全"有要求的市场，客户关注产品对身体的影响。例如，客户会拒绝购买对身体产生危害的食品；客户购买汽车时，优先考虑汽车的安全性。

社交需求包括两个方面的内容：一是友爱的需求，即人们在与他人相处过程中对于友谊和真诚的需求；二是归属的需求，即人都有一种归属于一个群体的感情，希望成为群体中的一员并相互关心和照顾。在消费市场中，社交需求表现为满足对"交际"有要求的市场，客户关注产品是否有助于提高自己的交际形象。例如，在选择礼品时，精美的包装会让客户愿意付出更高的价格。

尊重需求是指人人都希望自己有稳定的社会地位，个人的能力和成就得到社会承认的需求。尊重的需求又可分为内部尊重和外部尊重。内部尊重是指一个人希望自身有实力、充满信心、能独立自主处理事件，即自尊。外部尊重是指一个人希望有地位、有威信，并受到别人的尊重、信赖和高度评价。在消费市场中，尊重需求表现为满足对产品有与众不同的要求的市场，客户关注产品的象征意义。例如，东亚人更喜欢大的品牌标志来彰显个人身份，因此 LV 将在该地区销售的产品的标志做得更大。

自我实现的需求是最高层次的需求，指实现个人理想、抱负将个人的能力发挥到最大程度，完成与自己的能力相称的一切事情的需求。在消费市场中，自我实现表现为对产品有自己判断标准的市场，客户拥有固定的消费品牌。例如，汽车销售调查显示商人特别钟爱购买奔驰汽车，工薪阶层大多选择购买大众汽车。

二、客户购买行为与决策

（一）客户购买行为类型和模式

客户行为是指客户为获取、使用、处置消费商品或服务所采取的各种行动，包括决定做出这些行动的过程。客户行为是复杂多样的，即便是具有相同需求的客户，其购买行为也会有所不同。例如，女大学生倾向于购买价廉物美的化妆品，而有一定收入的女士则会选择更加高档的化妆品。从某种角度来看，客户的购买行为决定了企业的产品定位。

客户的行为可根据购买者的介入程度和品牌差异程度来理解。购买者的介入程度是指客户对购买活动的关注程度和感知的风险度；品牌差异程度是指同类但品牌不同的产品在品质、价格、美誉度、知名度等方面存在的差异。科特勒依据购买者的介入程度和产品品牌差异程度区分出四种购买行为类型，并针对不同购买行为类型，提出了企业可以采用的营销策略，如表3-4所示。

表 3-4 购买行为类型、特点和相应的营销策略

购买行为类型	特点	营销策略
复杂的购买行为	客户高度参与，了解各类商品之间的差异	帮助购买者掌握产品知识；加大宣传本品牌的优势
习惯性购买行为	客户经常性购买；各品牌商品之间的差别较小	利用价格吸引客户试用；发布大量重复性的广告；增加购买者的参与程度和品牌差异程度
寻求多样化的购买行为	商品有明显区别；客户购买品牌多样化	发布占有货架、避免脱销和提醒购买的广告（市场领导者）；较低价格、折扣、赠券、免费赠送样品和强调试用的产品的广告（市场挑战者）
化解不协调的购买行为	购买具有风险性	提供完善的售后服务，通过各种途径经常发布有利于本企业和产品的信息

资料来源：菲利普·科特勒，凯文·莱恩·凯勒. 营销管理（第 15 版）[M]. 何佳讯，于洪彦，牛永革，等译. 上海：格致出版社，2017.

客户行为是可以感知的。虽然客户行为具有多样性，但其终归要受到需求、动机的支配。除了表 3-4 中所示的内容，读者可利用管理学中经典的 5W1H 方法，通过收集足够的证据，对客户生理、心理、社会、文化等方面的特征展开深入分析，最终得到需要掌握的客户行为信息（见图 3-3）。可以非常确信的是，企业对客户的研究越深入，其对客户行为的理解就会越透彻，采取的营销策略也将会越奏效。

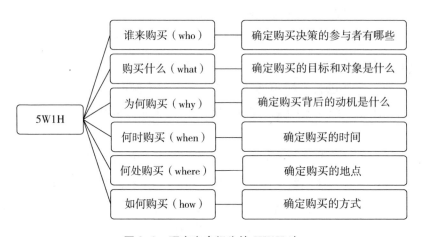

图 3-3 研究客户行为的 5W1H 法

国内外许多学者对客户购买行为模式进行了大量的研究，并且提出了一些具

有代表性的客户购买行为模式，我们主要讨论其中的两种客户购买行为模式：一般模式和科特勒行为选择模式。

1. 客户购买行为的 S-O-R 模式

S-O-R 是 Stimulus -Organism-Response 的首字母，S-O-R 即"刺激—个体生理/心理—反应"模式。该模式表明客户的购买行为是由刺激所引起的，这种刺激来自客户的生理、心理因素和外部的环境。

客户在各种因素的刺激下产生动机，动机驱使其做出购买商品的决策并实施购买行为，之后还会对购买的商品及其厂家做出评价，这样就完成了一次完整的购买过程（见图3-4）。建议读者将自身某一次的购买经历根据上述过程记录下来，然后认真阅读该记录，你会有非常多的有趣发现和体会。

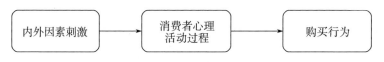

图 3-4　客户购买行为的 S-O-R 模式

2. 科特勒行为选择模式

菲利普·科特勒认为，客户购买行为不仅受营销的影响，还受外部因素的影响。不同特征的客户会产生不同的心理活动，导致客户做出一定的购买决定，最终形成了客户对产品、品牌、经销商、购买时机、购买数量的选择（见图3-5）。

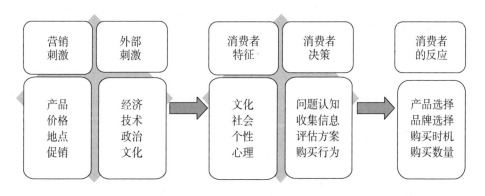

图 3-5　科特勒行为选择模式

资料来源：菲利普·科特勒，凯文·莱恩·凯勒. 营销管理（第15版）［M］. 何佳讯，于洪彦，牛永革，等译. 上海：格致出版社，2017.

例如，商场在举办周年庆时，往往会开展大规模的促销活动，通过商品打折、买一送多、游戏抽奖等多种促销方式来刺激客户的购买心理。如果周年庆安排在节假日（如中秋节）举行，那么文化因素将进一步刺激客户的购买行为。

（二）客户购买决策过程

客户购买决策过程由问题认知、收集信息、评估方案、购买决策以及购后行为五个阶段构成，如图3-6所示。

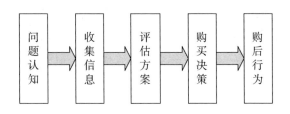

图3-6 客户购买决策的过程

（1）问题认知。客户认识到自己有某种需要时，是其购买决策过程的开始，这种需要可能是由内在的生理活动引起的，也可能是受到外界的某种刺激引起的。例如，看到朋友使用最新的手机时，自己也想购买。营销者应注意不失时机地采取适当措施，唤起和强化客户的需要。例如，"种草"就是一种改变或引导客户认知的营销方式，借助社交媒体非常容易使购买行为在消费者之中得到传播。

（2）收集信息。信息来源主要有四个方面：个人来源，如家庭、亲友、邻居、同事等；商业来源，如广告、推销员、分销商等；公共来源，如大众传播媒体、消费者组织等；经验来源，如操作、实验和使用产品的经验等。现在越来越多的客户通过微信、微博、点评网站和一些社交媒体来收集目标产品或服务的信息。

（3）评估方案。客户得到的各种商品信息可能是重复的，甚至是互相矛盾的，因此还要对商品进行分析、评估和选择，这是购买决策过程中的决定性环节。客户对商品的评估选择有三个方面的特点值得注意：①产品的安全和性能是购买者考虑的首要问题；②不同客户对产品的各种性能给予的重视程度或评估标准不同；③多数客户的商品评选过程是将实际产品同自己理想的产品相比较。

（4）购买决策。客户对商品进行比较和评选后，已形成购买意愿，然而客户从有购买意图到决定购买，还受到两方面因素的影响：①他人态度。反对者态度愈强烈，或持反对态度者与购买者关系愈密切，客户修改购买意图的可能性就愈大。②意外情况。如果发生了意外情况——失业、商品涨价等，客户也很可能改变购买意图。例如，房地产调控政策的变动会改变购房者的决策。

（5）购后行为。客户购后的满意程度和购后的活动。客户购后的满意程度取决于客户对产品的预期性能与产品使用中的实际性能之间的差异。客户的满意程度决定了客户的购后活动，决定了客户是否重复购买该产品和对该品牌的态度，并且会影响到其他消费者，形成连锁效应。例如，客户 A 向其朋友大力推荐沃尔沃汽车，因为该汽车让客户 A 在一次严重的车祸事故中没有遭受任何伤害，客户 A 对该品牌汽车的安全性非常满意。

买房子的逻辑

阅读小贴士

问题认知：明确购房目的（居住、出租）、购房资金准备、购房区域选择（东西南北中）、购买房屋类型（普通住宅、公寓、别墅等）。

收集信息：学习购房基础知识（买房步骤、住宅评价等）、查询住房信息（中介、App 或社交媒体）、实地看房（交通、户型、价格、采暖、风水等）。

评估方案：确定楼盘的合法性、选择要购买的住宅（根据个人对交通、价格、户型等的偏好进行总体评估，如普通工薪阶层比较注重价格，价格高低即成为决策的主要因素）。

购买决策：选择相对满意的评估方案、签订合同、预售登记、办理产权过户。

购后行为：验收房屋、缴纳税费、新居装修等。

（三）客户购买决策的特征

前面已经讲述了客户购买是一个决策过程，也正是这种过程性，使客户购买决策具有多重特征：

1. 目的性和过程性

客户的购买决策是要促进一个或若干个消费目标的实现，这本身就带有目的性。围绕目标进行筹划、选择、安排的过程又体现了决策的过程性。例如，有些客户在做出购买决策之前，已经对商品价格、质量、款式等方面形成了心理预期，因而在进行比较选择时，其会将备选方案与个人的心理预期进行比较，从中选择与预期标准吻合度最高的商品作为最终选择方案。又如，客户在购买家具前，心里已确定品牌样式、可接受价格，在购买时会将实际情况与自身的心理预期相比较，迅速、准确地确定购买方案。

2. 主体的需求个性

购买商品的行为是客户主观需求、意愿的外在体现，受许多客观因素的影响。随着客户消费水平的提高，购买行为的独立决策特点越来越明显。由于"令人满意"是绝大多数客户做出购买决策的准则，"没有达到绝对满意"会引发客户心理上的不适，因此客户通常采用"最小后悔原则"进行决策，该原则可减少风险损失，缓解客户因不满意而形成的心理失衡。例如，当面对价格高低不一的家具时，客户通常选择价格最低的种类，以便使遗憾降至最低程度。

3. 复杂性和情境性

客户的购买决策受到多方面因素的影响和制约，具有复杂性和情境性，具体包括：①个人的消费心理、生活习惯与收入水平等主体相关因素；②个体所处的空间环境、社会文化环境和经济环境等各种刺激因素；③产品本身的属性、价格，企业的信誉和服务水平，以及各种促销形式等。这些因素之间存在着复杂的交互作用，它们对客户的决策内容、方式及结果有不确定的影响。

因此，在制定购买决策时，客户只需对所得与支出进行比较，合理调整选择标准，使之保持在适度、可行的范围内，以较小的代价取得较大的效用，达到相对满意即可。为什么家具卖家通常会集中选择在家具城售卖商品？因为客户在购买家具的时候不会跑遍所有商店，只会通过有限次的比较选择，购买质量、外观、价格符合需求的家具。因此，家具卖家集中在家具城售卖商品不仅不会增加卖家之间的竞争反而会促进大家整体的销售。

阅读小贴士

蚂蚁爬行的启示

著名管理学家西蒙，在研究中提到过一个有关蚂蚁的比喻：

一只蚂蚁在海边布满大大小小石块的沙滩上爬行，留下了弯弯曲曲的印迹，忽左忽右，忽前忽后，非常复杂。西蒙认为，这种复杂性决不表明蚂蚁认知能力的复杂性，而只表示海岸岩石分布的复杂性。蚂蚁在海边爬行，它虽然能感知蚁巢的大致方向，但它不能预测途中可能会出现的障碍物，其视野是有限的。由于这种认知能力的局限性，所以当蚂蚁遇到一块石头或者其他障碍时，其就不得不改变前进的方向，这就形成了复杂的爬行轨迹。

其实，西蒙是以蚂蚁来比喻人。人在做事情时，也会像蚂蚁一样，受到自身认知能力的限制。外部世界是复杂的，我们不可能考虑到所有因素，所以我们在处理问题的时候只能以相对满意原则为标准，否则只会贻误时机，解决不了问题。

资料来源：赫伯特·A. 西蒙. 管理行为［M］. 北京：机械工业出版社，2021.

扫一扫，看视频 ☞

第三节 基于客户心理与行为的营销策略

企业销售的目的在于盈利，制定科学合理的营销策略是企业的重要课题。营销策略是指企业针对目标市场的需求而制定的产品、价格、广告和促销、分销渠道等方面的策略。其中，产品是客户从事消费活动的对象和载体，客户的心理活动、需求动机、购买决策及购买行为都是围绕产品发生和进行的；价格是影响客户购买的最具刺激性和敏感性的因素；广告和促销是企业传递商品和服务信息，吸引并说服客户进行购买的营销方式；分销渠道是商品经流通领域进入客户选择的关键环节。

一、新产品开发

所谓产品策略，即指企业制定经营战略时，首先要明确企业能提供什么样的产品和服务去满足客户的要求。它是市场营销策略的基础，从一定意义上讲，企业发展的关键在于产品满足客户需求的程度以及产品策略正确与否。美国学者埃弗雷特·罗杰斯把客户采用新产品的过程分为：认识阶段、说服阶段、决策阶段、实施阶段和证实阶段五个阶段。

（1）认识阶段。在这一阶段，客户逐步认识到创新产品，并学会使用这种产品，掌握其新的功能，但其心理活动尚停留在感性认识上。例如，在某项产品刚刚问世时，较早使用的客户相对而言有着较高的文化水平，能及时、迅速地收集到有关新产品的信息资料。

（2）说服阶段。客户一旦产生占有该种产品的愿望，决策行为就进入了说服阶段，其心理活动也就具备了影响力。例如，企业新推出的产品往往会有一个试用的环节，这就是让客户亲自体验产品，产生购买意愿。

（3）决策阶段。通过对产品特性的分析和认识，客户进入决策阶段，即决定采用还是拒绝采用该种创新产品。例如，某种洗发水不适用于客户自身的发质，那么客户以后也就不会再购买。

（4）实施阶段。当客户决定使用创新产品时，就进入了实施阶段。到了这一阶段，客户就不再考虑以下问题了："我怎样使用该产品？我如何解决操作难题？"这时，市场营销人员就要积极主动地向消费者进行介绍和示范，并提出自己的建议。例如，客户对某个新推出的科技产品不太熟悉，这就需要业务员提供帮助。苹果、华为和小米等手机生产商纷纷推出体验店就是基于这个原因。

（5）证实阶段。客户在采用创新产品后，通常要收集一定的信息来评价其选择行为正确与否。在做出决策后的一段时间内，客户常常会感到后悔，会发现所选商品存在很多缺陷，而未选商品却有不少优点。不过，这一感觉持续时间不长，之后客户仍然会认为已选方案较为适宜。例如，客户购买了一瓶价值不菲的香水，短时间内她会感到后悔，但使用一段时间后，该香水带来的额外享受会让客户觉得其物有所值。

二、产品定价

价格通常是影响交易成败的重要因素，是市场营销组合中最灵活、最难以确定的因素。企业定价的目标是促进销售，获取利润。这要求企业既要考虑成本的补偿，又要考虑客户的价格接受能力，因此定价具有买卖双方双向决策特征。

（一）撇脂定价法

撇脂定价法借喻"在鲜牛奶中撇取奶油"，其原则是：先取其精华，后取其一般。在新产品进入市场的初期，利用客户的"求新""猎奇"心理，高价投放商品，从市场上赚取丰厚的利润，以迅速收回成本。当出现竞争者时，"奶油"早已被撇走，企业可根据市场销售状况逐渐调低价格。

撇脂定价法的好处：企业能尽快收回成本、研究开发费用和投资；能迅速获得大量利润。利润可用来改良产品，当竞争者进入市场时，还可以支持其他各种竞争性活动；高价可以提高新产品身价，塑造其优质产品的形象；扩大了价格调整的余地，提高了价格的适应能力，有助于增强企业的盈利能力。

撇脂定价法的不足：在一定程度上有损客户的利益；在新产品尚未被客户认识之前，不利于开拓市场；如果产品容易被模仿、复制或缺乏专利保护的话，还会因利润过高迅速吸引其他竞争者的进入，加剧竞争，最终迫使企业降价。另外，采用这种方法，市场销售量和市场占有率可能无法相应提高，除非某一产品在迎合目标市场的需要方面具有绝对优势，才能在快速赚取利润的同时，提升市场占有率。

适宜采取撇脂定价法的几种情况：企业的产品缺乏价格弹性，高价造成的需求或销售量减少的幅度很小；企业重视利润胜过销售量，希望保持较高的单位利润率；产品或服务处在导入期，企业希望通过高价策略多获得利润；产品生命周期过短、周转慢、销售与储运成本较高的特殊商品、耐用品，可将商品价格定得高一些，以保证盈利。

苹果的"撇脂定价"策略

阅读小贴士

苹果公司在推出新产品前，通常会通过各种媒体宣传，先激起广大客户的好奇心。当 iPhone 11/Pro/ Pro Max 系列手机首次投放市场时，定价比较高，让很多人望价兴叹。然而，苹果公司并没有因此而降低销售价，于是"苹果手机比较保值"成为很多消费者的共识，更加坚固了苹果手机在消费者心中的高端形象。在 iPhone 11 系列手机销路甚好、市场未达到饱和时，苹果公司紧接着发布了 iPhone 12/Pro/ Pro Max 等手机新品，手机新品的价格通常比前一代产品更高，此时 iPhone 11 系列手机的价格有所松动，这促进了 iPhone 11 系列手机销量的增长。所以，在 iPhone 手机销售的过程中，新品的发布帮助苹果公司获得了更多的单品利润，而前代产品却帮助苹果公司占据了更多的市场份额。

（二）渗透定价法

这种定价方法是在新产品进入市场初期，迎合消费者的"求实""求廉"心理，低价投放新产品，给客户以物美价廉、经济实惠的感觉，从而刺激客户的购买欲望，待产品打开销路、占领市场后，再逐步提高价格。其目的在于渗透新市场，立即提高市场销售量与市场占有率，快速而有效地占据市场空间。此种定价策略以高市场占有率为主要目标，利润反而退为次要目标。

渗透定价法的好处：能迅速将新产品打入市场，让无法支付高价的客户成为实际购买者，使现有客户增加使用量，提高市场占有率；物美价廉的商品有利于企业树立良好形象；低价薄利信号不易诱发竞争，可阻止实力不足的竞争者进入市场。这种扩大市场的定价政策，可使企业在竞争压力最小的情况下长期占领市场。

渗透定价法的不足：投资回收期较长，且产品价格变动余地小，难以应付骤然出现的竞争或需求的较大变化；逐步提高价格，消费者会产生抵触心理，不忠诚的客户会寻找替代商品。

适宜采取渗透定价法的几种情况：价格弹性大的产品，低价会促进销售，虽然单位利润低，但销售量的增加仍会提高利润总额；在成熟的市场中，企业将之作为先发制人的竞争策略，以夺取市场占有率，和竞争者保持均势；如果大多数竞争者都降低了产品价格，尤其是当客户对产品价格很敏感，并且企业的主要竞争对手提供了本企业无法提供的产品附加价值时，可采用此种方法降低产品价格；对于购买率高、周转快的商品，如日常生活用品，适合采用薄利多销、占领市场的渗透定价策略。

（三）尾数定价法

这种方法是指保留价格尾数，采用零头标价，如 9.98 元，而非 10 元。实践证明，在一定程度上，客户更乐于接受尾数价格。他们认为整数是一个概略价格，不十分准确，而尾数价格更精确。此外，尾数可使客户感到价格保留在低一级的档次上，从而减轻心理抗拒感。

尾数定价法应用十分广泛。在美国，5 美元以下的商品，习惯以 9 为价格尾数；5 美元以上的商品，习惯以 95 为价格尾数。日本的家用电器，习惯以 50、80、90 为价格尾数。我国的许多商品，常以 8、88、98、99 为价格尾数。99 价格尾数不仅可满足客户的求廉心理，而且迎合了客户追求"天长地久"的传统心理；而 88 价格尾数则迎合了人们"财运大发"的企盼。但对高档商品，客户则更乐意接受整数价格。

（四）差别定价法

事实上，价格差异的基础是：客户需求、客户的购买心理、产品样式、地区差别以及时间差别等，采用差别定价法，一般是以该产品的历史定价为基础，根据市场需求变化的具体情况，在一定幅度内变动价格。对于新老客户、国外消费者与国内消费者、需求旺季与需求淡季、产品的不同外观和式样对客户的吸引程度可采用不同的定价方法。苹果公司有效地运用了差别定价方法，其每次都是推出多个版本的新产品，并使用 Goldilocks（金发姑娘）定价方式，即一次出三种版本的新产品——高、中、低三档，按照配置的高低、内存的大小以及对于网络的支持程度差别定价照顾到不同客户的需求。对价格比较敏感的顾客主动地降低对内存大小的期望、接受较低价格的产品，而对价格不敏感的顾客则愿意为了更高的配置贡献更多的消费者剩余。

三、广告和促销策略的制定

（一）锁定目标客户

集中针对目标受众进行广告宣传，可减少企业支出。企业应根据销售情况或通过调研等手法收集消费者对产品的需求及看法，锁定目标客户并选取合适的渠道进行广告宣传。例如，劳力士从不在低端商场和酒店做广告，而是将广告投放于各种高端场所（如高端商场、高端会所等），因为它的目标受众是具有一定财富和社会地位的精英人士。

此外，智能手机的普及也给企业精准投放广告提供了渠道，企业可通过官方应用程序及客户群向客户精准推送广告。

（二）季节性和定向性促销策略

很多营销人员将促销理解为用降价促进销售量的提升，这是一种思维误区。

当产品是独具特色且无升级换代计划、企业也没有遇到经营和财务上的危机，任何降价行为对企业而言都是不利的。但季节性和定向性促销策略可以帮助企业平衡上述矛盾。典型的季节性促销策略通常通过特殊节日的设置来实现，例如中国每年度的"双十一"和"6·18"销售季、美国一年一度的黑色星期五，商家在这些定期节日中采用大量的优惠和折扣来提升销量、挤占竞争对手的市场份额。定向性促销则通常定位于新的特殊用户群体，用来培养其未来继续购买该企业其他产品的机会，例如，联想、苹果和微软公司通常会在新生入学季给予教育用户诱人的价格折扣或者赠品，因为这些用户将在很长一段时间内持续为企业贡献收益。

四、分销渠道的选择

按商品在流通过程中经过的流通环节，可将分销渠道划分为：

（一）直接渠道

直接渠道是指没有中间商参与，产品由制造商直接销售给客户的渠道类型，如上门推销、电视直销和网上直销等。直接渠道的优点是：对于用途单一、技术复杂的产品，可以有针对性地安排生产，更好地满足需求；生产者直接向客户介绍产品，便于客户掌握产品的性能、特点和使用方法；以直接渠道销售产品不经过中间环节，可以降低产品流通费用，掌握价格的主动权，积极参与竞争。但直接渠道也存在不足，如制造商在销售上投入大、花费大，而且销售范围也受到限制。

（二）间接渠道

间接渠道是指产品经由一个或多个商业环节销售给客户的渠道类型。间接渠道的优点是：中间商的介入，使交易次数减少，节约了流通成本和时间，降低了产品价格；中间商着重扩大流通范围和产品销售，制造商可以集中精力生产。它的不足是：中间商的介入，使制造商与客户之间的沟通不便。

另外，分销渠道还可以按照商品流通的中间环节（层次）的多少，分为长渠道和短渠道；按照每一渠道层次中间商的多少，分为宽渠道和窄渠道；按照渠道成员联系的紧密程度，分为传统渠道和渠道系统。传统渠道是指由独立的制造商、批发商、零售商和消费者组成的分销渠道。每个参与者表现为各行其是，追求各自利益的最大化，但是实际上各自都实现不了利益的最大化。渠道系统趋向于联合经营或一体化经营，由竞争转向联合，通过做大做强来追求利润的最大化。

扫一扫，看视频 ☞

🏠 本章小结

本章从分析客户的心理开始，较为全面地讲解了客户心理的基本概念、客户心理的一般过程。对于客户个性心理特征和群体心理特征，我们也进行了具体的分析，并穿插了许多案例可加深同学们的理解。同时，本章也详细回顾了需求、动机、行为三者之间的关系。需求产生动机，动机产生行为。另外，基于不同客户不同的心理与行为表现，我们也提出了针对性的营销组合战略，这对于企业开展营销活动也有着积极的意义。需要注意的是，客户的心理与行为不是相互分离、互不相关的，两者相辅相成、相互依赖，是不可分割的整体，在实践中要将两者综合起来分析。

🏠 本章案例

中国大妈引发"黄金抢购潮"

2013 年 4 月中上旬国际黄金价格暴跌，累计最高跌幅达到 20%，不少期货投资者损失惨重。但令人意想不到的是，随着现货黄金价格的一路走低，中国消费者掀起了一股史无前例的"淘金热"。作为普通投资者的代表，"中国大妈"也因此登上黄金舞台，其引发的抢金潮汇入亚洲各地的抢金潮。"五一"小长假，从港澳到京沪，"中国大妈"持续进军黄金市场。

《货币战争》作者宋鸿兵在微博称，黄金自 2013 年 4 月 12 日暴跌以来，短短 10 天内，仅中国（不包含港澳台地区）的投资人就鲸吞实物黄金 300 吨，约占全球黄金年产量的 10%！300 吨的说法迅速流传开来，成为"中国大妈"的实力象征。但这个数据是真实的吗？不少业内分析人士认为，即使该数据属实，也不能过分高估"中国大妈"的购买力对世界经济格局的影响。

从专业的数据来看，伴随着此轮"中国大妈"的抢购，全球最大的黄金交易所交易基金并没有出现增仓，反而在继续抛售自己手中的黄金。有专家表示，别说"散兵游勇"似的"中国大妈"，就是一些国家的中央银行在与华尔街金融大鳄的"争斗"中也常处下风。其实，金饰店内的黄金量，并不能等同于整个黄金市场，"中国大妈"更是难以从根基上撼动整个金市。

有分析将矛头指向美国联邦储备系统（简称美联储），认为美联储透露出量化宽松即将结束的信息是为打压金价，迫使投资者退出黄金市场，转投美国国债，这样便能降低美国国债的收益率，进而减少美联储量化宽松的成本。也有分析人士指出，美国存在大幅打压黄金价格，借此缩水其他国家黄金储备，弱化其国家货币，从而彰显美元地位的动机。还有分析认定"头号嫌疑犯"是美林公司。美林公司是全球著名的证券零售商及投资银行，4月12日纽约黄金期货市场出现1000万盎司抛售，市场传闻这一卖单正是来自这家公司。

不过当时的美联储主席伯南克抛出了不急于收缩债券购买计划的言论，再加上中国对黄金需求的增加，在经历了4月、5月和6月的连续下跌后，国际金价在7月终于有了反弹。截至2013年7月24日，上海期金的价格逼近每克270元，相比于一个月前每克238元的低价已经上涨了一成多。金价大跌激发了"中国大妈"抢金的热潮，如今金价连连反弹，"中国大妈"对金子的热情不减。

记者采访发现不同"中国大妈"的购金行为是不同的。在某家金店里，市民刘女士正忙着给即将出生的孙辈挑选金货。"今年我买了不少次黄金，春节买过一次、4月份买过一次、今天又想买点。"孙女士边挑选"金锁"边说，"春节那会儿买的最多，花了七八千块钱。要是早知道现在金价跌了这么多，当时就不急着买了。"不过，对于"买贵了"这件事儿，孙女士并不是很在意。她说："汽车一买上就贬值，还有很多人排队去买车；咱买个金货戴戴，就算金价跌了又能怎么样呢？反正我觉得，黄金这种东西长期一定会升值。"像孙女士这样的"中国大妈"，她们从生活经验和文化传统中传承得来了"黄金情结"。据统计，2017年5月和6月中国金银珠宝的销售额上升到了200亿元，同比增长超过30%。这从一个侧面反映出国人对黄金的特殊喜好。

业内人士认为，现在购买黄金的客户基本出于两种心态：一方面觉得银行

（行情专区）存款利率低、炒股又有风险、通货膨胀率也高，所以干脆买黄金保值；另一方面可能是客户本身就想买金首饰，现在花同样的钱能买更多、更大克数的首饰，大家觉得特别划算，也加速了黄金销售。

资料来源："中国大妈" PK 金融大鳄［EB/OL］. https：//doc. docsou. com/b841827bd52f6d36a074670bd992db90c87415c31. html，经编者修改整理。

问题思考：

1. 结合本章内容，谈一谈"中国大妈"抢购黄金事件反映了客户心理与行为的哪些基本原理？

2. 结合本章内容，就从 2003 年"非典"时期人们抢购白醋到 2011 年日本大地震时期的食盐风潮再到"中国大妈"抢购黄金，谈谈你的看法。

第四章

客户的信息管理

本章引言

在信息管理界流传着这样一句话："三分技术，七分管理，十二分数据。"在这个大数据时代，客户信息已经成为企业的一种重要资产。一个数据丰富、运营有效的客户信息数据库，能够帮助企业了解其产品或服务面向哪些类型的客户、存在哪些缺陷需要改进、应该采取何种产品策略和市场竞争策略，如何对客户关系进行管理。既然客户信息如此重要，那么企业需要掌握哪些客户信息，如何根据自身的目标对这些信息进行收集，以及如何对这些数据进行管理？本章将对上述问题进行阐述。

学习目标

- 了解客户信息的重要性
- 掌握需要收集的客户信息
- 了解收集客户信息的渠道
- 学会管理收集到的客户信息

第一节　客户信息的重要性及其分类

了解客户信息的"个性"是理解客户信息重要性的第一步。客户信息是指客户的喜好、客户细分、客户需求、客户联系方式等一些基本的数据资料。充分了解客户信息的构成、掌握客户信息规律，对企业的发展有着重要的作用。本节将介绍客户信息的重要性、客户信息的分类、客户信息的收集和管理。

一、客户信息的重要性

我们先通过一个案例来看看客户信息对达成决策目标的重要性。

2012年，奥巴马竞选阵营的数据挖掘团队为奥巴马成功筹集总统竞选资金立下了汗马功劳。该团队收集了选民2010~2012年的数据，经过分析，他们发现影星乔治·克鲁尼对美国西海岸40~49岁的女性具有非常大的吸引力：她们无疑是最有可能为了在好莱坞与克鲁尼和奥巴马共进晚餐而不惜自掏腰包的一个群体。事实证明，克鲁尼在自家豪宅举办的筹款宴会上，为奥巴马筹集到了数百万美元的竞选资金。

此后，奥巴马团队决定在东海岸物色一位对于这一女性群体具有相同号召力的影星，数据挖掘团队发现莎拉·杰西卡·帕克的粉丝们也有上述同样的行为，因此"克鲁尼效应"被成功地复制到了东海岸。在整个总统竞选过程中，奥巴马团队花了不到3亿美元，而罗姆尼团队花了近4亿美元却落败，其中一个重要的原因在于，奥巴马数据团队购买广告的决策，是经过缜密的数据分析之后才做出的。民调显示，80%的美国选民认为奥巴马比罗姆尼更加重视他们。结果是，奥巴马团队筹得的第一个1亿美元中，98%来自250美元以下的小额捐款，而罗姆尼团队在筹得相同数额捐款的情况下，这一比例仅为31%。

资料来源：Michael Scherer. How Obama's Team Used Big Data to Rally Voters ［N］. CNN Business，2012-11-08.

尽管奥巴马的竞选案例是一个政治事件，但该事件也充分凸显了数据分析对决策的重要性。从企业的角度来看，客户信息的重要性主要表现在以下三个方面：

（一）客户信息是企业发展的基础

不断开发、维持客户是企业发展的基本要素。如果企业掌握的客户信息不完全、不准确，仅仅收集与企业业务直接相关的客户的数据，那么企业的决策就会出现偏差，无法制定出适合当前市场环境的经营战略。在这种情形下，企业原先建立起来的客户关系就会遭到破坏，企业会失去很多原有客户及潜在客户，最终影响企业的发展。

一家具有强大的客户信息收集能力、全面掌握客户信息的企业，能够长期立足于市场，并且具有无法撼动的市场地位。因此，企业必须全面、准确、及时地掌握客户的信息，以建立客户服务中心和推进客户管理实用化为基础，提高客户信息的管理程度，基于客户信息进行产品设计、市场规划，从而为企业带来附加价值，最终推动企业的发展。

（二）客户信息是客户满意的关键

在竞争激烈的市场上，企业要满足现有客户、潜在客户及目标客户的需求、期待和偏好，就必须掌握客户的需求特征、交易习惯、行为偏好等信息，从而制订和调整营销策略。如果企业能够掌握详尽的客户信息，就可以在把握客户需求特征和行为偏好的基础上，有针对性地为客户提供个性化的产品或服务，满足客户的特殊需要，提高他们的满意度，这对于保持良好的客户关系，实现客户忠诚有着重要作用。

试想一下，如果你是客户，企业的产品不能让你满意，你必然会减少购买量或进行投诉。这时，企业若是没有掌握订单减少、客户投诉等信息，客户就会对企业越来越不满意。随着满意度的降低，企业的客户就会流失，最后产生严重的后果。

反之，如果企业能够及时掌握客户信息并加以利用，那么企业可以在培养现有客户忠诚度的同时吸引潜在客户，最终提高客户的满意程度。例如，企业安排专人解决问题可有效防止客户的流失，或是在节日给客户送上祝福与礼物，给客户带来惊喜。这样不仅能够提高客户满意度，而且能使客户对企业产生依赖感，通过客户之间口口相传，最终可提高企业的品牌形象。

如果没有掌握完整的客户信息，没有认真分析客户信息，客户服务就会沦为低水平的"应对客户问题"。而充分掌握客户信息，并对其进行分析，就可以为客户提供更为契合、更让其满意的服务。而客户的高满意度无疑将会带动新一轮的销售行为，使企业的客户资源进入企业价值实现的过程中，不断为企业创造收益。

（三）客户信息是市场竞争的资源

"谁拥有客户，谁就拥有未来"，客户在企业生存、发展进程中的地位是毋庸置疑的，而客户信息成为企业市场竞争的重要资源也是近年来市场规模、产品种类迅速增大增多，客户群体迅速扩大的必然结果。

客户是企业的宝贵资源，是企业提升市场竞争力的重要手段。以前，由于客户是企业的外部要素，企业没有以资源的角度去看待客户，客户仅仅被认为是企业价值实现的外部因素。但随着市场的发展，客户的资源特性越发明显，用传统方式去关注企业与客户之间的关系、维系客户的思想已经无法适应企业发展的要求，而把客户作为企业资源进行管理和开发成为企业发展的新方向。从资源的角度看客户，客户本身就具有价值，在企业内部直接反映到客户信息上。从客户信息中，企业不仅能够发现给企业带来利润的客户有哪些，客户的最大贡献价值是多少，客户价值的消耗和再生是如何进行的，还能够通过客户信息的发展变化来识别客户资源的占有量及客户资源流失、消亡和再生的过程。如果企业能够掌握详尽的客户信息，就可以做到"因人而异"地进行"一对一"沟通，根据每个客户的特点，有针对性地实施营销活动，如发函、打电话或上门拜访，从而避免高额的广告投入，使企业的营销成本降到最低而成功率达到最高，这对提升企业的市场竞争力有着至关重要的作用。

二、客户信息的分类

从不同的角度区分，客户信息的种类不同，下面从信息系统和客户两个角度来看客户信息的类别划分。

（一）信息系统角度

从信息系统的角度来看，客户信息主要有描述类、行为类、关联类和边缘类四种，以下分别对这四类客户信息的基本内容进行介绍。

1. 客户的描述类信息

客户描述类信息指的是我们能够直接感受到的客户信息，是可初步感知客户基本属性的一类信息，它们像是包裹在外层的一件件"衣服"，最直观易懂。个人客户的联系信息、地理信息和人口统计信息，企业客户的社会经济统计信息等，都属于描述类信息。这类信息主要来自客户登记的信息，以及通过企业运营管理系统收集到的客户基本信息。

描述类信息大多是描述客户基本属性的静态数据，其优点是比较容易采集。但是一些基本的客户描述类信息缺乏差异性，也可能涉及客户的隐私，如客户的住所、联络方式、收入等。需要强调两点：一是客户信息并非一成不变的，企业收集到的信息需要随时补充更新；二是企业需要确保收集到的客户信息是准确的，若在主动联系客户的时候出现信息不对应的情况，企业在客户心中的形象将会大打折扣。

2. 客户的行为类信息

如果说描述类信息是客户的一件件"衣服"，那么行为类信息便是用来修饰客户、提升客户格调的装饰。这类信息一般包括客户购买服务或产品的记录、客户对服务或产品的消费记录、客户与企业的联络记录，以及客户的消费行为、偏好和生活方式等信息。企业研究客户行为类信息的目的，主要是让市场营销人员和客户服务人员根据客户的行为针对性地提供产品和服务。

客户行为类数据一般都来源于企业内部交易系统的交易记录、企业呼叫中心的客户服务和客户接触记录，营销活动中采集到的客户响应数据，以及与客户接触的其他销售人员与服务人员收集到的数据信息。

与客户描述类信息不同，客户行为类信息主要是客户在消费和服务过程中的动态交易数据，需要实时的记录和采集。拥有完备的客户信息采集与管理系统的企业，非常重视对客户行为类信息的记录和采集，采集的客户信息十分准确详细。零售企业重视记录客户的购物时间、购买商品的类型、购物数量、购物价格等信息。对于通信商来说，客户行为信息包括通话的时间、通话时长、呼叫号码、呼叫状态、通话频率等。对于电子商务网站来说，客户行为信息包括客户对网页的浏览、点击数据。

需要注意的是，客户的行为特征并不完全等同于客户的交易和消费记录，企业需要汇总提炼客户的交易记录和其他行为数据，得到客户行为类信息。

3. 客户的关联类信息

客户的关联类信息，突出反映了客户内在的心理倾向，其会影响客户外在的行为。这类信息一般包括客户满意度、客户忠诚度、客户对产品与服务的偏好或态度、竞争对手行为等。企业记录客户这类信息的主要目的是为了更有效地帮助企业的营销人员和客户分析人员理解客户行为的影响因素。

基础的客户关联类信息可以通过专门的数据调研和采集获得，如通过市场营销调研获得客户的满意度、客户对产品或服务的偏好等信息。复杂的客户关联类信息则需要进行客户关联分析来获得，如客户忠诚度、客户流失倾向、客户终身价值等。客户关联类信息经常是客户分析的核心，以通信企业为例，其客户分析的核心关联类信息就包括客户的终生价值、客户忠诚度、客户流失倾向、客户联络价值、客户呼叫倾向等。

客户关联类信息往往较难采集和获得，即使获得了相关信息也不易以数据的形式导入业务应用系统和客户分析系统中。采集和应用客户关联类信息往往需要一定的创造性方法，其不是简单的技术问题，而是为了实现市场管理或客户管理目标的业务问题，如提高客户满意度、提高客户忠诚度、降低客户流失率、提高潜在客户发展效率、优化客户组合等核心的客户营销问题。

客户关联类信息可以有效地反映客户的行为倾向，有效地掌握客户关联类信息对于企业设计与实施客户营销策略和客户服务策略至关重要，没能采集和应用这些信息的企业往往会丧失竞争优势和客户资源。

塔吉特的数据关联挖掘

阅读小贴士

企业可以建立模型来分析客户的购买历史记录，预测用户未来的购买行为，进而推出促销活动和个性服务避免客户流失。美国第二大零售商塔吉特，通过分析所有女性客户的购买记录，"猜出"了哪些是孕妇。其发现女性客户会在怀孕四个月的时候大量购买无香味乳液，并基于此挖掘出了25项与怀孕高度相关的商品，制作"怀孕预测"指数。推算出女性客户的预产期后，就能抢先一步将孕妇装、婴儿床等折扣券寄给客户。塔吉特还创建了一套反映女性购买行为在怀孕期间发生的变化的模型，除此之外，如果客户从塔吉特的店铺中购买了婴儿用品，塔吉特在接下来的几年中会根据婴儿的生长周期定期给这些顾客推送相关产品，使这些客户形成长期的忠诚度。

4. 客户的边缘类信息

客户的边缘类信息，是企业通过分析得到的客户信息，其随时间推移而变化。这类信息往往不容易收集，但是对企业起着重要作用。边缘类信息包括客户的喜好、实时的需求，甚至可以是对事物的看法。这些信息需要企业去挖掘，往往意味着企业的商机。例如，2020年口罩、消毒液等产品的销量大增，这个边缘的信息指导卫生防护品生产厂家调整了生产计划，利润大大增加。

客户边缘类信息给企业带来商机的同时，也可能让企业陷入非常尴尬的地步，要求企业的生产和销售具有很大的弹性。例如，新冠疫情的暴发使卫生防护用品的需求激增，许多企业（甚至是非卫生防护用品生产企业）都加入了扩产能的行列，但供给大于需求导致部分企业亏损严重。

被胡萝卜汁留住的客户

阅读小贴士

一位客户说，多年前他在香港丽晶酒店用餐时无意识地说过他最喜欢喝胡萝卜汁，大约六个月后，当他再次入住丽晶酒店时，在房间的冰箱里，他意外地发现有一大杯胡萝卜汁。之后，不管这位客户什么时候入住丽晶酒店，丽晶酒店都会为他准备胡萝卜汁。他说，在最近一次旅行中，飞机还没在香港降落，他就想到了丽晶酒店为他准备好的胡萝卜汁，顿时兴奋不已。多年来，尽管丽晶酒店的房价涨了三倍多，但他还是选择入住这家酒店，就因为丽晶酒店每次都为他准备胡萝卜汁。

丽晶酒店之所以能培养出这样忠诚的客户，主要原因就是其详尽掌握了客户的信息（如收集和储存客户爱喝胡萝卜汁的信息）。丽晶酒店建立了一个信息量庞大的客户数据库，包括客户的姓名、生日、家庭情况、工作单位、工作性质、爱吃的东西、爱听的歌、喜爱的颜色、入住时间、入住时长、每次住宿的花费是多少、每次都住什么类型的房间、喜欢什么样的环境等信息，基于此，丽晶酒店可以为客户提供更好的服务，使客户满意。

资料来源：这两个字是对一张信用卡的最高评价［N/OL］. 新民晚报，http：//newsxmwb. xinmin. cn/caijing/2020/01/09/31632769. html，经编者修改整理。

（二）客户角度

从客户角度可以把客户信息划分为个人客户信息和企业客户信息。客户信息如汪洋大海中品种繁复的鱼虾贝类，企业不可能将之"一网打尽"，而是要学会挑选，否则不仅浪费员工们收集和整合信息的时间，还会使企业错失与客户进一步接触的机会。

1. 个人客户的信息类型

个人客户信息又可以分为：基本信息、内在信息和行为信息。

（1）个人客户的基本信息。

个人客户的基本信息主要涉及以下七类，这些信息在较长的一段时间内会比较稳定。

1）个人信息：姓名、户籍、籍贯、血型、身高、体重、出生日期、性格特征，身份证号码、家庭住址、电话、传真、手机、电子邮箱，所在单位的名称、职务，单位地址、电话、传真等。

2）教育情况：就读高中、大学的起止时间，最高学历、所修专业、主要课程，在校期间所获奖励、参加的社团、最喜欢的运动项目等。

3）事业情况：以往就业情况、单位名称、地点、职务、年收入，目前在单位的职务、年收入、对单位的态度，对事业的态度、长期的事业目标是什么、中期的事业目标是什么、最得意的个人成就是什么等。

4）家庭情况：已婚或未婚、结婚纪念日、如何庆祝结婚纪念日，配偶姓名、生日及血型、教育情况、兴趣专长及嗜好，有无子女，子女的姓名、年龄、生日、受教育程度，对婚姻的看法、对子女教育的看法等。

5）生活情况：过去的医疗病史、目前的健康状况，是否喝酒（种类、数量）、对喝酒的看法，是否吸烟（种类、数量）、对吸烟的看法，喜欢在何处用餐、喜欢吃什么菜，对生活的态度、有无座右铭，休闲习惯是什么、度假习惯是什么，喜欢哪种运动，喜欢聊的话题是什么，最喜欢哪类媒体，个人生活的中期目标是什么、长期目标是什么。

6）个性情况：曾参加过什么俱乐部或社团、目前所在的是什么俱乐部或社团，是否热衷政治活动、宗教活动，喜欢看哪些类型的书，忌讳哪些事、重视哪些事，固执与否、对别人意见的态度，待人处事的风格，自己认为自己的个性如何、家人认为他的个性如何、朋友认为他的个性如何、同事认为他的个性如何。

7）人际情况：亲戚情况、与亲戚相处的情况、关系最亲密的亲戚是谁，朋友情况、与朋友相处的情况、最要好的朋友是谁，邻居情况、与邻居相处的情况、最友善的邻居是谁，对人际关系的看法。

个人信息的巧妙利用

　　江苏众瀛联合数据科技有限公司构建了这样一个大数据平台——将准备结婚的新人作为目标消费者，并把与结婚购物相关的商家加入其中。一对新人到薇薇新娘婚纱影楼拍了婚纱照，其实名登记的信息会被上传到这个大数据平台上。大数据平台能根据新人在婚纱影楼的消费情况和偏好风格，大致分析判断出新人后续的消费需求，即时发送奖励和促销短信。比如，邀请他们到红星美凯龙购买家具、到红豆家纺选购床上用品、到国美电器选购家用电器、到希尔顿酒店摆酒席……如果新人在红星美凯龙购买了中式家具，说明他们偏好中国传统文化，就推荐他们购买红豆家纺的中式家居用品。

　　(2) 个人客户的内在信息。

　　个人客户的内在信息更多地反映个体的生活风格和偏好、行为动机和理想信念等。这些个体内在信息有助于企业营销人员更加全面地了解客户。

　　1) 个性特点：个性指的是一个人独特的心理特征，这些特征能使一个人对他所处的环境产生相对稳定和持久的影响。一个人的个性通常体现为性格特征，例如内向、外向、自信、进取等。研究表明，个性特征对个人客户选择产品或者服务有一定影响。了解客户的个性特点有利于企业创新并且提供更个性化、全面的服务。

　　2) 生活方式：生活方式是一个人的生活模式，体现在个人的日常生活中。一些学者从活动（工作、爱好、社会活动等）、兴趣（家庭、娱乐、时尚等）和观点（自我、社会问题、产品等）三个维度来区分不同的生活方式。斯坦福国际咨询研究所根据人们如何花费金钱和时间，以自我导向和资源这两个主要的维度将个人客户的生活方式划分为不同的类型。

　　3) 购买动机：动机体现了个人客户购买产品的目的。即使是购买相同的产品，不同的个人客户的购买动机也会存在差异。例如，两个 30 岁的男性，拥有同样的职业、类似的家庭生活，两个人都去购买手机，但一个是为自己购买，而另一个则是为家人购买，那么这两个人对手机的要求就会存在差异。

　　4) 信念和态度：个人客户的信念和态度决定了他们对某些品牌或者产品的

态度，并由此影响他们对产品和品牌的选择。例如，2001年4月，盖洛普咨询公司为李宁品牌做了一次全面的消费者调查，调查结果暴露了李宁品牌的许多问题，其中一个就是：在消费者心中，李宁品牌的个性是与李宁本人的形象连在一起的，是亲和的、民族的、体育的、荣誉的，而非李宁品牌最近几年奋力打造的年轻的、时尚的个性。这就提示李宁公司调整战略，以便与客户的感知相一致。

（3）个人客户的行为信息。

行为信息涉及个人客户的购买频率、种类、金额、途径等。需要注意的是，在不同的行业中，企业所需要记录的个人客户行为信息不同。例如，超市需要记录的是个人客户的购买频率，购买商品的种类、数量以及金额，以预测客户未来需要的产品，进而为客户提供专门的促销清单。通信行业需要记录的则是客户的通话时长、付款记录、信用状况、注册行为等。

需要注意的是，企业只能记录现有客户的行为信息。对于潜在客户，由于消费行为还没有开始，自然无法记录其消费行为。但是企业可通过客户分类信息来推测某一客户群体的集体行为。

2. 企业客户的信息类型

企业的客户并非都是终端消费者，有很多企业的客户也是企业。例如，芯片制造公司的客户通常是需要芯片的下游企业。企业客户的信息类型与个人客户有所不同，对于企业客户信息的收集过程被称为"尽职调查"。企业客户的信息主要有以下4类。

（1）企业客户的基本信息。

基本信息包括客户的名称、地址、电话、创立时间、所在行业、规模等信息，同时也包括客户的经营理念、销售或者服务区域、形象以及声誉等。这些基本信息对客户的购买行为和偏好有很大影响。例如，就同一行业的两家企业客户而言，规模的差异会导致两者对同一产品的需求不同。规模大、资金雄厚的客户，产品的品质是其选择产品的主要影响因素；而规模小、缺乏资金的客户，价格是其选择产品的重要影响因素。

（2）企业客户的业务状况。

企业客户业务状况方面的信息主要包括客户目前的经营能力以及未来的发展趋势，涉及销售能力、销售业绩、发展潜力与优势、存在的问题及未来的对策等。这些信息的收集对于企业针对不同的客户制定不同的产品和服务销售计划有重要影响。对于那些具有较强的能力、良好的业绩，并且未来发展前景也较好的客户，企业需要给予更多的关注，建立良好的关系。而对于那些缺乏能力和发展后劲的客户，企业则需要慎重考虑是否与其建立关系。

（3）企业客户的交易状况。

企业客户交易状况方面的信息主要涉及交易条件、客户的信用等级、客户出现过的信用问题、客户与企业的紧密程度、客户的合作态度等内容。如果客户在过去的交易中曾经发生信用问题，那么企业在与该客户再次交易时，就需要特别防范可能存在的风险。此外，客户与企业的紧密程度、客户的合作态度也会影响其购买行为和意愿，那些与企业关系深厚并有着浓厚合作意愿的客户，更愿意从企业采购大量的产品。

（4）企业客户的负责人和经营管理者的信息。

与个人客户信息不同，对企业客户信息的收集，还需要注意收集该企业客户负责人和经营管理层的信息。主要负责人指的是一个单位或组织主持本单位全面工作，具有最高决策权并对本单位承担主要责任的主要领导。经营管理层信息主要包括企业客户高层管理者、采购经理等人员的信息。他们的年龄、学历、个性、兴趣、能力、素质等特征都会影响组织的购买行为。

扫一扫，看视频 ☞

第二节　客户信息的收集

一般来说，企业收集客户信息有内部和外部两个渠道。内部渠道即通过客户登记的信息、销售记录、与客户接触进行数据收集，外部渠道即通过第三方数据公司获得信息。本节主要介绍企业收集客户信息的方法。

一、从企业内部收集客户信息

企业可以在整个运营过程中收集客户信息，常见的有：在调查中收集、在营销活动中收集、在服务中收集、从销售终端中收集、从客户数据中心处收集。以下分别对这些企业内部的客户信息收集方式进行介绍。

（一）在调查中收集客户信息

最直接也是企业最常用的客户信息收集方式就是直接对客户进行调研。这种客户信息收集方法又包括两种具体的方式：第一种是营销人员通过问卷调查、电话调查等方法得到第一手的客户资料，或者通过仪器观察、记录被调查客户的行为而获取信息；第二种是通过与客户交流，收集客户的基本信息、行为习惯等方面的资料。通常来说，如果客户愿意与企业面对面交流，那么由第二种方式获得的数据的可靠性、精确度和丰富度将会更高。

相对于第二种客户信息收集方式，第一种方式被企业的应用更广泛。问卷调查和电话调查属于半接触式调查方法，优点是不需要营销人员上门调查，省时省力、成本低，尤其是当前基于移动互联网的问卷制作和发放越来越方便，电话通信成本也越来越低，所以越来越多的企业都使用这种客户信息获取方式。但是这种方法面临客户拒绝调查的问题，即便同意调查，客户也可以隐瞒行为，导致数据质量难以保障。

当前计算机网络技术快速发展，企业可使用一些信息技术直接获得客户的数据信息。这种方法的好处是，不打扰客户就可以获得相应的数据。例如，美国尼尔森公司就曾通过计算机系统，在全国各地 1250 个家庭的电视机里装上电子监视器，每 90 秒钟扫描一次电视机，只要收看 3 分钟以上的节目，就会被监视器记录下来，这样就可以得到家庭、个人收视偏好的信息。此外，当前智能手机的普及，使企业通过 App 就可以获得客户的日常行为数据。但是通过技术获取客户信息受相关法律和法规的约束，企业必须遵守相关法律和法规的规定。

几种常见的调查方法

阅读小贴士

一、询问法

该方法是调查和分析消费者购买行为和意向最常用的方法。它的优点是能够在较短的时间内获得比较及时、可靠的调查资料。该方法一般要求被询问者回答具体事实、什么原因、有何意见等方面的问题。询问法可分为问卷调查法、访问面谈法、短信调研法和电话调研法等。

（1）访问面谈法。企业直接与客户对话，通过与客户交流明确客户需求的一种方法。访问面谈首先要求企业选择访谈对象。对企业而言，可以选择的访谈对象有很多，企业需要从中挑选部分客户作为对象。这种方式具有回答率高、能深入了解情况、可以直接观察客户的反应等优点，与其他询问法相比，能得到更为真实、具体、深入的资料。但是这种方法也存在调查的成本高、资料受调查者主观偏见的影响大等缺点。

（2）问卷调查法。企业可以通过设计结构化或者开放式的问卷来了解客户的信息。一般来讲，问卷较访谈表更详细、完整和易于控制。问卷法的主要优点在于标准化和成本低。因为问卷法是以设计好的问卷工具进行调查，问卷的设计要求规范化并可计量。在过去的问卷调查中，邮寄问卷是企业经常采用的一种调查方式。随着网络的兴起，网上调研也成为许多企业采用的一种方式，其优势在于费用低廉，只需将问卷公布在网上，而无须印刷问卷。另外，调研获得的数据可以直接输入数据库中，省略了数据录入这一环节。但网上调研的缺点有以下三点：首先，和邮寄问卷一样，难以保证高的回答率；其次，难以保证覆盖到企业所关心的客户，很多时候，企业所关心的客户并不一定会上网；最后，难以保证问卷调研所获数据的真实性。

（3）电话调研是企业直接通过打电话来了解客户的信息。电话调研的优势在于能够及时回收客户信息，并且能针对客户的回答进行更为深入的访谈。相较邮寄问卷、网上调研等方式，电话调研的回答率较高，但仍大概有1/3的被调查者拒绝回答。此外，与邮寄问卷、网上调研等方式比较，电话调研的内容要简单很多，因为许多被访问客户不太愿意长时间接听电话。

（4）短信调研是随着手机的普及而兴起的一种调研方式。它通过直接向企业选定的客户群体发送短信的方式来了解客户的信息和态度。例如，国家大剧院就利用短信的方式，向在国家大剧院网站注册的会员发送短信，询问会员在歌剧、话剧、音乐剧、京剧中更喜欢哪一种。与电话调研类似，短信调研也只限于询问少数几个问题，否则客户就会拒绝参与调研。此外，短信调研还需要事先知晓客户的手机号码，否则就无法发送短信。

二、观察法

观察法是指企业直接或通过仪器在现场观察客户的行为动态并加以记录而获取信息的一种方法，企业可以从中了解客户的需求。观察法的优点是不会打扰到观察的对象且收集到的信息较为直接可靠。

观察法可以用于观察客户日常的购买行为。企业可以采用仪器观察。比如，国外有许多超市在购物车上安装了能够记录客户在超市行走路线的仪器，通过记录客户在超市的行走路线以及在不同货架之前停留的时间长短，获得有关客户购买习惯和偏好的数据甚至预测商品的销售情况。除了使用仪器之外，也可以安排人员直接观察客户的行为和习惯。

但观察法有其局限性，即具有一定的时效性，并受观察者本身限制，一方面人的感官都有生理限度，超出这个限度就很难直接观察，另一方面观察结果也会受到观察者主观意识的影响，且观察者只能观察外表现象和某些物质结构，不能直接观察到人们的思想意识。另外，观察法并不适用于大面积的调查，只能在某个区域内使用。

（二）在营销活动中收集客户信息

这种方法顾名思义就是营销人员通过举办各种活动来收集信息。现在有许多商场、超市、航空公司都可以办理贵宾卡或会员卡，这需要记录客户的基本信息以及消费习惯。此外，企业开办客户联谊会、俱乐部等也需要记录客户信息，这也就收集了客户数据。

一般来说，通过营销活动反馈回来的客户信息非常有针对性，能够获取较高质量的客户信息，并且能够帮助企业快速开拓市场，例如2019年某甜品店在某大学校园举办了大规模的"校园甜品站"活动，学生可通过关注公众号并完成学生注册就可享受全年六折甜品，通过此次活动，该甜品店很快占领了该大学的学生市场。但需要注意的是，这种营销活动获得用户信息成本较高，如果企业产品和服务不能对用户产生持续的价值，举办营销活动反而会加大企业的负担。例如，2019年某大学有一个大学生论坛的创业项目，他们希望通过营销活动，如赠送红包、小礼品和优惠券等方式，来培养本校用户使用校园论坛产品。结果是令人失望的，该项目论坛产品并没有给本校学生带来价值感，营销活动很快耗尽了项目经费，最终该项目也失败了。

（三）在服务中收集客户信息

对客户服务的过程是企业深入了解客户、联系客户的过程。在服务过程中，企业可以向客户了解其对产品的看法和期望，对服务的满意度获得信息的准确性是在其他条件下难以实现的。

另外，客户呼入电话，包括客户投诉电话、请求帮助电话等也有助于企业了解客户信息。企业可对客户的投诉意见和客户提出的帮助需求进行分析整理，同时建立客户投诉的档案资料，从而为改进服务、开发新产品提供基础数据资料。

（四）从销售终端中收集信息

销售终端是直接接触客户最终的阵地，通过面对面接触可以收集到客户的第一手资料。商场通过客户采购商品的档次、品牌、数量、金额、时间、次数等，可以大致判断客户的消费模式、生活方式、消费水平以及对商品价格和促销的敏感程度等。

这些信息不仅对商场管理和促销具有重要价值，即帮助商场确定进货的种类和档次以及促销的时机、方式和频率，而且可使生产厂家知道什么样的人喜欢什么颜色的衣服、何时购买、在什么价格范围内购买，这样生产厂家就可以针对特定客户来设计产品，并制订价格策略和促销策略。

特易购的针对性销售

阅读小贴士

特易购（又称乐购）是全球三大零售商之一，这家英国超级市场从客户行为分析中获得了巨大的利益。从会员卡记录的客户购买行为中，特易购可以了解一个客户是什么"类别"的客人，如速食者、单身、有孩子的家庭等。

这样的客户分类可以为特易购提供大量的决策数据，比如，通过邮件或信件寄给客户的促销券可以变得十分个性化，店内的促销活动也可以根据周围人群的喜好、消费的时段等采取更加有针对性的方式，从而提高货品的流通。这样的做法为特易购带来了丰厚的回报，仅市场宣传一项，就能帮助特易购每年节省3.5亿英镑的费用。

资料来源：大数据公司挖掘数据价值的49个典型案例［EB/OL］.搜狐，2018-08-06，https：//www.sohu.com/a/245537360_ 100058348.

（五）通过客户数据中心收集信息

客户数据中心是集现代通信互联技术和数据库技术为一体的、高度智能的软件和硬件系统。它能最大程度地节省资金并且将人力资源最优化，因此，具备一定规模的企业都在努力投资建设客户数据中心来收集信息，服务客户。

数据源是企业客户数据中心的核心要素。企业的产品或服务面对的客户群体非常庞大，让企业自行输入客户信息是不现实的。因此，客户数据中心的数据源来自客户与企业的交互。但是这种交互很多情况下并不是客户主动的，它需要企业对客户的行为进行培养甚至是诱导。例如，盒马鲜生为了获得客户信息，如购买行为、偏好等，它会以返还优惠券和折扣等形式诱导客户购买，进而提供数据。

　　企业的客户数据中心不是也不应该是冰冷或者严肃的专业系统（如仅包含客户的购物行为和基本信息等），它可以更加人性化。例如，支付宝专门设计了一些游戏和环保公益项目来吸引客户，这种方式能让客户在轻松、快乐的气氛中提供行为偏好信息。

二、从第三方数据公司获取客户信息

　　很多企业并不擅长客户信息的收集，甚至根本就不知道客户来自哪里，自行建设客户数据中心既无效果也不经济。因此，很多企业会选择从外部获得客户的相关信息，如向专门的数据调查公司和媒体进行购买。需要特别注意：从外部获取客户信息必须在法律合规的前提下进行，否则侵害客户隐私行为会给企业带来巨大的法律隐患和社会负面舆论。

（一）向数据调查公司购买合规的客户数据

　　市场上有许多专门从事信息收集或管理咨询业务的公司，企业可以向这些公司购买信息以获取潜在客户资源。例如，在消费品行业、服务行业及其他一些行业中有许多专注于产品调查的公司，他们在行业数据深耕多年，拥有强大的信息收集、整合和分析能力，在隐私保护和法律允许的范围内，可以向企业提供详细、合规的客户数据。近年来，在北京、上海、广州、深圳等国内大中城市，这类数据公司发展非常迅速，已经开始成为数据营销领域的重要力量。

（二）通过搜索引擎和媒体购买合规的客户数据

　　尽管很多传统的媒体渠道和公开发行的出版物可提供一些客户的信息，如行业发展报告、统计年鉴、期刊等，但企业购买这些资料并非针对获取用户信息，而更多偏向的是企业的经营决策分析。越来越多的企业开始向搜索引擎和一些现代的媒体网络购买客户信息。

　　现在的互联网搜索引擎已经越来越先进、越来越强大。用户在免费使用搜索引擎寻找资料的时候，也在无声无息中贡献出了自己的行为数据。在法律许可的前提下，企业可向百度、谷歌和必应等搜索公司购买关键词（这些关键词通常只保留了客户的行为数据）等脱敏信息，这些信息有助于提升企业的销售成交概率。需要注意的是：搜索引擎公司虽然拥有庞大的数据量，但受制于法律法规，它们提供数据的丰度和质量并不会太高。

一些用户数量庞大的社交软件、App 等正在成为高质量数据提供方。例如，QQ、微信、微博、抖音、推特和 Facebook 等社交软件已经成为人们日常使用工具。这些社交软件不仅拥有用户的姓名、银行卡号、支付数据，而且还拥有用户的运动数据、兴趣行为等更为具体的数据，这些数据有助于企业更加深入了解目标用户的行为和习惯，并帮助企业改善营销策略。类似地，受制于法律法规，社交软件公司并不会向企业提供涉敏的客户信息。

近年来，基于微信、微博、抖音、哔哩哔哩等社交平台的自媒体正在崛起，它们有着非常明确的自媒体主题，受众对象也具有非常高的同质属性，向它们购买用户画像数据也是一个比较好的选择。需要注意的是：这些自媒体是建构在社交平台之上，它们提供的客户数据和信息仍需要符合法律和法规的脱敏要求。

扫一扫，看视频 ☞

第三节　客户信息的管理

工欲善其事，必先利其器。在大数据时代，客户信息管理需要信息技术的支撑，合理并高效地使用客户数据库技术能够帮助企业精准地获得客户的"画像"，实施有针对性的市场营销和客户关系管理策略。本节将从理论上介绍利用数据库管理客户信息、更新客户信息的注意事项和确保客户信息安全的原则。

一、利用数据库管理客户信息

大数据时代，如何强调客户数据的重要性都不为过。无论是淘宝、微信还是京东，它们本质上都属于数据公司，数据是这些企业最重要的资产。在客户群体越来越庞大的时代，我们已无法再利用简单的 Excel 表格对客户的信息进行汇总和分析。并且受到企业和法律双重监管，从这些公司获取客户详细数据的难度越来越大，因此越来越多企业开始自建客户数据库（Customer Database）来管理自己的客户。幸运的是，很多第三方信息技术公司提供了功能完备的客户数据库技术，企业无须招聘专业的计算机员工来开发这些技术，只需向这些专业公司购买数据库即可。

一个架构完善的客户数据库应该包括以下功能：

（1）客户档案管理；

（2）商品品类或服务种类管理；

（3）数据库使用部门权限和活动管理，如客服部门、营销部门等；

（4）工作提醒和日历管理；

（5）以客户视角的分析管理，如客户价值分析、客户评测等；

（6）以商品和服务视角的分析管理，如商品销售量、销售额、利润、售后服务的分析。

本书不涉及客户数据库设计和架构等知识，请读者参阅其他专业领域的资料，专业的客户关系管理软件公司可以提供更为详细的技术框架，因此我们不再赘述。

对于企业而言，自行开发一个客户数据库并非重点，如何使用和维护数据库才是重点。一个恰当的比喻是：客户数据库系统相当于人体的骨骼系统，客户数据是血肉和各种组织器官，客户管理流程是这套系统的神经系统，而使用客户数据达成企业目标才是这套系统的灵魂。

也就是说，软件公司提供的技术只相当于骨骼系统，提供的只是日常业务运作功能和数据分析功能。而后面的客户数据建设、客户分析和做出管理决策则是企业必须做的工作，以下仅对这些工作中需要注意的一些事项进行介绍和提醒。

（一）确保客户数据输入的完整性

在将客户数据输入数据库之前，需要对收集到的客户数据进行清洗、整理和规范化处理，单纯储存客户信息并不能体现数据库的真正意义。这是因为企业收集的客户信息分散在企业各个不同的部门中，如客户反馈等方面的信息由售后服务部门掌握，客户对产品的态度等方面的信息由企业的营销部门掌握，客户购买频率等行为方面的信息由销售部门掌握，而且来自不同渠道的信息也不一定是完全准确的，企业必须要对掌握的信息进行筛选、整理，从中找到有价值的信息。

（二）强化企业对客户的跟踪服务、持续销售和客户保留

客户数据库的作用不在于整理客户信息而在于对客户信息的分析处理。企业通过了解客户过去的消费习惯来推测其未来的消费行为，可预测客户购买意愿及其可能的购买品类及购买量；通过对客户历史交易行为的监控、分析，当某一客户购买价值累计达到一定金额后，数据系统可以提示企业向该客户提供优惠或个性化服务，提升客户的满意度和忠诚度；通过分析客户投诉的问题，可针对性地对客户开展关怀、挽留工作，最大限度地保留客户。

（三）驱动企业产品开发、营销和管理流程的优化

企业通过客户数据库对客户过去的购买习惯进行分析，还可以了解到客户是被产品所吸引还是被服务所吸引，抑或是被价格所吸引，从而有依据地开发新产品，向客户推荐相应的服务，或者调整产品价格；通过分析客户投诉的内容，了解客户是对产品不满意还是对服务质量不满意，由此驱动企业经营管理工作的改进、优化和提升。

迪克连锁超市的秘密

阅读小贴士

迪克连锁超市是一家在威斯康星州乡村地区拥有八家分店的超级市场，它采用了康涅狄格州的关系营销集团所开发的 Data Vantage 软件来预测顾客什么时候会再次购买某些特定产品，并"恰如其时地"推出特惠价格。

它是这样运行的：在迪克连锁超市每周消费 25 美元以上的顾客每隔一周就会收到一份购物清单。这张清单是由顾客以往的采购记录及厂家所提供的商品现价、交易政策或折扣共同派生出来的。顾客购物时可随身携带此清单也可以将其放在家中。顾客到收银台结账时，收银员会扫描印有条形码的购物清单或者顾客常用的优惠俱乐部会员卡。无论哪种方式，购物单上的特价商品都会自动享受优惠，而且这位顾客在该店的购物记录会被刷新，生成下一份购物清单。

顾客们认为这太棒了，因为购物清单准确地反映了他们要购买的商品。如果顾客养有狗或猫，迪克连锁超市就会给他提供狗粮或猫粮优惠；如果顾客有小

孩,他们就可以得到孩童产品优惠,比如尿布及婴幼儿食品;常买很多蔬菜的顾客会得到许多蔬菜类产品的优惠。如果顾客不只在一家超市购物,他们就会错过迪克连锁超市根据其购物记录专门提供的一些特价优惠,因为很显然迪克连锁超市无法得知他们在其他地方买了些什么。但是,如果他们所购的大部分商品源于迪克连锁超市,那么他们通常可以得到相当的价值回报。对迪克连锁超市比较忠诚的顾客常会在购物清单外得到价值为 30~40 美元的折价券。迪克连锁超市的目标就是回报那些把他们大部分的日常消费都花在迪克连锁超市这儿的顾客。

企业可以通过获取其他相关单位的赞助,来尽量减少折扣优惠所造成的经济损失,并与这些单位共享不断收集到的信息资讯。以迪克连锁超市为例,产品生产商会给予其打折商品补贴,同时也可以获得详细的销售数据,进而通过分析数据改进生产。

资料来源:迪克超市案例分析 [EB/OL]. https://www.mianfeiwendang.com/doc/23eab128da7231966622645e,经编者修改整理。

二、持续更新客户信息

"数据!数据!"

我们想再次强调数据的重要性。企业不能奢望通过一次大范围的信息收集便能够一劳永逸。对企业而言,客户信息具有明显的时效性,及时更新客户的信息同样重要。过时的数据不能及时反映客户需求和偏好的变化情况,对企业产品或服务设计、客户开发和沟通策略等会造成负面影响。更新客户信息需要注意以下四个事项。

(一)协同企业各部门进行数据更新和维护

客户的需求、行为习惯在不断发生变化,企业需要时刻关注客户的变化,但是与客户相关的信息可能由企业不同的部门掌握,只有企业各部门共同参与客户信息更新,并将信息汇总到企业的客户数据库中,才能确保客户数据协同。但现实情况通常是,企业各个部门都有自己的利益,利益隔阂很容易造成数据"梗阻"。协同数据更新和维护并不是一件容易的事情,需要企业高层重视并积极推动,需要各部门之间的合作。

一个能及时更新的数据系统，对于任何一家企业来说都极其重要，但这需要时间和实践的积累，"毕其功于一役"的想法是天真的也是不现实的。

（二）更新的客户信息要确保准确性

信息的精准性包括可信度和有效性两个层面。有时，记录人员的失误或测量方法的偏差，会使信息库中的信息无法客观反映被观察或被测试人员的状态，那么这种信息就不具有可信度和有效性。

在理想的状态下，我们当然希望所收集的信息既可信又有效，但信息的精准度往往与收集成本相矛盾，一般而言，信息的精准度越高，收集信息所耗费的时间越长、成本越多，所以企业必须在考虑成本和时效的基础上确定信息精准性，同时尽量避免因人为因素而导致信息失真。

（三）及时使用客户最新的信息

企业更新信息并不是单纯地让信息存储在数据库中，而是希望通过这些客户信息来认识、了解客户，弄清客户发生了什么样的变化。及时录入新的客户信息是客户信息更新的第一步，更为关键的第二步是从时间序列的角度分析客户信息的变化。及时使用客户最新的信息有以下几方面益处：

（1）能够及时发现数据录入的错误。如果同一个客户的基本静态数据（性别等）在不同时间序列的片段上发生变动，那么及时使用客户最新的信息就能够及时发现错误并纠正，并借此改进数据更新流程。

（2）能够及时发现关键市场信息。客户不同方面特征的变化速度也是不同的（例如购买量、购买频次和购买品类），及时使用客户最新的信息，分析信息的变动情况，能够发现关键的市场信息，有助于企业开展针对性的营销活动，也能够给产品研发部门提供决策依据。

（四）及时淘汰无用信息

更新客户信息并不仅仅是在数据库中添加新的客户信息，同时还包括及时淘汰无用的信息。在某些行业，例如银行业、电信业，一些客户的账号长期停用，如果不及时清理，那么无用的信息就会长期占用企业资源，降低数据库的利用率。

三、确保客户信息的安全

客户是企业最宝贵的资产，客户档案是企业的核心机密，确保客户信息安全对于任何一个企业来说都是十分重要的。如果客户数据泄露，轻则影响企业的信誉，重则会触及法律，给企业造成难以挽回的损失。反之，严格的客户数据保护会增强企业的竞争力。例如，苹果 CEO 蒂姆·库克拒绝美国政府在软件开发中留有后门的要求，并在苹果官网上对美国政府这一无理要求进行了强烈回应。苹果公司这种为客户数据负责的态度，赢得了很多客户的信赖，因为没有一个客户愿意自己的信息在不知情的情况下泄露给第三方。

尽管现代的信息加密技术能够在很大程度上确保客户数据安全，但是数据安全防护和攻击始终是一个矛和盾的关系。一些技术高超的网络黑客会使用各种方法攻入数据库系统，没有人能够保证企业所存储的数据不会泄露和丢失。例如，美国优步（Uber）在 2016 年经历了一次严重的数据泄露事件，当时黑客窃取了超过 5000 万人的机密数据。2021 年美国网络安全软件公司 Code42 与阿伯丁研究公司合作发布的最新研究报告《了解您的内部风险和您的知识产权价值》显示：有 78% 的数据泄露问题源自于企业自身的安全防范漏洞或者是工作人员的操作疏忽。

在信息安全领域有一个非常经典且具有警示性的说法："信息安全是三分技术、七分管理。"我们在谈及客户信息安全管理的时候，通常也是首先强调安全制度的建设和执行。确保客户信息安全需要从以下三方面入手。

（一）设计一个合理的信息安全管理架构

一个有效的信息安全管理架构应该是由高层开始，然后层层落实到企业每一个部门每一个员工身上。为什么需要由企业的高层开始？因为前面已经讲到，客户数据可能分布在不同的部门，数据在各个部门之间流转受到部门不同制度的约束和影响，部门间难免出现责任推诿的现象，带来数据安全隐患。如果没有一个高层领导统筹负责信息安全，那么任何一个部门的数据泄露都会影响到整个企业的信息安全问题。

（二）明确制度，切实保护客户信息

建立一个信息安全制度和组织架构并不能完全确保客户信息的安全，因为操作层面上的执行漏洞仍然会造成数据的泄露。例如，2021 年上半年中国人民银行给多家银行开出了 31 张罚单，原因是这些银行存在未经客户同意查询客户信息、泄露客户数据的行为，其中未经交叉验证的授权是最大的人为疏忽。

客户信息根据客户的重要性可分为高、中、低不同的级别，不同级别的信息应该只能由不同级别的人员查看，明确不同职位员工的信息阅览和使用规制。

特别重要的信息需要验证上下两级负责人的口令才可调用，如果必要还需要进行电话或书面沟通，以防止高级经理使用特权导致信息泄露。某家知名高科技公司的高管在离职前，将企业关键客户的资料和技术资料刻录下来，并作为"见面礼"送给了该公司的竞争对手，导致该公司的市场地位遭受严重侵害。

此外，针对重要的信息还需要制定销毁制度，若将重要的文件丢弃在垃圾桶里就会造成信息泄露。2018 年，杭州某物业公司将某小区业主的花名册随意扔进了垃圾桶，结果造成严重的信息泄露，导致多个业主遭遇电信诈骗。

（三）使用数据安全技术

数据库大多都会提供安全防火墙技术，企业在日常使用数据库的过程中需要与安全技术公司进行例行沟通，确保防火墙技术不断更新。此外，数据库的访问操作需要口令，企业应对操作口令进行分级管理。

此外，企业还应重视数据的备份问题。一些非人为的突发情况，如地震、海啸和恐怖袭击都可能会造成关键数据的丢失。企业应大胆应用云技术和区块链技术，为数据备份提供保障。

扫一扫，看视频 ☞

🏠 本章小结

本章从企业的角度深度分析了客户信息对企业的重要性，彰显了客户信息的地位，目的是让企业更加了解客户信息对企业发展的重要作用。企业要更便捷地利用客户信息，需要了解自身真正需要哪些客户信息，而非盲目收集。对自身所需客户信息的了解很大程度上能助力企业的信息收集乃至企业的战略规划，使其少走弯路，也能更早占领市场。本章讲述了企业收集客户信息的渠道以及方法，希望借此助力企业对客户信息的收集。最后，本章简述了客户信息管理需要注意的问题，并与相关案例相结合，希望能引导读者更深入地理解客户信息管理。

本章案例

库克给客户们的一封信

以下是苹果公司 CEO 蒂姆·库克 2016 年在苹果官网上写给客户的一封公开信。

美国政府要求苹果公司做一件未有先例的事，而这件事威胁到客户们的安全。我们反对这个命令，它远远超出了现有法律的约束。这种情况需要公众的讨论，并且，我们希望客户明白现在的情况。

1. 加密的必需性

以 iPhone 为代表的智能手机，如今已成为我们生活的必需品。人们用它储存了非常多的个人信息，如私人对话、照片、音乐、笔记、日程、通讯录，还有我们的财务信息、健康数据，甚至我们去过哪儿、要去哪儿。这些信息都需要被保护，不能被黑客和罪犯不费吹灰之力地窃取。客户希望苹果公司和其他科技公司尽其所能地保护它们，而苹果公司也确实做到了。

在安全方面的妥协，会将客户的个人安全置于险地。许多年来，我们一直利用编码加密来保护客户的个人资料，因为我们认为这是唯一的办法。我们甚至把资料放在了我们自己都无法取得的地方。

2. 圣贝纳迪诺案件

我们对去年（2015 年）12 月发生在圣贝纳迪诺的恐怖命案感到震惊和愤怒。我们也为逝者默哀，并希望所有被波及的人能讨回公道。在袭击发生后，美国联邦调查局（FBI）要求我们的协助，而我们也尽力地帮助政府破案。我们对恐怖分子毫不同情。

当 FBI 要求我们提供属于苹果公司的数据时，我们照做了，因为我们服从传票和搜查令。我们也派遣工程师去指导 FBI，在调查中尽量提供思路。我们尊重 FBI 的专家，我们也相信他们的本意是好的。在能力和法律的范围内，我们对他们的帮助已经仁至义尽了。

但现在，美国政府竟然要求我们提供一些我们没有的东西，创造一些我们觉得很危险的东西——它们要我们在 iPhone 上建一个后门程序。具体来说，FBI 要我们开发一个新的 iOS 版本，避开几个重要的安全措施，将其安装到它们需要调查的 iPhone 上。如果这个版本落到不法分子的手里（当然，我们并未开发这个版本的软件），其将有可能解锁任何人拥有的 iPhone。FBI 可能会用不同的词汇去描述这个工具，但是不管怎么说，开发这样一个版本的 iOS，肯定会留下一个后门。就算政府宣称它们在使用时也会有所限制，实际上没有谁能保证。

3. 对数据安全的威胁

在如今这个数字化的世界，能够解开一个加密系统的"钥匙"，就是一条解锁数据的信息，只有在万全的保护下，它才是牢靠的。一旦信息泄露，或者绕过它的路径被发现，所有懂行的人都有可能击溃这个加密系统。

政府暗示说，他们只会在一台手机上用一次这个工具。但这明显不是真的。一旦技术被开发出来，它绝对会在许多设备上，被反复使用。在真实世界，这简直就是一把万能钥匙，能打开亿万个锁——从餐馆到银行，从商店到住宅。谁都不能接受这样的事发生。

一家美国公司，被迫将自己的客户置于险境，这是没有先例的。数年以来，密码专家和国家安全专家都在反对弱化加密。如果这么做了，只会伤害到那些怀有善意的，遵纪守法的公民，他们依赖着像苹果这样的公司去保护他们的数据。

4. 一个危险的先例

FBI 没有以通过国会立法的形式来要求苹果公司提供帮助，而是打算利用 1789 年的 All Writs Act 来为他们撑腰。

政府竟然让我们移除安全措施，在 iOS 上增加新的功能，允许密码被非人为地输入。这样的话，用一台电脑飞快地尝试几百亿种密码的组合，靠蛮力解锁 iPhone 将变得轻而易举。

政府的想法让人不寒而栗。如果政府凭借 All Writs Act 就能解锁你的 iPhone，它就真的掌握了占据所有人的数据的能力。政府会把触手延伸到个人隐私的领域，要求苹果开发监视软件，拦截你的信息，获取你的健康记录、财务数据，追踪你的位置，甚至在你不知情时，监听你的麦克风。

反对这个命令，我们不是说说而已。我们必须把美国政府这种过分行为告诉大家。我们怀着对美国民主最大的敬意和对国家的爱，质疑 FBI 的要求。我们相信，按兵不动，考虑其背后的深意，正是为了所有人的利益。

尽管我们相信，FBI 也是出于善意，但一个政府强迫一家公司在自己的产品上建后门程序，是大错特错的。最恐怖的是，我们担心这种要求会破坏政府原本打算保护的自由和权利。

资料来源：库克怒发公开信：苹果不会给美国政府开后门 ［EB/OL］.第一财经，https：//
www.yicai.com/news/4751006.html，2016-02-18.

问题思考：

1. 库克这封致客户的公开信会影响到你的手机购买决策吗？你的理由是
什么？

2. 苹果公司所采取的信息安全态度和制度，在中国市场上有什么不同的表
现形式，请你思考和分析。

第五章

客户分级与价值管理

本章引言

随着经济全球化进程的加快和市场竞争的加剧，企业已逐步由传统的"以产品为中心"的粗放式经营管理向现代的"以客户为中心、实现客户价值和追求企业利润最大化"的集约化经营管理转变。维持客户关系需要资源投入，而要实现高回报就需要企业对客户进行分类，将有限的资源投入对企业有高回报价值的客户群体中。此外，对客户价值的分析和管理有助于企业把握客户真实的需求，从产品、市场和管理等多个维度为企业创造价值。本章将介绍客户分级管理的相关内容，结合案例对不同类型的客户价值进行分析，并提出几种有效的客户价值管理方法。

学习目标

- 了解客户分级和客户价值的基本概念
- 熟悉客户分级的原因和意义
- 理解客户价值的分析模型
- 掌握客户分级管理和价值管理的方法

第一节　客户分级管理

"以客户为中心"并不代表以所有的客户为中心。企业的人力、物力总是有限的，以有限的资源要得到最大的产出，就必须把资源投到最能够产生价值的客户身上。所以"客户"应该是分层次的、"中心"也应该是多层级的：具有最大价值的客户应在最核心的位置，具有次要价值的客户则处于次核心的位置。本节将介绍客户分级的内容、意义以及相应的分级管理方法。

一、客户分级的概念与内容

客户的分级是指企业根据客户对企业的不同价值和重要程度，将客户分成不同的层级，为企业的资源分配提供依据。

依据客户分级定义的两个维度（对企业的价值和重要程度），可以将客户具体分为重要客户、主要客户、普通客户和小客户四大类。不同类别的客户在数量和利润贡献率上有着巨大的差异。图5-1是"客户数量金字塔"和"客户利润贡献倒金字塔"，体现了客户类型、数量分布和客户利润贡献之间的关系。我们可以看到：20%的关键客户为企业创造了80%的利润，而80%的普通客户和小客户则只贡献了20%的利润。

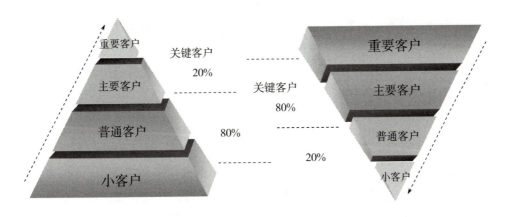

图5-1　客户数量金字塔和客户利润贡献倒金字塔

（一）重要客户

重要客户是客户金字塔最顶层的客户，是能给企业带来最大价值的前1%的客户。重要客户往往是产品的忠诚客户，他们对企业忠诚，是企业客户资产中最稳定的部分，他们为企业创造了绝大部分和长期的利润，而企业却只需要支付较低的服务成本；他们对价格不敏感，也乐意试用新产品，甚至还会帮助企业发掘潜在客户，为企业节省开发新客户的成本；他们不但有很高的当前价值，而且具有巨大的增值潜力，未来在增量销售、交叉销售等方面仍有潜力可挖。

（二）主要客户

主要客户是客户金字塔中次高层的客户，是除重要客户以外能给企业带来最大价值的前20%的客户，一般占客户总数的19%。主要客户可能是企业产品或服务的大量使用者，也可能是中度使用者，相比重要客户来说，他们对价格的敏感度较高，因而为企业创造的利润和价值略低于重要客户；他们也没有重要客户那么忠诚，为降低风险，他们会同时与多家同类型的企业保持长期关系；他们也在真诚、积极地为本企业介绍新客户，但在增量销售、交叉销售方面已经没有多少潜力可供进一步挖掘。

重要客户和主要客户构成了企业的关键客户，他们是企业的核心客户，一般占企业客户总数的20%，企业80%的利润由他们贡献，他们是企业的重点保护对象。如果这两类客户流失，企业各级部门都难辞其咎。

（三）普通客户

普通客户是客户金字塔中处在第三层的客户，是除重要客户与主要客户之外为企业创造最大价值的前50%的客户，一般占客户总数的30%。普通客户包含的客户数量较大，但他们的购买力、忠诚度、能为企业创造的价值却远比不上重要客户与主要客户，企业不需要特殊对待。

（四）小客户

小客户是客户金字塔中处在最底层的客户，指上述三种客户外的客户。小客户既包含了利润低的"小客户"，也包含了信用低的"劣质客户"。这类客户是最没有吸引力的一类客户，购买量不多，自我利益导向性比较强，对企业产品和服务的忠诚度也很低，偶尔购买产品且付款不及时；他们还经常提出苛刻的服务要求，几乎不能给企业带来盈利，但又消耗企业的资源；他们还可能是问题客户，经常投诉企业，破坏企业的形象。

二、客户分级的原因和意义

（一） 不同的客户带来的价值不同

1897 年，意大利经济学家维尔弗雷德·帕累托（Vilfredo Pareto）发现了经济及社会生活中无所不在的"二八法则"，即关键的少数和次要的多数，比率约为 2/8。80% 的结果往往源于 20% 的原因，这就是帕累托定律。对于企业来说，就是企业 80% 的收益总是来自 20% 的高贡献度的客户，即少量的客户为企业创造了大量的利润，其余 80% 的客户是微利、无利，甚至是负利润的。

每个客户给企业创造的收益是不同的。国外的一份统计资料显示，23% 的成年男性消费了 81% 的啤酒，16% 的家庭消费了 62% 的蛋糕，17% 的家庭购买了 79% 的即溶咖啡。也就是说，大约 20% 的客户消费了大约 80% 的产品，其余 80% 的客户的消费量只占该种产品总量的 20%。

（二） 根据客户的不同价值分配不同的资源

尽管每个客户的重要性都不容忽视，但是不同的客户实际为企业创造的价值不同，而企业的资源又是有限的，把企业资源平均分配到每个客户身上的做法既不经济也不切合实际。也就是说，企业没有必要为所有的客户提供同样的产品或服务，否则往往事倍功半，造成企业资源的浪费。

然而，现实中很多企业却没有区分客户创造的价值，无论是大客户还是小客户，无论是能给其带来利润的客户还是根本无法给其带来利润甚至造成亏损的客户，企业都投入同等的资源。尽管大客户和小客户之间并没有绝对的界限，大客户可以变成小客户，小客户也可以变成大客户，但这并不意味着企业可以"眉毛胡子一把抓"，而是需要衡量不同客户的价值，并以此分配资源。

世界首家旅行社托马斯库克根据交易记录，将客户分成 A、B、C 三级，针对不同级别给予不同待遇。例如，消费金额最低的 C 级客户如果提出很费时的服务要求（如行程规划），就必须预付 25 美元作为订金，而 A 级和 B 级客户则无须预付订金，其负责人解释道："过滤掉随口问问或三心二意的客户，我们才能把大部分时间放在服务前两级的客户上面。"

（三） 分别满足不同价值客户的不同需求

由于每个客户的需求多样且为企业带来的价值不同，所以他们对企业的需求和预期待遇也有所差别。客户的多样化、差异化、个性化决定了企业需要提供定制化的服务满足不同客户需求。美剧《了不起的麦瑟尔夫人》中的艾博是哥伦比亚大学的一位教授。在美国，作为教授的他在与人的交往中严肃认真，但有一次他来到巴黎，在咖啡馆里遇到了一群朋友，那些朋友生活悠闲，不喜欢严肃、整日谈论学术的人，于是他便做出了改变，成了一个有趣的人，融入那些朋友。分析艾博的改变，我们可以把他在美国的教授朋友、学生近似看成他的一类客户，巴黎咖啡馆里的朋友看成另一类客户，这两类客户对他有不一样的需求，前者喜欢与他交流学术，后者更希望与他闲谈，他需要采用不同的交流方式才可以让这两类群体满意，他才能融入其中。

企业经营中也不乏此类案例。例如，酒店的房间分为豪华间、商务间、套间、标准间等类型，每种类型都对应不同顾客的需求。又如，同一个航班上，头等舱和经济舱的乘客支付的费用也是不一样的，乘客根据自身的需求选择相应的座位类型，因为他们的需求不同。企业针对客户不同的需求做出的改变，不但让不同的客户获得了不同的价值，同时也提高了企业的经营效益。

一般来说，为企业带来较大价值的关键客户期望能得到有别于普通客户的待遇，如更贴心的产品或服务以及更优惠的条件等。企业如果能区分出这部分利润贡献较大的客户，然后为他们提供有针对性的服务，他们就有可能成为企业的忠诚客户，从而持续不断地为企业创造更多的利润。例如，某信托公司研究发现，资产净值在1000万元以上的大客户为公司贡献了30%的利润，因此该公司专门设立了财富管理中心为这批大客户提供一对一服务。

（四）提高客户满意度

根据客户的重要性和对企业的价值对客户进行分级，可使企业采用不同的策略满足客户的需求，提高客户的满意度。

客户金字塔顶端约20%的客户为企业创造了大部分（70%～90%）的收入和利润，支撑着企业的运营，是众多竞争者锁定的稀缺资源。如果企业能够通过客户分级找出这些可给其带来丰厚利润、最有价值的客户，把更多的资源用在为他们提供优质的产品和服务上，就能够提高他们的满意度，创造更多的企业利润。否则，一旦竞争对手用"糖衣炮弹"对他们进行诱惑，企业就可能失去他们。

阅读小贴士

利乐：与客户共同成长

瑞典利乐公司是全球知名企业，世界 500 强之一，主要生产用于包装饮料等液体食品的机械和材料，但其在进入中国市场后却显得极为低调。一次与沈阳乳业的合作，使利乐公司独特的营销秘诀终于被揭晓。在合作过程中，利乐不仅负责提供包装材料，还参与到沈阳乳业的营销活动中，帮助其推广新品。原来利乐清醒地认识到包装设备是一次性提供的，包装材料才是持久不断的利润源。只有客户的产品卖"火"了，自己的包装材料才会有更高的销量。于是，利乐派遣了技术、管理、财务、营销、培训等方面的数十名专家进驻沈阳乳液，帮助企业解决实际难题，同时灌输利乐公司的经营理念。

与大客户建立起有效的合作关系，把优势资源向 20% 的大客户集中，与客户共同成长是利乐公司成功的秘诀。利乐的一位管理者这样说道："一切让客户满意，是公司对客户经理的基本要求，也是我们衡量工作好坏的重要标准。我们通过有效的客户管理与实施，使客户实现业务利润的增长，从而达到我们使客户满意的目标。"

企业只有对客户进行分级，然后才能对不同级别的客户实施不同的客户满意策略。企业应该对不同价值的客户"分开抓"而不是"一把抓"，合理区分客户之间的差异，将客户区分为不同的层级，分配不同的资源，这样才能牢牢地抓住最有价值的客户。另外，对客户实行分级管理是有效管理客户关系的前提，也是提高客户关系管理效率的关键，更是对客户实施有效激励的基础。企业也只有对客户进行分级管理，才能强化与高价值客户的关系，降低为低价值客户服务的成本，进而在实现客户利益最大化的同时，实现企业利润的最大化。

三、客户的分级管理方法

客户分级管理，就是根据客户对企业的贡献确定相应的指标体系，对每个指标进行量化，并根据每个指标对企业的重要性进行加权处理，然后依据一定的分类标准将客户分成若干组的过程，同一组的客户都具有相似的属性。

企业针对不同级别的客户采取分级和差异化管理措施，可以激励关键客户努力保持尊贵地位，享有特殊待遇；刺激有潜力的普通客户向关键客户看齐；激励有潜力的小客户向普通客户甚至关键客户看齐，淘汰"劣质客户"。这样就可使企业在其他成本不变的情况下，产生可观的利润增长。

以下介绍关键客户、普通客户和小客户管理的一些方法和原则。

（一）关键客户管理法

关键客户是其为企业创造的利润占整个企业总利润的比例很大（约80%）的客户，是企业利润的基石，是企业可持续发展最重要的保障。关键客户的管理在企业管理中处于很重要的地位，目标是提高其忠诚度，并且在"保持关系"的基础上提升关键客户给企业带来的价值。为此，要做好以下三方面工作。

1. 集中优势资源服务关键客户

企业应该保证足够的投入，集中优势"兵力"，优先配置资源加强对关键客户的营销工作，并提供"优质、优先、优惠"的个性化服务，从而提高关键客户的满意度和忠诚度。

除了为关键客户优先安排生产、提供令其满意的产品，企业还要主动为其提供售前、售中、售后的全程、全面的服务，包括专门定制的服务，有针对性的、个性化的、一对一的以及精细化的服务，甚至可以邀请关键客户参与企业产品或服务的研发、决策，从而更好地满足关键客户的需要。

企业还要预测关键客户的需求，持续不断地向他们提供超预期的价值，给关键客户更多的惊喜。例如，当出现供货紧张的情况时，优先保证关键客户的需求，从而提高关键客户的满意度，让他们坚信本企业是他们最好的供应商或服务商。

另外，企业还应为关键客户提供优惠的产品价格和折扣，以及灵活、安全便利的支付方式，并且适当放宽付款时间限制，目的是奖励关键客户的忠诚，提高其流失成本。

2. 为关键客户提供专门的服务者

一般来说，要给关键客户安排客户经理并长期固定地为其服务，规模较小的关键客户可以为几个客户安排一个客户经理。例如，英国巴克莱银行为其重要的个人客户设立了要客经理，为特大客户设立了私人银行部。该行在全英国设立了42个与分行并行的要客中心，700多名要客经理，每人配一名助理，每个要客经理大约负责为300名要客提供全面的服务。

3. 建立密切的客户关系

（1）定期拜访关键客户。一般来说，有着良好业绩的企业营销主管每年大约有 1/3 的时间都是在拜访客户，而关键客户正是他们拜访的主要对象。定期拜访关键客户，如每个月或每个季度拜访一次关键客户可了解关键客户的动态变化，能够及时地发现问题并解决问题，有利于与关键客户建立良好的关系。

（2）经常性地征求关键客户的意见。企业经常性地征求关键客户的意见有助于提高关键客户的信任度。企业可通过座谈会的形式听取关键客户对企业产品、服务的意见和建议，并对企业下一步的发展计划进行研讨，这些都有益于企业与关键客户建立长期、稳定的战略合作伙伴关系。为了随时了解关键客户的意见，企业应适当增加与其沟通的次数，并提高沟通的有效性。

（3）及时、有效地处理关键客户投诉的问题。客户的问题体现了客户的需求，针对关键客户的投诉，企业要积极建立有效的问题解决机制，认真、迅速、有效和专业地处理关键客户投诉的问题。因投诉导致关键客户流失，是企业的重大损失。

（4）充分利用多种手段与关键客户沟通。企业应利用一切机会，例如邀请关键客户参与开业周年庆典，或者当关键客户获得特别荣誉之或有重大商业举措的时候表示祝贺与支持，这些都能加强企业与关键客户之间的感情。此外，当关键客户有困难时，如果能够及时伸出援手也能加深关键客户对企业的感情。例如，丰田最值得骄傲的是其忠诚的供应商体系，其忠诚度要远远高于其他汽车制造公司。一个很大的原因在于丰田的供应商援助计划，供应商不仅可通过该计划获得丰田的技术支持，还能在危机时刻得到丰田财务等各种救助。

宝洁和沃尔玛的"双赢"合作

阅读小贴士

宝洁与沃尔玛的合作堪称是企业与关键客户合作的典范。1987 年，沃尔玛成为宝洁的主要零售商，并确定了双方的主要目标，即不断改进工作，提供良好的服务和丰富优质的商品，保证客户满意。

此后双方合作共同建立了长期遵守的合约。宝洁向沃尔玛透露了各类产品的成本价，保证沃尔玛有稳定的货源，并享受尽可能低的价格；沃尔玛也把连锁店的销售和存货情况传达给了宝洁。此外，宝洁还每天将各类产品的价格信息和货源信息通过计算机传给沃尔玛，沃尔玛也同样把连锁店的销售和存货信息传给宝洁。

这种合作关系让宝洁更高效地管理存货，节约了约 300 亿美元的资金，而且毛利大约增加了 11%。这种合作关系也使沃尔玛能自行调整各商店的商品构成，做到价格低廉，种类丰富，从而使其客户受益。

资料来源：菲利普·科特勒，芮新国. 大客户管理艺术〔R〕. 深圳市麦肯特企业顾问有限公司，2003.

（二）普通客户管理法

根据普通客户给企业创造的利润和价值，企业对于普通客户的管理应主要强调提升级别和控制成本两个方面。

1. 针对有升级潜力的普通客户，努力将其培养成为关键客户

普通客户若能购买更多的产品其就能为企业创造更多的价值。为此，企业可设计鼓励普通客户消费的项目，如推出常客奖励计划，对一次性或累计购买达到一定标准的客户给予相应级别的奖励，或者让其参加相应级别的抽奖活动等。另外，企业也可以根据普通客户的需要扩充相关产品线，或者为普通客户提供"一条龙"服务，鼓励现有客户购买更高价值的产品或服务。

2. 针对没有升级潜力的普通客户，减少服务、降低成本

针对没有升级潜力的普通客户，企业可以采取"维持"策略，在人力、财力、物力等方面不增加投入，甚至减少促销努力以降低交易成本，还可以要求普通客户以现款支付甚至提前预付。另外，企业也可以减少对普通客户的服务时间、服务项目、服务内容，或对普通客户只提供普通档次的产品或一般性的服务，甚至不提供任何附加服务。例如，航空公司用豪华轿车接送能带来高额利润的关键客户，而对普通客户则没有此项服务。

（三）小客户管理法

对于小客户，企业通常有两种做法：一是坚决剔除，不再与他们联系和交易；二是坚决保留，不遗余力地与其保持关系。这两种做法都过于极端、不可取。对于小客户，企业应当有针对性地判断和识别其是否有升级的可能，以此做到区别对待。

1. 培养有升级潜力的小客户

企业应该更多地关注有升级潜力的小客户，帮助其成长、挖掘其升级的潜力，从而将其培养成为普通客户甚至关键客户，伴随着小客户的成长，企业利润也不断提升。例如，某银行的信用卡业务部一直把在校大学生作为业务推广的重点对象，尽管他们当前的消费能力有限，信贷消费的愿望不强烈，盈利的空间非常小，某银行还是频繁进驻大学校园进行大规模的宣传促销活动，承诺每年只要进行几次刷卡消费，无论金额大小，都可以免除信用卡的年费，甚至还推出了各种时尚、炫彩版本的信用卡，赢得广大学生群体的青睐。通过前期的开发和维护，当大学生毕业后紧随而来的购房、购车、结婚、生子、教育等大项消费需要分期付款和超前消费时，银行的利润就开始显现。

2. 分层管理没有升级潜力的小客户

针对没有升级潜力的小客户，企业不能简单地把他们淘汰，但可以采取提高服务价格、降低服务成本的办法来进一步获取小客户的价值。例如，向小客户收取更高的服务费用，或者向小客户推销高利润的产品。美国前进保险公司是一家专营摩托车保险等高风险业务的公司，该公司发现并非所有的摩托车驾驶员的风险都高。一般来说，年轻的摩托车手比年龄大车手的风险高。为此，该公司对年轻车手采取比较高的定价，而对年龄大的车手则定价较低。该公司还发现，许多驾车疯狂的车手往往光顾街头路边的保险代理处，为避开这类顾客，公司鼓励自己的代理人把办事处设在僻静的写字楼里，远离交通动脉，同时公司通过直邮广告，主动争取那些年龄较大的摩托车手的业务。

3. 淘汰"劣质客户"

实践证明，并非所有的客户关系都值得保留。"劣质客户"不能给企业带来利润，与其让他们消耗企业的利润，还不如及早终止与他们的关系，压缩、减少直至终止与其的业务往来，减少损失，将企业的资源尽快投入其他客户群体中。例如，美国花旗银行认为，只有放弃负值客户才能节省更多成本。花旗银行对账户月平均余额低于5000美元的客户每个月收6美元的服务费。如果客户名下的美元现金存款在3000美元以下，每月要交最少12美元的手续费。花旗银行实行账户收费制度后，一部分负值客户自动退出银行，另一部分则成为低贡献客户。对于负值客户，不能生硬地拒绝，可以像花旗银行一样采取温柔的淘汰方式，让客户自己取消交易，或者跟客户一起商讨最佳的解决方案，因为现在的负值客户将来也有可能成为优质客户。

扫一扫，看视频 ☞

第二节　客户价值分析与管理

管理大师彼得·德鲁克曾指出：顾客购买和消费的不是产品而是产品的价值。然而，"价值"究竟意味着什么？这是一个所有企业都必须明确的概念。我们知道，客户是企业利润的主要源泉，是应对竞争的主要利器，同时还具有聚客效应、口碑效应和重要的信息价值。因此，了解客户价值，从顾客的角度提供产品和服务，更有利于创造企业价值。本节的目的是明晰客户价值的概念，在此基础上引入 TOPSIS 法帮助读者在实际应用中更好地分析客户价值，最后给出一些常见且有效的客户价值管理方法。

一、客户价值

对客户价值的分析我们可以从以下三个方面进行解读。一是企业为顾客创造并且提供的价值。这是传统意义上的客户价值，即从客户的角度来感知企业所提供产品或服务的价值，顾客让渡价值是其研究的重点。二是顾客为企业创造的价值。企业把客户看作是企业的一项资产，侧重研究（不同的）顾客及其顾客关系能够给企业带来的价值。该客户价值衡量了客户对企业的相对重要性，有利于企业在长期盈利最大化目的下为客户提供产品，客户终身价值是其研究的核心。三是企业和客户互为价值感受主体和价值感受客体的价值。

客户价值的判断需要有一个标准。科特勒非常强调客户未来产生的价值，即客户的终身价值。公司可以从预期收入中减去用来吸引和服务客户以及销售所花费的成本来计算客户的终身价值。简单地定义，客户终身价值指的是每个客户在未来可能为企业带来的直接成本和利润的期望净现值。

客户终身价值本质上是客户在与企业的长期交易过程中给企业带来的净现值，由三部分构成：历史价值、当前价值和潜在价值。客户终身价值在客户管理中具有重要作用，它是企业长期持续稳定发展的基础。可口可乐公司预测：一位忠诚的客户50年能给公司带来的收益是1.1万美元；万宝路公司预测：一位忠诚的客户30年能给公司带来的收益是2.5万美元；AT&T公司预测：一位忠诚的客户30年能给公司带来的收益是7.2万美元；通用汽车公司预测：每一位忠实顾客的终生价值在40万美元左右。

根据上述定义，我们可以给出客户终生价值的计算公式：

$$CLV = CLV_1 + CLV_2 + CLV_3 + CLV_4 + CLV_5$$

其中：CLV 指客户在其一生中有可能为企业带来的价值总和。CLV_1 指客户初期购买给企业带来的收益；CLV_2 指以后若干年内客户重复购买或客户提高支出份额为企业带来的收益；CLV_3 指交叉销售带来的收益；CLV_4 指厂商和客户知道如何进行长期有效的相互配合，使服务成本降低或提高营销效率所带来的收益；CLV_5 指客户向家人或朋友推荐企业的产品和服务所带来的收益，即推荐收益。

二、客户价值分析模型

本节将介绍 TOPSIS 法（Technique for Order Preference by Similarity to an Ideal Solution）在全面核算客户价值中的应用。该方法通过对原始数据进行同趋势和归一化的处理，消除了不同指标量纲的影响，对样本资料无特殊要求，故能客观真实地反映不同方案之间的差异，在实践中应用广泛。但需要注意的是：TOPSIS法也存在着缺陷，其不同指标的权重信息是事先给定的，计算结果有一定主观性。

（一）TOPSIS 法的基本原理

TOPSIS 又称为逼近于理想的排序法，是一种多目标决策下解决离散问题的有效方法。该方法的主要思想是通过确定被选方案与"正理想点"（又称正理想解）和"负理想点"（又称负理想解）之间的"距离"来对所有的方案进行排序的一种方法。

如图5-2所示，在一个单向规范化向量空间中：V^+ 表示"正理想点"，V^- 表示"负理想点"，V 表示样本点。TOPSIS法的基本过程就是在一个单向规范化的向量空间中，通过采用 TOPSIS 函数确定 V 点与 V^- 点的距离值。距离值越大，说

明 V 点离 V^- 点越远、离 V^+ 点越近。V 点离 "正理想点" V^+ 越近越好，而离 V^- 越远越好。因此，在计算客户价值时，只需要计算当前客户样本与最有价值客户和最无价值客户之间的距离，即可以判断该客户样本的价值。

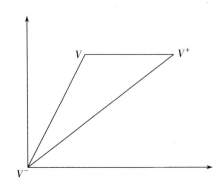

图 5-2　单向规范化向量空间

（二）TOPSIS 法的建模过程

实际工作中，分析客户的价值更多的是为了确定客户对于企业的重要性，并不要求对客户价值进行精确计算。TOPSIS 法核算客户价值的第一步是构造出"正理想客户"和"负理想客户"特征；第二步是计算每一个客户的特征与"正理想客户"和"负理想客户"特征的距离；第三步是对所有客户进行排序，从而达到客户分级和价值管理的目的。以下是 TOPSIS 法的数学描述过程。

假设企业有 m 个客户，则客户集为 $X = (x_1, x_2, \cdots, x_m)$，评价体系中共有 n 个指标，$C = (c_1, c_2, \cdots, c_n)$。$x_{ij}$ 表示客户 x_i 在第 c_j 指标下的指标值，各指标的权重向量记为 $W = (w_1, w_2, \cdots, w_n)$，$\sum_{j=1}^{m} w_j = 1$。

（1）由上述假设可得原始数据矩阵 V，其中每一行代表一个客户特征：

$$V = \begin{bmatrix} x_{11} & x_{12} & \cdots & x_{1n} \\ x_{21} & x_{22} & \cdots & x_{2n} \\ \vdots & \vdots & \ddots & \vdots \\ x_{i1} & \cdots & x_{ij} & \cdots \\ \vdots & \vdots & \ddots & \vdots \\ x_{m1} & x_{m2} & \cdots & x_{mn} \end{bmatrix} \tag{5-1}$$

（2）将原始数据矩阵正向化。正向化需要考虑指标的现实意义：如果 c_j 为正向指标（如客户每年的购买额），则 $\bar{x}_{ij} = x_{ij}$；如果 c_j 为负向指标（如客户消耗企业的成本），则 $\bar{x}_{ij} = \max\limits_{i=1,\,\cdots,\,m}(x_{ij}) - x_{ij}$。经过正向化，$\bar{x}_{ij}$ 均为非负。进一步地，通过正则化，将 $\bar{x}_{ij}$ 进行无量纲化处理，具体为：

$$x'_{ij} = \bar{x}_{ij} / \sqrt{\sum_{i=1}^{m} \bar{x}_{ij}^2} \quad i = 1,\ 2,\ \cdots,\ m \tag{5-2}$$

（3）构建标准化数据矩阵 $X' = (x'_{ij})_{n \times m}$：

$$X' = \begin{bmatrix} x'_{11} & x'_{12} & \cdots & x'_{1n} \\ x'_{21} & x'_{22} & \cdots & x'_{2n} \\ \vdots & \vdots & \ddots & \vdots \\ x'_{i1} & \cdots & x'_{ij} & x'_{in} \\ \vdots & \vdots & \ddots & \vdots \\ x'_{m1} & x'_{m2} & \cdots & x'_{mn} \end{bmatrix} \tag{5-3}$$

（4）构造加权的标准化数据矩阵 V：

$$V = X'W = \begin{bmatrix} x'_{11} & x'_{12} & \cdots & x'_{1n} \\ x'_{21} & x'_{22} & \cdots & x'_{2n} \\ \vdots & \vdots & \ddots & \vdots \\ x'_{i1} & \cdots & x'_{ij} & x'_{in} \\ \vdots & \vdots & \ddots & \vdots \\ x'_{m1} & x'_{m2} & \cdots & x'_{mn} \end{bmatrix} \begin{bmatrix} w_1 & 0 & \cdots & 0 \\ 0 & w_2 & \cdots & 0 \\ \vdots & \vdots & \ddots & \vdots \\ 0 & \cdots & w_j & w_i \\ \vdots & \vdots & \ddots & \vdots \\ 0 & 0 & \cdots & w_n \end{bmatrix} = \begin{bmatrix} v_{11} & v_{12} & \cdots & v_{1n} \\ v_{21} & v_{22} & \cdots & v_{2n} \\ \vdots & \vdots & \ddots & \vdots \\ v_{i1} & \cdots & v_{ij} & v_{in} \\ \vdots & \vdots & \ddots & \vdots \\ v_{m1} & v_{m2} & \cdots & v_{mn} \end{bmatrix} \tag{5-4}$$

其中，$v_{ij} = w_j x_{ij} \geqslant 0$，$\{v_{ij}\}_{j=1,\,\cdots,\,m}$ 是客户 i 加权标准化之后的特征序列。

（5）确定正理想解和负理想解：

由于 $f_{ij} = w_j x_{ij} \geqslant 0$，所以矩阵中的每一列（代表一个指标）都可以求得正理想解 $v_i^+ = \max(v_{i1},\ \cdots,\ v_{in})$，并形成正理想解序列 $V^+ = \{v_i^+\}_{i=1,\,\cdots,\,m}$；同理可得负理想解为 $v_i^- = \min(v_{i1},\ \cdots,\ v_{in})$，并形成负理想解序列 $V^- = \{v_i^-\}_{i=1,\,\cdots,\,m}$。

（6）计算各目标值 $\{v_{ij}\}_{j=1,\,\cdots,\,m}$ 与正负理想值之间的欧式距离 S_i^+ 和 S_i^-：

$$\begin{cases} S_i^+ = \sqrt{\sum_{j=1}^{n} w_j (v_{ij} - v_i^+)^2} \\ S_i^- = \sqrt{\sum_{j=1}^{n} w_j (v_{ij} - v_i^-)^2} \end{cases} \quad (5-5)$$

（7）计算客户 i 与"正理想客户"和"负理想客户"的贴近度：

$$U_i = \frac{S_i^-}{S_i^+ + S_i^-}, \quad i = 1, 2, \cdots, m \quad (5-6)$$

（8）依照贴近度的大小对目标进行排序。

U_i 越大，说明该客户的特征与"正理想客户"的特征更相近，反之与"负理想客户"的特征更接近，以此作为决策依据。

（三）TOPSIS 模型应用实例

我们以某电子商务公司为例进行客户价值的核算。我们选取了其中六位客户，按照表 5-1 所示的 11 项指标对其进行评价，其中正向指标（特征）有 C1、C2、C3、C4、C5、C6、C10 和 C11，其余为负向指标（特征）。根据企业的经验每一项指标的权重 W =（0.27，0.27，0.028，0.046，0.168，0.008，0.026，0.038，0.019，0.042，0.085）。

表 5-1　客户价值评价指标数据

指标 客户	C1	C2	C3	C4	C5	C6	C7	C8	C9	C10	C11
A	10.53	11.77	2999.53	7	8	304.27	27	1	70	2	6.2
B	22.58	29.17	1390.75	3	7	171.11	40	2	13	3	3.2
C	13.15	15.13	1729.11	4	7	76.92	18	0	42	2	4.4
D	17.92	21.83	1869.23	4	7	232.05	23	0	4	7	11.1
E	17.48	21.19	2853.40	9	5	709.4	14	3	7	4	5.2
F	17.03	20.51	4080.42	1	7	872.54	34	1	1	9	7.4

注：C1 代表客户近三年平均相对利润率；C2 代表客户近三年平均利润贡献率；C3 代表客户历年交易总额；C4 代表客户近三年交易次数；C5 代表客户保持时间；C6 代表客户完成合同欠款总额；C7 代表客户年平均欠款率；C8 代表客户不守信行为次数；C9 代表客户在行业中的排名；C10 代表客户的市场增长率；C11 代表客户固定资产投资增长率。

下面将根据前述 TOPSIS 的算法流程进行计算。

第一步：根据公式基于表 5-1 中的数据构建标准化数据矩阵 X'，如表 5-2 所示。

表 5-2　标准化数据矩阵 X'

指标 客户	C1	C2	C3	C4	C5	C6	C7	C8	C9	C10	C11
A	1.03	0.80	1.21	0.99	3.32	0.39	0.54	0.70	0.00	0.28	0.91
B	2.21	1.98	0.56	0.43	2.91	0.22	0.00	0.35	0.85	0.43	0.47
C	1.29	1.03	0.70	0.57	2.91	0.10	0.92	1.05	0.42	0.28	0.65
D	1.75	1.48	0.76	0.57	2.91	0.30	0.71	1.05	0.98	0.99	1.63
E	1.71	1.44	1.15	1.28	2.08	0.90	1.09	0.00	0.94	0.57	0.76
F	1.67	1.39	1.65	0.14	2.91	1.11	0.25	0.70	1.03	1.28	1.09

第二步：构建加权的标准化数据矩阵 V，如表 5-3 所示。

表 5-3　加权的标准化数据矩阵 V

指标 客户	C1	C2	C3	C4	C5	C6	C7	C8	C9	C10	C11
A	0.278	0.216	0.034	0.046	0.558	0.003	0.014	0.027	0.000	0.012	0.077
B	0.596	0.535	0.016	0.020	0.488	0.002	0.000	0.013	0.016	0.018	0.040
C	0.347	0.278	0.020	0.026	0.488	0.001	0.024	0.040	0.008	0.012	0.055
D	0.473	0.400	0.021	0.026	0.488	0.002	0.018	0.040	0.019	0.042	0.138
E	0.462	0.389	0.032	0.059	0.349	0.007	0.028	0.000	0.018	0.024	0.065
F	0.450	0.376	0.046	0.007	0.488	0.009	0.007	0.027	0.019	0.054	0.092

第三步：根据表 5-3 所示的数据可以求得正理想解序列 $V^+ = \{0.60,\ 0.54,\ 0.05,\ 0.06,\ 0.56,\ 0.01,\ 0.03,\ 0.04,\ 0.02,\ 0.05,\ 0.14\}$，负理想解序列 $V^- = \{0.28,\ 0.22,\ 0.02,\ 0.01,\ 0.35,\ 0.00,\ 0.00,\ 0.00,\ 0.00,\ 0.01,\ 0.04\}$。

第四步：根据式（5-5）求得各目标值与 V^+ 和 V^- 的欧式距离分别为 $S^+ =$ $\{0.235,\ 0.043,\ 0.190,\ 0.099,\ 0.136,\ 0.117\}$ 和 $S^- = \{0.087,\ 0.241,$ $0.076,\ 0.154,\ 0.132,\ 0.136\}$。根据式（5-6）计算客户贴近度 $U = \{0.27,$ $0.85,\ 0.28,\ 0.61,\ 0.49,\ 0.54\}$，然后进行升序排列，可知这六个客户的价值由低到高分别是 A<C<E<F<D<B。

三、客户价值管理与方法

对于客户价值管理，汤普森和斯通给出了一个定义："客户价值管理是为了获得具有盈利性的战略竞争地位、实现企业能力（如过程、组织结构）和价值链之间协调统一的一套系统方法，其目的在于确保当前的或未来的目标客户能够从企业提供的服务、过程或关系中获得最大化的利益满足。"

客户价值管理将客户价值分为既成价值、潜在价值和影响价值。

既成价值是客户购买企业产品和服务之后，在一定时期内为企业带来的既定价值。例如，客户购买汽车之后在使用年限内给企业带来的商业价值。客户和企业的交易关系会保持一段时间，在该时间内，客户还有其他两个重要的贡献：潜在价值和影响价值。

潜在价值即如果客户得到保持，客户在未来进行的增量购买将给企业带来的价值。例如，很多客户在换新车的时候，通常会钟爱当前的汽车品牌。

影响价值即在客户高度满意时，其不仅会持续购买该公司的产品，还会通过指引或者影响其他客户前来购买所产生的价值。

客户价值管理即是要满足不同价值客户的个性化需求，提高客户忠诚度和保持率，实现客户价值持续贡献，从而全面提升企业盈利能力。具体地，可从以下七个方面来进行客户价值管理。

（一）基于客户价值细分市场

客户关系管理要求企业放弃"客户都是企业上帝"的管理观念，根据客户过去或现在及未来对企业利润贡献的大小把客户分为最有价值客户、具有潜在价值客户和没有价值客户。然后在此分类的基础上，再针对不同客户的价值制定相应的客户策略，投入相应的企业资源，把企业有限的资源投入企业最有价值和具有潜在价值的客户身上。只有在了解、细分客户的需求和消费行为之后，才能更主动、更快速地为客户提供满意的产品和服务，这样才能让企业获得更大的客户价值、降低客户开发和维护成本，增强营销策略的精准性和有效性，最后达成企业利润最大化的目标。

美国大通银行客户分级

美国大通银行根据客户的不同贡献将其所有的客户分为五级：

（1）蓝色客户：每年能为银行提供500万美元的综合效益或300万美元的中间业务收入。

（2）绿色客户：每年能为银行提供300万美元的综合效益或100万美元的中间业务收入。

（3）红色客户：需求比较单一，盈利少，但却是银行的忠诚客户。

（4）转移客户：需求复杂，却不能给银行带来很大利润。

（5）清退客户：基本上不能给银行带来利润，甚至会造成银行亏损。

（二）　重视目标市场客户的需求

企业如果不清楚客户的需求和消费行为是无法令客户满意的，更谈不上让客户有"上帝"的感觉，也就无法与客户保持长久关系。沃尔玛的创始人——山姆·沃尔顿（Sam Walton）认为，卓越的顾客服务是沃尔玛区别于所有其他公司的特色所在，即向顾客提供他们需要的东西，并且再多一点服务，让他们知道你重视他们。

"性价比"是客户选购产品的基本原则，客户通常会将价值最高、成本最低的产品作为优先选购对象。因此，企业要想办法在实现企业经济效益的前提下，尽可能让渡给客户更多价值，这就需要企业研究客户行为，了解客户为满足自己的需要如何选择、获取、使用以及处置产品或服务。企业需要设立专职部门收集、分析客户信息和协调客户行为，如建立客户档案、客户信息系统、客户关系管理部门等。

小油漆厂目标市场的选择

英国有一家小油漆厂，经过调查研究选择将青年夫妇作为目标市场，这一群体的特点是对价格敏感，收入低，他们购买油漆不求质量，但要求价格便宜。基于此，该油漆厂制定了相应的市场营销组合策略：

（1）产品：经营少数不同颜色、包装大小不同的油漆，并根据顾客喜好，随时增加、改变或取消颜色品种和装罐大小。

（2）分销：产品送抵目标顾客住处附近的每一家零售店。目标市场范围内一旦出现新的商店，立即招来经销本厂产品。

（3）价格：保持单一低廉的价格，不提供任何特价优惠，也不随其他厂家调整价格。

（4）促销：以"低价""满意的质量"为号召，适应目标顾客的需求特点。定期变换商店的布置和广告，打造新颖的形象。

虽然该油漆厂经营的是低档产品，但由于市场选择恰当，市场营销战略较好地适应了目标顾客，所以该企业仍获得了很大的成功。

（三）按照客户生命周期进行管理

客户生命周期包括四个阶段：考察期、形成期、稳定期、退化期（见图5-3）。企业必须在客户生命周期的各个阶段实施不同的营销策略，而了解客户在不同阶段的不同需求，有助于企业实现营销和销售的精确制导。

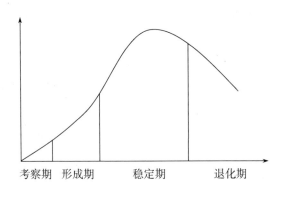

图5-3 客户生命周期四阶段模型

在考察期，企业需要让客户了解产品和服务能够给它带来的价值。在这个阶段，客户通常会选择几家企业的产品和服务，并根据通过各种渠道获取的信息对不同企业的产品和服务进行比对。这时企业需要通过各种方式让客户主动或被动地接收其所需的信息。例如，企业可在网上发布产品信息以便用户检索。此时，企业需要注意客户的信息疲劳度，因为当客户被动地接收过多的信息时会产生"被骚扰"的感觉。

在形成期，客户已经开始使用企业的产品或服务，并且已经对产品做出初步的评价，此时企业需要关注如何将现有客户培养成高价值客户。例如，苹果公司通常会给已经购买其产品（无论是 iPhone 还是 iPad）的客户发送产品使用技巧，让客户更好地使用苹果产品。当客户深度了解并能熟练使用苹果产品后，其将有可能购买苹果公司的其他产品。

在稳定期，客户已经使用了一段时间的产品和服务，此时企业则需要加大交叉销售的力量并着手培养客户对企业的忠诚度。例如，苹果公司在客户同意其收集信息的前提下，会收集产品客户的一些信息，然后根据客户的使用情况向客户推荐其他产品。如果客户比较喜欢运动，苹果公司会向其发送 iWatch 的产品信息；如果客户经常使用办公电脑，苹果公司则会向其推荐 iMac。

在退化期，客户存在放弃企业产品和服务的可能性，此时企业的重点是了解客户不选择的原因，以便为产品服务的设计和开发、管理流程的优化和变革提供来自市场的信息。例如，经过市场调研，苹果公司发现转向购买安卓手机的客户大多是因为苹果手机价格较高而显得性价比不足。基于此，苹果公司推出了低配版手机来赢回对价格敏感的客户。

（四）建立差异化的营销渠道

虽然在客户做出购买决策的过程中，渠道的影响力日益上升，但很少有企业从成本效率、客户偏好以及客户关系建立能力等维度出发，进行渠道差异化建设，导致渠道资源配置不当、企业成本结构受损、客户感受削弱。

通信企业在这方面堪称榜样，根据客户行为与实际需求建立差异化的销售渠道，然后针对不同的渠道提供不同等级的资源配置支持。例如，通信服务具有极强的网络外溢效应，一旦该地区的通信客户超过一定比例，那么通信公司就可以"赢家通吃"、获得更多的客户。因此，通信公司针对高校用户推出了极为优惠的虚拟网服务。但是，如何获得足够多的先期用户呢？通信公司首先在学校层面上进行营销活动，比如给教师提供充值送礼品和虚拟网通话免费等优惠服务，先让教师使用该公司的电话卡，在教师之间形成虚拟网，然后吸引学生加入该公司的通信网络。但是由于学生与教师的实际需求不同，所以通信公司更多是以更加便宜的月费对学生进行营销。

（五）　重视反馈信息，持续改进管理

我们所处的时代是一个瞬息万变的时代，任何细微的市场变化都有可能引发新的浪潮，企业的发展离不开信息。企业要想知道自己的产品是否畅销及是否有竞争力，就需要关注客户的评价和产品的销售状况。诸多企业的经验表明：客户的信息反馈十分重要，它们不仅反映了企业外部竞争的态势，也为企业内部管理流程的改进提供了意见，还为企业的战略决策提供了依据。

获得顾客反馈信息的七种方法

阅读小贴士

下面是获得顾客反馈信息的七种方法：

（1）定期调查。现在的社交软件（如微信、微博等）比较发达，企业可以在线向客户发送问卷进行产品调查，当然企业也可以向客户邮寄调查问卷，不过这种方式成本较高、反馈效率也比较低。请注意：客户完成问卷后，请适当给予一些奖励。

（2）创建在线社区。包括聊天室、公告板、讨论组等，企业可以作为主持人定期了解顾客对产品和服务看法。利用微信等社交软件能够非常方便地与顾客进行在线交流，而且成本低、效率高。

（3）邀请顾客免费体验产品。请顾客使用并评论产品，获得反馈信息。

（4）创建顾客服务中心。邀请10~12位忠诚的顾客定期会面，他们会提出改进顾客服务的意见，企业可以付给他们酬劳、请他们吃饭或者免费给他们提供产品。

（5）使用电子邮箱或者App定期与顾客保持联系。为顾客订阅免费的电子刊物，当产品或者服务有重要的更新时用电子邮箱或者App通知他们，并在重要的时间节点通知客户（如净水器更换滤芯的时间）。现在越来越多的企业采用微信服务号与用户保持联系。

（6）在顾客的生日或假日定期保持联系。为终生顾客发送礼物以示感谢，通过电子邮箱发送问候卡，打电话亲自祝贺顾客节日愉快，你可以询问他们对我们的服务是否满意。

（7）邀请顾客出席公司会议、午宴，参观车间或参加讨论会。为顾客创造特别的参与机会，如晚会、野餐、舞会等，在这些活动中公司员工与顾客可以相互交流，可以得到对公司业务有价值的反馈信息。

（六）内部作业流程与客户的价值取向相匹配

企业的内部作业流程只有与客户的价值取向（即购买力与消费习惯）高度契合，才能使企业获得更高的客户满意度，进而使自己在营销和客户服务上的投资"物超所值"，否则必然导致企业销售成本增加、客户满意度下降。星巴克的内部作业流程非常值得借鉴。星巴克被白领称为城市会客厅，装修整体上采用暗色原木系列，目的是创造一个相对沉稳的环境；服务员的咖啡制作流程向客户公开，为的是让客户看到咖啡制作的全流程；采用接近白噪声的背景音乐，让客户在白噪声的环境下更好地迸发灵感；咖啡品类相对有限，更新频次较低，目的是让客户在短时间内做出选择，并且让客户有非常熟悉的感觉；向客户提供免费的无线网络，并且服务员几乎从不打扰客户的活动。

（七）以创新的方式为顾客创造价值

创新不只是一个技术研发的概念，还可以理解为为客户创造新价值的一切企业行为。创新强调创造商业价值和竞争优势，不仅包括立足于技术研发的产品或服务创新，还包括业务流程创新、商业模式创新、管理创新、服务创新以及创造全新的市场以满足客户的价值需求和企业竞争需要。也就是说，一切创新均应以客户为导向，创新的价值由客户来体现。

林恩对于创新有着更为全面的理解：始于对技术商业潜力的认识，终于将其完全转化为商业化产品的整个行为过程。这一理解指出了创新是一个全程化的概念，是一个过程化的系列操作，一项产品或服务创新如果能以系统化运作进入市场，这才是成功的创新运作。长期以来，研究与发明活动被很多人认为就是创新，其后的生产过程、市场过程往往被忽视。但在日益讲求创新绩效的当下，创新的终极目标是市场回报，企业最需要的是具有市场价值的创新，以增加客户价值，提升自身竞争优势。

"小米"的"破坏性"创新

阅读小贴士

小米公司成立之初瞄准的是成千上万从未使用过智能手机的人群，而不是简单地与苹果、三星争抢高价值手机用户。这正是哈佛商学院的克莱顿·克里斯坦森所讲的破坏性创新，"破坏性创新者不会去尝试为现有的市场客户提供更好的产品。他们更倾向于通过引入稍逊一筹的产品和服务来'破坏'和重新定义当前市场。'破坏性'创新技术的好处在于——简单、便捷、成本低，从而迎合低端客户的需求，这种新市场'破坏策略'被称作'零消费策略'，其产品从价格上来说易于接受，便于使用，所以他们很轻松地创造了一代全新的使用人群。新市场'破坏者'们面临的挑战不是要攻克市场领先者，而是如何使新的价值网络摆脱零消费状态"。

克莱顿·克里斯坦森认为："'破坏性'创新产品一旦在新市场或低端市场站稳脚跟，就会开始启动其自身的改良周期。因为技术进步的步伐总是远远超过客户的实际使用能力，那么那些当前'不够成熟'的技术反而在通过改良后，最终恰好能契合更高级别客户的实际需求。这样一来，破坏者就走上了一条最终打败先行者的道路。对于想要创立新成长业务的创新者来说，这个区别十分重要。业内领头羊往往能通过延续性创新来赢得市场，但是在破坏性创新的战斗中，胜者多是新手。"

资料来源：〔美〕克莱顿·克里斯坦森，〔加〕迈克尔·雷纳. 创新者的解答〔M〕. 李瑜偲，林伟，郑欢，译. 北京：中信出版社，2020. 编者结合互联网资料整理。

扫一扫，看视频 ☞

🏠 本章小结

本章从客户分级管理开始，介绍了客户分级的概念和具体内容，并在此基础上具体阐释了我们为什么要进行客户分级，客户分级的意义在哪里。面对不同层级的客户，如关键客户、普通客户、小客户，本章针对性地提出了客户分级管理方法。在客户分级的基础上，本章从企业为顾客创造价值和客户为企业创造价值这两个视角阐述了客户价值管理，运用 TOPSIS 方法来量化客户价值。另外，结合现实企业生产和发展的经验，本章给出了七个客户价值管理方法。

本章案例

联想发掘大客户终身价值"VIP 模式"

联想大客户市场策略的实质就是大客户市场的"VIP 模式"。这种模式既关注短期利润，也注重长期收益；既关注单笔交易，也注重长期关系。它的核心是挖掘"顾客终身价值"。

"20000 多个行业大客户，我们用 300 个客户经理和 1000 多家渠道商一一锁定。"联想集团副总裁蓝烨在接受《成功营销》记者专访时表示，"联想大客户这一块，已经占到联想中国 PC 销售额的 1/3 左右。"

从 2005 年新财年开始，联想将大客户业务部设立为单独的业务部门，面向政府、金融、电信等重点行业提供全面的针对性服务。"集成分销"策略经过几个月的运作，已经在大客户市场中发威，联想开始从对手嘴里全面抢回失去的"蛋糕"。

一、关注客户"终身价值"

"我们内部建立了自己的商机管理系统，我现在每天的工作除了打开电脑看报表和商机分析，就是去拜访客户。"在蓝烨看来，联想的大客户策略汲取了惠普和戴尔的优势，并结合了自身的特点，发展成了一套独特的大客户市场运作体系。"我们针对大客户，不仅是销售渠道变了，而且企业各个环节都变了。产品、营销、销售、供应、售后服务，从企业资源这块看，我们对零散消费者和大客户打造的五个价值链完全不同。"

从联想推行"大客户市场"策略的手法来看，其实质就是一种有针对性的"VIP 模式"。联想大客户市场的"VIP 模式"既保障了联想的利益，也顾及了分销渠道的利益，并调动了渠道的积极性。

二、"VIP 模式"的优势

"和竞争对手相比，联想在大客户市场方面有三大优势，"蓝烨强调，"第一是产品品质，第二是服务，再有就是我们的销售队伍和合作伙伴的稳定性。"

首先是产品线的区隔。与针对中小客户市场和家用电脑市场不同，大客户对产品的稳定性、安全性等具有较高的要求，同时还要求较低的价格。大客户的个性化需求必须用定制服务来满足。而且大客户市场更强调服务增值，有时甚至需要提供整体的解决方案。联想针对大客户市场将产品线独立出来，以"开天"

"启天"系列 PC 和"昭阳"系列笔记本专供于大客户市场。

其次是服务体系的区隔。在新的客户模式下，联想专门为大客户设立以 400 打头的服务专线，提供 VIP 级服务。针对大客户出现的售后服务问题，联想会挑选最优秀的工程师上门服务，而不是像对普通客户那样就近派员。对一些重要的大客户，联想甚至提供"驻厂工程师"服务。

除此之外，巨大的服务网络也成为联想大客户市场的卖点。"我们在全国有 3000 多个服务站点。在全国 30 多个城市，能够承诺 48 个小时修好。"蓝烨底气十足，"即使是到县一级，也有 70% 能够做到同城维修。"

三、双重界面锁定大客户

联想夺回大客户市场重要的撒手锏之一就是捆绑式合作带来的稳定与透明。"戴尔的流程、价值链很优越，但人员流动性太大，导致短期行为比较多，"蓝烨这样评价联想与戴尔大客户市场模式的不同，"而我们通过客户经理与代理商的双重界面来锁定客户。"

在联想大客户市场的"VIP 模式"下，客户经理与代理商同时面对客户，但客户经理只管谈判不管签单，其主要的任务是协助代理商获取大客户信任，以利于合同的推进，而并非与代理商争利。

在与代理商的合作上，戴尔通常采用"按单合作、下回再说"的方法。而联想通过签署合作协议的方式，从法律上保障了与代理商合作关系的稳定性，"我们跟渠道商之间都签了一年的法律协议，正常情况下还会续签。"蓝烨表示。

无论是对大客户，还是渠道商，联想大客户市场"VIP 模式"关注的都是"长期价值"和"深度开发"，强调共同利益的和谐构造，并在重整竞争力的过程中实现联想、渠道商与客户的三赢。

资料来源：邓勇兵，齐馨. 联想发掘大客户终身价值［J/OL］. 成功营销，2005-08-11，http://www.emkt.com.cn/article/222/22298.html.

问题思考：

1. 为什么联想要重视大客户的终身价值？为此具体做了哪些工作？

2. 与重要竞争对手相比，联想的大客户管理方法有哪些独到之处？

3. 结合本章内容和现实生活，你认为联想这一战略是否存在缺陷？如果存在，那该如何改进？

第六章

客户满意管理

本章引言

在探讨客户关系管理时，客户满意是一个不可避免的主题。在市场竞争的压力下，研究影响客户满意的因素，掌握测量客户满意度的方法和工具，实施客户满意管理，为客户提供综合性、差异化的服务，履行高度的客户承诺，是企业与客户保持长期、双向互动关系的重要保障。在企业市场营销模式从注重交易向注重关系转变的背景下，如何提高客户满意度不仅是客户关系理论界关注的焦点问题，同样也是企业市场营销实践迫切需要解决的基本问题。本章主要介绍客户满意的基础理论，以及客户满意度的调研、测量和改善方法。

学习目标

- 了解客户满意的基础理论
- 掌握客户满意度的测量方法
- 掌握提升客户满意度的策略

第一节　客户满意度的基础理论

企业的存在依赖于客户对其提供的服务或产品的认可。企业创新技术、变革经营管理模式都是为了更好地满足现有以及未来的客户的需求。企业在生产和营销过程中，不仅要关注对其产品和服务满意的客户，因为他们给企业带来了长久且稳定的收入，同时也应该关注那些对其产品和服务不满意的客户，因为他们能促使企业改进服务或产品，甚至是企业运营流程。

一、客户满意度的概念

关于客户满意度（Customer Satisfaction）的概念，学者在不同的年代有不同的观点。

20世纪七八十年代，很多管理者和研究者对客户满意度的定义集中于消费者对企业所提供的服务或产品的质量高低的判断上。例如，理查德·奥利弗将客户满意度定义为"客户满足情况的反馈"。

20世纪八九十年代，工业技术逐步完善，生产工艺的提升使产品的稳定性获得极大的提高。标准化和模块化的产品制造方法，使许多高技术、高知识密度产品的生产场地不再局限于其原创地，企业的分工趋于全球化，产品的创造、生产和消费开始分离。此时，如何让消费者更快捷以及更便宜地获得服务和产品又重新成为企业市场营销的中心，"便宜就是硬道理""天天低价"被许多企业视为一种准则，沃尔玛就是最典型的例子。这个阶段企业对客户满意度的理解是："客户满意度的大小在于企业向消费者让渡的价值的大小"。

到了21世纪，生产技术和互联网科技快速发展，产品生命周期越来越短，消费者更换消费品的速度越来越快，他们不再简单地满足于高质低价的产品，"Feeling"（感觉）开始成为很多客户选择产品的一个很重要的因素。除质量和价格外，客户越来越关注购买和使用产品过程中的感知价值，这不仅包含产品本身所设定的品位给客户带来的印象、期待，还包括客户实际使用过程中的附加感觉。因此，客户感觉的好坏便成了衡量客户满意度的一个非常重要的指标。科特勒认为，"满意是一种人的感觉状态水平，它来源于对一件产品所设想的绩效或产出与人们的期望所进行的比较"。因此，我们又可以简单而直观地把客户满意度定义为"客户所体验的高兴程度"。显然，企业产品给客户带来的感觉越好，客户就越满意。

综合来看，我们可以将客户满意定义为：

客户满意是一种心理活动，是客户对一个产品可感知的效果与他所期望的效果进行比较后形成的愉悦不满或失望的感觉状态。

这是从心理学角度对客户满意进行定义的。当客户的感知没有达到预期时，客户就会不满、失望；当感知与期望一致时，客户就是满意的；如果可感知效果超过期望，客户就会感到"物超所值"，就会高度满意、欣喜。因此，我们可以得出这样一个公式：

客户满意度＝客户感知价值-客户期望价值

心理学认为人们对客观事物的认识首先是一个认知过程，其次是一个情感过程。客户对产品或服务的评判，往往受个人主观情感因素的影响。客户对产品或服务的消费过程既是一个认知过程，也是一个情感体验过程。因此，客户满意具有极强的主观性和差异性，即便是相同的过程，也会因为发生情景的不同而产生不同的效果，例如，人在天气凉爽和炎热两种不同环境下对赶公交车的感知完全不一样。

同样的事件不同的感知

阅读小贴士

在烈日炎炎的夏日，当你一路狂奔，气喘吁吁地在车门关上的最后一刹那登上一辆早已拥挤不堪的公交车时，你一定会无比满足。而在秋高气爽的秋日，你悠闲地等了十多分钟，却没有在起点站"争先恐后"的战斗中得到一个座位时，你一定无比失落和沮丧。

同样的结果——都是搭上没有座位的公交车，但却因为过程不同，你心里的满意度大不一样，这到底是为什么？问题的答案在于你的期望不一样。

客户在对产品预期和实绩进行评判时，不一定实绩大于预期客户就会满意，实绩小于预期客户就不满意，这主要与客户当时的情感状态有关。当客户拥有良好的情绪状态时，产品实绩小于预期，客户也不一定不满意，就像情绪状态很好的消费者可能会原谅服务人员微小的过失一样；相反，当客户拥有不好的情绪时，产品实绩即使大于预期，客户也未必一定满意。

二、客户满意的意义

研究表明：客户满意度高可以显著提高客户忠诚度；客户忠诚度提高5%，企业利润就上升25%~85%；一个对企业非常满意的客户的购买意愿是一个对企业满意的客户购买意愿的6倍；2/3的客户离开其供应商是因为供应商对其关怀不够；93%的CEO认为客户管理是企业竞争力最重要的因素。

（一）高的客户满意度为企业竞争提供有力保障

对企业满意度较高的客户更愿意为他们得到的产品或服务支付成本，而且他们更有可能承受产品或服务价格上涨的压力，这意味着对企业满意度较高的客户对产品或服务的价格并不敏感。所以，这些客户并不会因为竞争对手的低价市场策略而发生转移，对于企业而言，对其满意度较高的客户是其最好的市场竞争屏障。

阅读小贴士

汽车修理行业的"透明度"与价格的选择

汽车修理行业的服务价格差异很大，同样修一辆汽车，在指定的修理厂修理的费用可能是在普通小修理厂修理费用的几倍甚至更高。但是很大一部分客户却愿意花更多钱去4S店修理，这与汽车修理行业的"低透明度"有关系。在一些小修理厂，虽然可以用较为低廉的价格获得修理服务，但是与之相伴的技工维修能力水平参差不齐、维修备件可能存在质量隐患……可能引发汽车使用过程中的安全问题。面对这些潜在的高额成本，大多消费者仍然会选择价高但是更有保障、透明度更高的专业修理店进行维修。

（二）高的客户满意度能够降低企业未来的交易成本

如果企业的客户保持率较高，那么其就不需要投入很多的资源去获得新客户。对企业满意度较高的客户对企业产品的购买可能更频繁、购买量也更大，当企业拓宽自己的产品线，推出一些新的产品或服务时，对企业满意度较高的客户会踊跃购买，不需要投入过多的资源用于吸引新客户。高的客户满意度不仅会增加企业的利润，也会降低企业未来的交易成本。

为何中年男性会钟爱九牧王男裤

九牧王作为很多男性用户常年选择的男裤品牌，客户的忠诚度非常高，很多中年男性在选择休闲或商务男裤中会毫不犹豫选择该品牌，很多客户表明：买九牧王的裤子不需要担心不舒服的问题。这归功于九牧王对中国男性身材数据的积累和不断挖掘的努力。根据公开数据，九牧王从1989年创业初期就十分重视人体数据采集，通过30多年的数据采集，九牧王积累了1200万条人体数据，这些数据奠定了九牧王的六大版型。在此基础上，九牧王采用了比普通面料更具有弹性的创新面料（混合了面、涤纶、桑蚕丝等），坚守108道工序，30位次熨烫，24项人工检验的西裤工艺，因此九牧王的裤子获得了"很舒适"的美誉。另外，30~50岁的中年男性在选择服装具有强品牌偏好，舒适、美观是其最大的购买因素，而九牧王男裤恰恰迎合了中年男性的男裤选择。

资料来源：编者根据互联网资料修改整理。

（三）高的客户满意度能够减少企业犯错成本

当客户对一个企业的产品或服务的满意度上升到一定程度时，其会冲淡由企业在非关键性问题上出现的过失所带来的负面影响。研究表明：客户满意度高的企业在处理客户退换货、投诉等问题上有着更高的效率，企业经营的利润率也更高。需要注意的是，当企业在核心问题上出现错误时，即使是对其高度满意的客户也会无法容忍，其甚至会比一般的客户产生的厌恶感更强烈。

拥堵交通难抑西湖游客热情

杭州西湖，一直以秀丽清雅的湖光山色与璀璨丰蕴的文物古迹吸引着中外游客。西湖沿湖地带绿荫环抱，山色葱茏，画桥烟柳，云树笼纱，逶迤群山之间，林泉秀美，溪涧幽深。有三秋桂子、六桥烟柳、九里云松、十里荷花，更有著名的"西湖十景"以及"新西湖十景"，将西湖连缀成了色彩斑斓的大花环，使其春夏秋冬各有景色，晴雨风雪各有情致。无论是本地的居民，还是国内外的游客，都为之心向神往。更加令人赞叹的是，大部分的西湖景区是免费开放的。

"五一""十一"黄金周期间，国内外游客络绎不绝，这给杭州本就拥堵不堪的交通带来了极大的压力。庞大的游客流量和拥堵的交通给游客观景带来了很大的困难和不便，但这仍没有削减中外游客对西湖的热情。根据《2020年度西湖景区游客满意度调查报告》，2020年游客对西湖的满意度综合指数为81.44，在国内九个著名景区中排名第一。

（四）高的客户满意度能够降低吸引新客户的成本

满意的客户愿意传播正面的信息，不会为公司带来负面影响。媒体也愿意把这种正面的信息传递给潜在的消费者。"金杯银杯，不如消费者的口碑"，客户满意能使广告效果更好，甚至不需要任何广告，因为满意客户的口碑对于其他潜在新客户而言就是最好的广告。

谷歌：不做广告的搜索引擎

阅读小贴士

谷歌是全球最大的搜索引擎，全球知名流量统计平台"Statcounter"数据显示：2020年谷歌搜索服务占全球市场份额的91.38%。而这归功于谷歌强大的搜索技术研发和投入：谷歌通过对80多亿网页进行整理，搜索结果中各网页的优先性以其他搜索者链接次数的多少为标准，逐渐形成了一个不仅依靠技术概念、还引入社会需求优先性来为用户服务的搜索引擎，能在半秒内为用户提供适需的搜索结果。凭借高效而准确的搜索方式，谷歌没有在广告宣传上花一分钱，用户良好的口碑就是它的秘密。

资料来源：卢松松. 2020全球搜索引擎市场份额排行榜［EB/OL］. 搜狐新闻，https：//www.sohu.com/a/446994932-118786，2021-1-27. 经编者修改整理。

（五）高的客户满意度能够塑造良好的企业声望

企业良好的声望（如商誉）能够帮助企业在新产品刚入市时就被客户迅速接受，降低消费者的购买风险，同时也有利于建立和保持与供应商、分销商和潜在销售同盟之间的关系。良好的声望具有光环效应，能引导客户对企业作出正确和有益的评价，并且对短期股票市场产生正面影响。

淘宝卖家的信用好评体系

阅读小贴士

淘宝卖家的信誉度是影响其交易率的重要因素。淘宝上出售相同产品的卖家很多，针对相同产品，买家通常会选择信用级别较高的卖家。淘宝卖家的信用不仅是买家衡量卖家生意好坏、诚信高低的标准，而且还影响着卖家店铺和产品的排名，也是卖家加入淘宝商城的前提。可以说，"信用先行"是卖家在淘宝开店的通则。低信用度的卖家和高信用度的卖家竞争，就像竞技场上赤裸身体的角斗士和满身盔甲的角斗士搏斗，通常后者赢得客户的概率会高很多。

三、影响客户满意度的因素

影响客户满意度的因素主要有：客户对产品或服务的期望、产品或服务的实际表现、客户对产品或品牌的情感以及客户对公平的判断。

（一）客户对产品或服务的期望

客户对产品或服务的期望是其在采购之前对某种产品或服务未来实际表现的预期，通常来说客户采购之前的预期会较高。在购买决策发生前后，客户期望与客户满意度会呈现两种不同的相关关系。购买前，客户期望与客户满意度呈负相关关系，即客户采购前的期望越高，其满意度越低。购买后，客户期望与客户满意度呈正相关关系，即客户在使用或消费实际的产品或服务后，会纠正其购买前的预期，导致其感受到的满意水平会逐渐提升。但需要注意的是：购买后，产品和服务没有出现重大缺陷，否则客户满意度会急剧下降。

用餐等待的小妙招

阅读小贴士

我们去餐馆常会遇到这样的情况。点餐完后，服务员说："菜马上就好，请稍等。"等了十分钟后菜还没上，去催服务员，服务员回答："马上就好。"再过五分钟如果菜还没上来，我们肯定会非常生气。但是有一家餐馆，客户点餐后，服务员会在餐桌上放一个沙漏，告诉客人沙漏的沙全部漏下需 15 分钟，菜品将会在 15 分钟之内上齐。客人呢，一般都会毫无怨言地等上 15 分钟。

前者，服务员说"马上"给了顾客一个很高的期望值，当其未能实现此承诺时，顾客就会很不满。后者，服务员先告知顾客需要等 15 分钟，并且给出沙漏作为参照，降低了顾客对上菜时间的期望值。而这 15 分钟也并非无凭据，一般状况下是可以实现的。当餐厅在规定时限内上齐菜品，顾客会觉得餐厅很讲诚信；餐厅若能在十分钟的时候就把菜上齐，顾客就会更加觉得餐厅非常有效率！

（二）产品或服务的实际表现

产品或服务的实际表现是指产品或服务在被客户使用或消费过程中表现出来的实际状况，包括产品的特性、功能和可靠性，服务的有效性、及时性、方便性和态度等。产品或服务的实际表现与客户对产品或服务的期望的差异对客户满意度产生影响，产品或服务的实际表现与客户满意度正相关，即产品售后服务的实际表现越好，客户满意度越高，反之则客户满意度越低。

阅读小贴士

辣条的质量管理

2019 年，"辣条界一哥"卫龙全年营收 49.09 亿元，几乎每天生产辣条三四千万包，占全国辣条行业的 10%，把不起眼的小作坊做到如今市值 600 亿，其做对了什么？

辣条本身制作门槛低，加之食品安全监管不到位，导致关于辣条安全卫生隐患的新闻层出不穷。2005 年央视曝光有辣条生产企业在辣条原料中偷放非法添加剂霉克星，吃辣条可能致癌，这使辣条行业陷入至暗时刻。卫龙抓住时机投入巨资建立辣条自动化生产线，以更加严格的食品质量管控措施改进生产流程，让辣条从原料到成品都更加卫生。其邀请专业的摄影团队进入车间拍摄公司宣传片，将辣条生产流程透明化。2016 年其与暴走漫画张全蛋合作，现场直播工厂制作辣条的全过程，整洁如新的流水线、穿戴整齐的工人、标准的制作流程，让大家认识到了辣条的制作过程安全卫生。

资料来源：最全解读：辣条一哥卫龙从 5 毛到 500 亿，成功的营销秘诀 [EB/OL]. https：//baijiahao. baidu. com/s？id=1684388042559671236. 经编者修改整理。

（三）客户对产品或品牌的情感

情感对客户满意度的影响有两条途径：一是客户在消费过程中对产品和品牌产生的情感会在记忆中留下痕迹，这种痕迹被客户带入对产品或服务的评价中；二是依据消费经验是否成功，唤起特定的情感，并把这种情感纳入满意度的评价过程中。可见，客户情感和客户满意度存在正相关关系。

一句温馨问候的威力

阅读小贴士

网易邮箱的用户每次打开邮箱，就会在首页上看到一条问候语，如"唯美此夜色，独爱这生活"，刷新页面又会出现另外一条问候语"夜空的星在点亮，绽放出梦的光芒"。在使用过程中，问候语也会应时而做出改变，早晨起来向你说早安，午饭时间提醒你用餐，夜深了劝你不要熬夜。

这是一个很简单的邮箱服务，这个服务只是通过电子邮箱来传送而已。和传统的邮箱服务有什么区别？唯一的区别就是，传统的日志服务需要去写封邮件，发送文件或是向朋友送去祝福，而网易是每天像一个老朋友给你发来一封邮件，"哥们，今天过得怎么样？"于是你告诉他，还不赖。——所谓的差别，仅此而已。

虽仅此而已，却大有不同。从产品功能上看，这种拟人化、主动式的交互，突破了传统交互设计中由使用者主动发起操作的模式，变成了系统和人一样可以主动发起互动的模式。服务不再是冷冰冰的界面，而是润物细无声的沟通与交流，给其客户满意度加分不少。

（四）客户对公平的判断

依据公平理论，当客户同参照对象比较后发现公平比率较高，满意度就较高；相反，如果发现公平比率较低，满意度就较低。例如，某公司的产品/服务在 AB 两个地区先后出现瑕疵，该公司给 A 地区客户的赔偿金额要明显高于 B 地区，则 B 地区客户会感受到严重的不公平，这就会引发 B 地区客户的不满意。实证研究发现：客户对公平的判断与满意存在正相关关系。

公平需要一视同仁

阅读小贴士

2012 年美国消费者倡导组织——公共利益科学中心（CSPI）检测了可口可乐中 4-甲基咪唑（简称 4-MEI）的含量，美国 355 毫升的可口可乐中 4-MEI 的含量是 4 微克，中国是 56 微克（高于美国 14 倍），英国的含量是 135 微克，巴西更是达到 267 微克。该中心发布报告称，高水平的 4-MEI 能导致动物长肿瘤，有可能会给人体带来致癌风险。可口可乐公司随后宣布降低美国市场所售产品中的 4-MEI 水平，但这一措施并未在其他国家实施。"双重标准"对他国消费者来说是不公平的，是一种歧视行为。

资料来源：可口可乐被曝含致癌物［N］. 经济导报，2012-06-29. 经编者修改整理。

扫一扫，看视频 ☞

第二节　客户满意度的测量

客户满意度目前已经成为评估企业业绩的一个非常重要的非财务性指标，也是当今企业决策所考量的重要因素。本节将对客户满意的测评理论模型进行简要回顾，介绍四种可以用于企业实践的客户满意度测量模型。

一、客户满意度的测评理论模型

客户满意度的测量目前是国内外质量领域和经济领域一个非常热门而前沿的问题。对于客户满意度，基于不同时间的研究目的和立足点，国内外先后提出了几种测评模型：1989 年，瑞典首先建立起瑞典客户满意度晴雨表模型（Sweden Customer Satisfaction Barometer，SCSB）；美国紧随其后，在 1994 年建立了美国客户满意度指数模型（American Customer Satisfaction Index，ACSI）；1999 年之后，多个国家也分别在本国开展试点调查，开发了本国的客户满意度指数。以下介绍四个应用较广泛的模型，它们在实践中被证明相当可靠有效。

（一）四分图模型

四分图模型又称重要因素推导模型，是一种偏于定性研究的诊断模型（见图 6-1）。它要求列出企业产品和服务的所有绩效指标，每个绩效指标有重要度和满意度两个属性，根据客户对绩效指标的重要度及满意度的评价，将绩效指标归进四个象限内，企业可按归类结果分别对这些指标进行处理。如果企业需要，还可以汇总得到一个企业整体的客户满意度值。

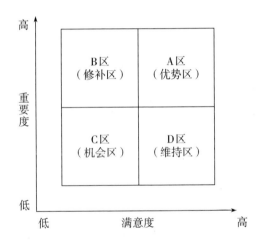

图 6-1 四分图模型

A 区（优势区）：指标分布在该区域时，表示这些指标对客户来说是关键性的，客户目前对这些指标的满意度评价较高，企业需要继续保持并发扬这方面的优势。

B 区（修补区）：指标分布在该区域时，表示这些因素对客户来说是重要的，但当前企业在这些方面的表现较差，客户满意度评价较低，需要重点修补改进。

C 区（机会区）：指标分布在该区域时，表示这一部分指标的客户满意度评价较低，但对客户来说这些方面并不是最重要的，不是企业现在最急需解决的问题。

D 区（维持区）：指标分布在该区域时，表示这一部分指标的客户满意度评价较高，但对客户来说这些方面并不是最重要的，属于次要优势（又称锦上添花的因素），对于企业提高客户满意度的实际意义不大，如果考虑资源的有效分配应先从该部分做起。

对所有的绩效指标进行归类整理后，我们可从消费者期望、企业优势指标和企业弱点指标三个方面着手对企业的产品和服务进行改进：

（1）消费者期望：消费者最为关注的，对客户满意度的影响较大的一些因素。

（2）企业优势指标：企业在这些方面表现较为优秀，消费者满意度较高。

（3）企业弱点指标：企业在这些方面表现不足，或是没有意识到这些方面对客户满意度的影响。

四分图模型目前在国内应用很广，很多企业在进行客户满意度调查时均采用该模型。四分图模型简单明了、分析方便有效，而且不需要应用太多的数学工具和手段，无论是设计、调研，还是分析整理数据，都易于操作。

四分图模型也存在不足之外，主要有以下四点：

（1）它孤立地研究客户满意度，没有考虑客户感知和客户期望对满意度的影响，也没有研究满意度对客户购买后行为的影响。

（2）在实际操作中，该模型要求列出各项绩效指标由客户来评价打分，这就可能使许多客户重视但调查人员和企业没有考虑到的因素未能包含在其中。

（3）由于四分图模型不考虑误差，仅由各指标得分加权平均测评客户满意度，得出的结果不一定准确，同时也不利于企业发现和解决问题。

（4）该模型使用具体的绩效指标测评客户满意度，很难进行跨行业客户满意度比较，即使是处在同一行业的企业，由于各地区经济发展不平衡，客户要求不同，各指标对客户的重要程度也可能不同，导致同一行业跨地域的可比性大大降低。

（二）卡诺（Kano）模型

卡诺模型是与产品特性有关的客户满意度模型。Kano 模型定义了三个层次的客户需求：基本型需求、期望型需求和兴奋型需求，如图 6-2 所示。

（1）基本型需求：客户认为产品或服务"必须"具备的属性或功能。例如，电视机图像清晰、汽车油箱不漏油等。如果企业的产品或服务没有满足客户基本需求，客户就不满意；相反，当企业的产品或服务完全满足客户基本需求时，客

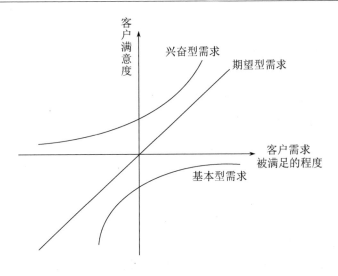

图 6-2　卡诺模型

户也不会表现出特别满意，因为他们认为这是产品应有的基本功能。

（2）期望型需求：客户希望在消费中获得的需求。例如，汽车耗油少、服务快捷、低费用、高可靠性等。当客户这类需求在企业的产品或服务中满足得越多，客户就越满意；当客户这些需求没有得到满足时，客户就不满意。

（3）兴奋型需求：一些完全出乎客户意料的产品属性或服务行为，使客户感到惊喜。如果企业的产品或服务没有满足客户这类需求，客户不会不满意；而如果企业的产品或服务满足了客户这类需求时，客户就会对产品非常满意。

卡诺模型指出：在实际操作中，首先，企业要全力以赴地满足客户的基本型需求，保证客户提出的问题得到妥善的解决，重视客户认为企业有能力做到的事情，尽量为客户提供便利。其次，企业应尽力去满足客户的期望型需求，提供客户期望的服务或产品功能，使其产品和服务优于竞争对手并有所不同，引导客户对本企业形成良好的印象。

严格地说，卡诺模型不是一个测量客户满意度的模型，而是一个典型的定性分析模型，一般不直接用来测量客户的满意度，常用于对绩效指标进行分类，帮助企业了解不同层次的客户需求，找出客户和企业的共通点，识别使客户满意的因素。

（三）层次分析法模型

层次分析法（Analytic Hierarchy Process，AHP）是 20 世纪 70 年代由美国匹

兹堡大学教授、运筹学家马斯·塞蒂（T. L. Saaty）提出的一种多目标评价决策方法。它将人们对复杂问题的思维过程数量化、系统化，将人的主观判断定量化，使人们的思维过程保持一致性，对复杂的系统进行分解，把多目标、多准则的决策划为多层次、单目标的决策并进行两两对比的一种定性与定量分析相结合的多目标决策分析方法。

层次分析法的主要步骤如下：

（1）基于影响客户满意度的各种要素建立多级（多层次）结构模型，形成客户满意度层次结构的测评指标体系；

（2）对同一层次内的指标进行两两比较，根据评定尺度确定其相对的重要程度，据此建立判断矩阵；

（3）通过计算，确定同一层次内每个指标的权重；

（4）根据客户对最低层指标的打分，由下至上层层加权，最后计算出总目标的评价结果。

严格来说，层次分析法并不是一种专门用于客户满意度评价的理论模型。但它最大的优点是：可以将每一层指标的相对重要性定量化，由此可定量分析每个指标在该层级内所占的权重。这种将定性的描述转化为定量计算的方法，让层次分析法在管理决策领域得到了广泛的应用。

层次分析法还有一些其他的优点：①它比四分图模型更能定量描述具体指标，各指标的重要程度由通过专家打分得到的判断矩阵计算得出，从而避免了各指标都重要或都不重要的偏差。②它可以与其他的模型混合使用，增强其他模型的使用效率。下文我们将介绍层次分析法如何和 ACSI 模型进行混合使用。

层次分析法的局限性为：①在确定各指标相对权重的过程中，没有纳入客户的主观愿望，仅仅从专家的角度判断各指标的相对重要性，可能会脱离客户满意度的真实情况；②没有考虑各指标权重可能随着时间的推移而变化，如果需要调整权重，则需要重新邀请专家进行评价打分；③仅适用于具体企业，在企业层面上运作有效，无法进行宏观层面上跨行业跨地域的比较分析。

（四）美国客户满意度指数模型

美国客户满意度指数（ACSI）模型是在瑞典客户满意度晴雨表模型的基础上发展而来的，是目前被广泛采用或借鉴的客户满意度指数测评模型，包括客户期望、感知质量、感知价值、客户满意、客户抱怨、客户忠诚六个结构变量，如

图 6-3 所示。

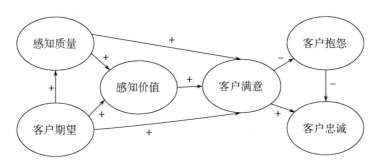

图 6-3　美国客户满意度指数模型

我们可以对图 6-3 做进一步的分析，以此了解不同变量之间的相关关系：

（1）目标变量——客户满意度评分。这是企业最终期望得到的数据，对应层次分析法中的第一层级。

（2）原因变量——客户期望、感知质量和感知价值。这三个变量是对目标变量（客户满意）产生直接正向影响的前因变量，由图 6-3 中带"+"的箭头可知这三个变量之间也存在正相关关系。客户期望是指客户在购买前对产品和服务的期待和希望，其判断的基础是客户的实际经历或体验和客户的需求，是一个主观的感知判断。质量感知是指客户在购买和接受产品或服务的过程中对其质量的实际感受和认知。感知价值是指客户在购买和接受产品或服务的过程中，对所支付的费用和所获得的实际收益的体验。感知价值的核心是价格，但不仅仅是价格。客户对产品或服务价值的感知体现在四个方面：客户对总成本的感知，客户对总价值的感知，客户对质量和价格之比的感知，以及客户对价格和质量之比的感知。

（3）结果变量：客户抱怨和客户忠诚。客户抱怨对客户满意和客户忠诚呈负向影响，客户满意对客户忠诚呈正向影响。客户抱怨可以直接预测客户满意和客户忠诚，因此客户抱怨和这两个变量之间存在一定的相关性。客户忠诚可以由客户满意来直接预测，而客户期望、感知质量和感知价值则需要通过客户满意这个中介变量对客户忠诚进行预测。

ACSI 模型最大的优势是可以进行跨行业的比较，同时能进行纵向跨时间段的比较，这有助于企业与竞争对手比较，明确自身所处的竞争地位。

应用 ACSI 模型需要注意以下两点：

（1）虽然 ACSI 模型是以先进的消费者行为理论为基础建立起来的精确的计

量经济学模型，但是其建立的目的是监测宏观的经济运行状况，主要考虑的是跨行业与跨产业部门的客户满意度比较，而不是针对具体企业的诊断指导，它调查企业的目的是以企业为基准来计算行业、部门和全国的满意度指数。

（2）ACSI 模型的调查也不涉及企业产品或服务的具体绩效指标，企业即使知道自身的满意度低，但不知道具体是由什么问题导致的，应该从哪一方面着手改善，更不知道客户最需要的是什么，最重视的又是什么。由于缺乏对企业生产经营上的具体指导作用，所以在微观层面进行具体企业的客户满意度调查时很少使用该模型。因此，如果要将 ACSI 模型应用到企业层面，比较简单的一个方法是：利用 ACSI 模型中的指标体系，然后利用层次分析法进行定量化分析。

二、客户满意度测评体系

以下介绍的客户满意度测评体系，是在 ACSI 模型给出的指标体系的基础上构建的，利用层次分析法确定各指标的权重然后进行分析。该体系的优点是能够快速测评客户的满意度，缺点是没有办法对图 6-3 中的结果变量进行分析。

（一）客户满意度测评的流程

客户满意度测评流程包含：确定被测评对象，确定测评指标，设计问卷和抽样调查，实施调查，汇总整理调查数据，确定测评指标权重和计算客户满意度，编写测评报告，制度改进措施。

1. 确定被测评对象

开发测评问卷前，应该首先确定要调查的客户群体。客户可以是企业外部的客户也可以是企业内部的客户，具体如表 6-1 所示。

表 6-1　识别和确定客户

企业内部的客户	企业外部的客户
企业内部的受益者（全体员工） 上下级关系客户 平行职能关系客户 流程关系（前后过程或上下道工序关系）客户	企业外部的受益者 供应商 投资者 经销商 消费者 最终使用者

对外部客户可以按照社会人口特征（性别、年龄、文化程度、职业、居住地等），消费行为特征（即心理和行为特征），购买经历，企业外部受益者（如供应商、经销商、投资者等）来分类。对企业内部客户可从企业内部的受益者、上下级关系、平行职能关系、流程关系等角度进行分类。

2. 确定测评指标

客户满意度测评的指标体系是依据 ACSI 模型建立的，该体系中一、二、三级指标适用于所有的产品和服务（见表 6-2）。一级指标有：客户满意度①。二级指标有：客户期望、质量感知和价值感知。三级指标则是二级指标下辖的子变量。根据 ACSI 模型，每个二级指标下辖三个指标。四级指标为三级指标的拓展，二级可以对表 6-1 中的三级指标进行细化，开发符合自身特点的问题。

表 6-2　客户满意度测评的指标

一级指标	二级指标	三级指标
客户满意度	客户期望	1. 客户对产品或服务质量的总体期望 2. 客户对产品或服务满足需求程度的期望 3. 客户对产品或服务质量可靠性的期望
	客户对质量的感知	4. 客户对产品或服务质量的总体评价 5. 客户对产品或服务质量满足需求程度的评价 6. 客户对产品或服务质量可靠性的评价
	客户对价值的感知	7. 给定价格条件下客户对产品或服务质量的评价 8. 给定质量条件下客户对产品或服务价格的评价 9. 客户对产品或服务总价值的评价

3. 设计问卷和抽样调查

在对客户满意度测评的实际操作中，应该根据客户对产品或服务的期望和关注点具体选择指标，灵活运用。客户满意度测评体系中一、二、三级指标的含义是明确的，而四级指标（同时也是问卷问题）是根据某一产品或服务的具体特色设计的，也就是说，四级指标是由三级指标拓展而来，是客户满意度测评中直接面对客户的指标，测评问卷上的问题需要与这些指标相对应。

按照已经建立的客户满意度测评体系，将三级指标拓展开来，设计成问卷。问卷设计是整个测评工作中的关键环节，测评结果是否准确、有效，在很大程度

---

① 客户抱怨和客户忠诚是客户满意的结果变量，本书构建的客户满意度测评体系不能对这两个结果变量进行分析。因此，我们只能通过三个原因变量对客户满意度进行测量。

上取决于此。问题设计过程中需要注意：

（1）问题指向明确、表述简洁，也就是符合客户的阅读习惯，且不会产生异议。通常来说，问卷设计完成之后需要进行一个预测试，可以通过随机抽样和定向邀请等方式来检验问卷的问题是否表述清楚以及问卷的可靠性。这被称为问卷预检验，主要是验证问卷的效度和信度①。

（2）每个四级指标对应的问题项目不宜过多，建议控制在5个以内，否则客户填写问卷会产生厌烦情绪，容易造成客户的评价质量不高。

（3）对每个问题进行量化处理，让被调查对象能够根据自己的态度打出对应的"分值"。这一步骤非常重要，因为客户的态度无法像身高、体重一样直接通过询问、测量或观察的方法来获得，需要利用某些特殊的态度测量工具进行量化处理，将那些难以表达和衡量的"态度"以客观的分值表示出来，这种态度测量工具，就是"量表"。比较常用的是李克特（Likert）等级量表。

李克特等级量表：根据设定的规则，对不同的态度特性赋予不同的数值，客户满意度测评中通常采取李克特五分制或七分制量表（见表6-3）。如五分级满意度：很满意、满意、一般、不满意和很不满意，并以五分制进行赋值，如5、4、3、2、1。建议不要让客户填写数据，而是让其选择数值。

表6-3　李克特七分制与五分制量表分值意义

七分制李克特量表						
1分	2分	3分	4分	5分	6分	7分
很不满意	不满意	不太满意	一般	较满意	满意	很满意

五分制李克特量表				
1分	2分	3分	4分	5分
很不满意	不满意	一般	满意	很满意

需要注意的是：①在描述客户满意度方面，七分制级数虽然能够提供较高精度的客户满意度描述，但是由于选项过多反而会使客户在填写问卷时表现出厌烦

---

① 问卷的信度和效度检验可参考：沈渊．SPSS17.0统计分析及应用实验教程 ［M］．杭州：浙江大学出版社，2013.

情绪，数据反而变得不可靠。因此，考虑到客户填写问卷时会表现出选择性偏差的可能性，测评采用五分制级数可能更好。②在调研过程中，客户可能无法理解数字代表的意思，通常会选择情绪型词汇来表示他的满意度。因此，问卷中可以列出一些情绪递增型词汇来让客户做出选择，而在统计过程中依据一定的对应关系（见表6-4），七分制量表将这些词汇转换为具体的分值。

表6-4　分值与情绪词汇的对应关系

李克特七分制量表						
1分	2分	3分	4分	5分	6分	7分
很不满意	不满意	不太满意	一般	较满意	满意	很满意
愤慨 愤怒	气氛 烦恼	抱怨 遗憾	没感觉 还可以	好感 肯定 赞许	称心 赞扬 愉快	激动 满足 感谢

虽然李克特量表简单易懂、操作方便，但其对态度的划分不够细致，调查者可视具体情况改进。

4. 实施调查

问卷设计完成之后，企业可选择自行或委托第三方调研机构进行客户满意度调查。相对来说，委托第三方（如消费者协会、行业咨询公司或媒体）进行客户满意度调查比较客观、科学、公正，可信度较高但费用也高，因此大多数企业采用自行调查方式，常用的方法有：

（1）面谈访问：可以与一个被访谈者面谈，也可以与几个被访谈者集体面谈。调查可以比较深入，但人力成本高，覆盖面不够广，且易受调查人员的素质水平影响，客观性不强。

（2）问卷调查：范围较广，但回收率低，且拖的时间很长。

（3）电话调查：比较直接、快捷，但受时间限制，调查不太能深入。

（4）通过电子邮件发送问卷：将问卷以邮件附件的形式发送给客户，待其填写完成后通过邮件形式反馈回来。

（5）网上调查：在公司主页上放置调查问卷或者通过微信公众号向受访者推送问卷，访问者直接填写后提交即可。

5. 汇总整理调查数据

问卷回收之后，需要对样本数据进行汇总整理。这一步骤非常重要，因为部分客户在回答中会遗漏部分问题，或对某一问题的回答前后不一致。导致问卷中存在数据缺失，数据不一致的问题，这会影响测评的结果，我们必须对该类数据进行处理。

例如，为提高问卷的可靠性，问卷设计者会针对同一个态度设计两个截然相反的问题，理论上被调查者对这两个问题的回答应该是一致的，但实际中有的被调查者的回答却不一致。例如，对待产品外包装，可以通过两个问题来检验被调查者的满意度，如"产品的外包装对我产生了吸引力"和"我不喜欢该产品的外包装"，如果被调查者对前一个问题的回答是"Yes"，而对后一个问题的回答也是"Yes"，那么说明该调查对象的回答是不一致的。另外，一些被调查者受环境和情绪的影响，在填写问卷时注意力不集中，遗漏了一些问题，导致数据缺失。

针对数据缺失、数据矛盾的问题，在保证数据充足和有效性的前提下，我们可删除这些数据或重新发放问卷要求被调查者填写完整。

6. 确定测评指标权重和计算客户满意度

客户满意度测评反映测评对象的质量水平和特征，而每一项测评指标对总指标客户满意度的影响程度是不同的。反映指标影响程度的标准即是权重，各项指标对测评指标体系所具有的影响程度就是各项指标的权重值。权重值的确定非常重要，对于测评结果能否客观、真实地反映客户满意度起着至关重要的作用。常用的指标权重确定方法有层次分析法、德尔菲法、等级标度法、直接打分法等。我们在下一部分会着重介绍如何利用层次分析法确定权重。

当每个指标的权重确定之后，我们就可以将收集到的样本数据输入模型，通过简单加权的方式计算获得高一层级指标的结果。例如，根据表6-1，客户满意度是客户期望、质量感知和价值感知这三个指标高一层级的指标，假设这三个指标的权重分别是0.5、0.3和0.2，相应的分值为10、8和6，那么客户满意度就可以通过现行加权计算得到，即 $10 \times 0.5 + 8 \times 0.3 + 6 \times 0.2 = 8.6$，该客户的满意度为8.6分。

以下两个问题需要读者注意：

（1）使用层次分析法计算指标权重时，我们采用少数专家或者消费者的意见进行计算，并不能反映所有消费者的态度，因此在确定指标权重时一定要慎重。可以多邀请一些专家，或者邀请一些客户加入指标权重的测算过程中。

（2）客户对待每个指标的态度是一个动态的变化过程，不能奢望通过一次计算就可以准确得到指标的权重。例如，客户对质量的感知，先期其可能只会比较重视产品质量，但随着生活水平和收入的增加，他们也可能会比较重视服务质量。

7. 编写测评报告

客户满意度测评报告的要素包括：题目、报告摘要、基本情况介绍、正文、改进建议、附件。正文内容包括：测评的背景、测评指标设定、问卷设计检验、数据整理分析、测评结果及分析。测评报告的撰写需要逻辑清晰，语言简练，数据客观，分析翔实。

8. 制定改进措施

我们需记住管理的一个原则：件件要落实、事事有回音。

测评报告的撰写不是目的，提升客户满意度才是关键。企业应按照测评结果，制定详细的措施计划，并将其落实到相关部门，明确责任人，以持续改进，提升客户满意度。

（二）使用层次分析法计算指标权重

计算指标权重需要计算每一层级指标的权重。由表 6-2 可知，客户满意度测评体系第二层级的指标"客户期望"下有三个三级指标，我们需要利用层次分析法分别对这三个指标进行权重计算。同理，对第二层级的指标也需要分别计算其权重，待第二层级的指标权重确定完成之后，将第三层级各项指标对应的数值代入，就可以逆向计算得到第一层级客户满意度的具体数值了。

利用层次分析法确定每一层级指标的权重包括以下两个步骤：

步骤1：确定评价指标和建立指标体系。

步骤2：构造判断矩阵和计算各指标的权重。

前文已经介绍，本书根据 ACS 模型确定了客户满意度测评体系，因此我们这里重点介绍步骤 2。

根据表 6-2，我们绘制客户满意度的层次结构模型如图 6-4 所示。我们略去了第四层级的指标，读者可依据企业产品和服务的特色自行设计问题（指标）。建议每个三级指标下的四级指标不超过 5 个，否则客户填写问卷会感到厌烦，造成客户的评价质量不高。这些指标最好以问题的形式呈现给客户，依据被调查对象思考和理解的习惯对问题进行编写。

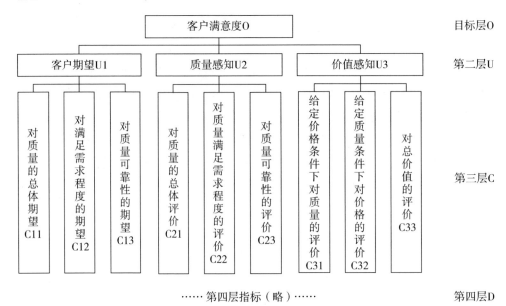

图6-4　客户满意度测评四层指标体系

以图6-4中的目标层O和第二层U为例，邀请专家或者客户代表对第二层级的指标 $U_1 \sim U_3$ 的相对重要性进行打分。例如，提高或保证客户满意度，指标 U_i 和 U_j 哪个更为重要，指标的相对重要性可用1~9的比例标度进行打分[①]。由此，可以得到O层和U层指标的两两判断矩阵 OU：

$$OU = \begin{bmatrix} 1 & 3 & 9 \\ 1/3 & 1 & 5 \\ 1/8 & 1/5 & 1 \end{bmatrix} \tag{6-1}$$

其中，斜对角线的1表示 U_i 和 U_i 自己比较，重要性当然相等；3表示 U_2 比 U_1 略微重要，9则表示 U_3 比 U_1 绝对重要，5则表示 U_3 比 U_2 明显重要[②]。判断矩阵比例标度的含义具体如表6-5所示。

表6-5　判断矩阵比例标度的含义

标度	意义	解释
1	U_i 和 U_j 同等重要	对于目标O而言，指标 U_i 和 U_j 一样重要

①　如果问题不是很复杂，也可以采用1~5的比例标度对两两比较的结果进行打分。

②　公式中的数值只是用于示范。

续表

标度	意义	解释
3	U_i 比 U_j 稍重要	对于目标 O 而言，指标 U_i 比 U_j 略微重要
5	U_i 比 U_j 明显重要	对于目标 O 而言，指标 U_i 比 U_j 重要
7	U_i 比 U_j 重要得多	对于目标 O 而言，指标 U_i 比 U_j 明显重要
9	U_i 比 U_j 绝对重要	对于目标 O 而言，指标 U_i 比 U_j 绝对重要
2、4、6、8	介于两相邻重要程度间	
以上各数的倒数	比较指标 U_j 与 U_i 时	

确定好判断矩阵 OU 后，接下来就可以计算指标 U_i 的权重了，具体步骤如下：

（1）计算判断矩阵 OU 每一行元素之乘积 $P_i = \prod\limits_{j=1}^{3} OU_{i,j}$，则有：$P_1 = 27$，$P_2 = 5/3$，$P_3 = 1/40$。

（2）计算 P_i 的 N 次方根 $P_i^{1/N}$，本算例中第二层级有 3 个指标，所以 N＝3。结果分别为 3、$(5/3)^{1/3}$ 和 $(1/40)^{1/3}$。

（3）归一化权重，为 $w_i = P_i^{1/N} / \sum\limits_{i=1}^{3} P_i^{1/N}$。得到每个指标的权重分别为 $w_1 = 0.67$、$w_2 = 0.265$ 和 $w_3 = 0.065$。由此，可得到权重向量 $W^T = [0.67, 0.265, 0.065]^T$。

（4）一致性检验。为了保证判断矩阵的逻辑性和合理性，必须对判断矩阵进行一致性检验（主要判断专家或者客户的打分是否合理，如果不合理需要对其中某些指标重新打分）。下面对判断矩阵 OU 的一致性进行检验。

1）计算一致性指标 CI。

$$CI = \frac{\lambda_{\max} - n}{n - 1} \qquad (6-2)$$

其中，$\lambda_{\max}$ 为判断矩阵 R 的最大特征值，$\lambda_{\max}$ 的计算公式为：

$$\lambda_{\max} = \frac{1}{n} \sum_{i=1}^{n} \frac{A_i}{w_i} \qquad (6-3)$$

其中，$A = OU \times W^T$，n 为 OU 矩阵的阶数，本算例 $n＝3$。

根据以上公式，可得 $\lambda_{\max} = 3.078$，则 $CI = 0.0388$。

2）查找相应的平均随机一致性指标 RI（见表6-6），可得3阶的 OU 矩阵对应的 $RI=0.52$。

表6-6 阶判断矩阵的 RI 值

阶数	1	2	3	4	5	6	7	8	9	10
RI	0	0	0.52	0.89	1.12	1.26	1.36	1.41	1.46	1.49

3）计算一致性比例 CR。

$$CR = \frac{CI}{RI} = 0.076 \tag{6-4}$$

当 $CR=0$ 时，判断矩阵具有完全的一致性；当 $CR<0.1$ 时，判断矩阵的一致性可以接受；当 $CR \geq 0.1$ 时，需对判断矩阵进行调整，直到获得满意的一致性为止。

由此可知，本算例中的判断矩阵的一致性可以接受。此时，我们可以得到客户期望、质量感知和价值感知的权重向量 $W^T = [0.67, 0.265, 0.065]^T$ 是可以接受的。可见，客户对产品的期望是对客户满意度影响最大的因素，其次是质量，价格相对来说并不重要。

类似地，我们可对第三层级的指标重复上述过程，得到第三层级指标的权重，同样也可以得到第四层级指标的权重。通常，第四层级的指标是可以让客户打分的问题，这些问题已经通过李克特量表进行量化。接下来，我们将客户对每个问题打出的分值与第四层级指标的权重进行线性加权，就可以得到第三层级指标的分值；将第三层级指标的分值与其对应的权重进行线性加权，就可以得到第二层级指标的分值；将第二层级指标的分值与其对应的权重进行线性加权，就可以得到第一层级指标的分值，即客户满意度的分值。

扫一扫，看视频 ☞

第三节　客户满意度的提升

客户满意是客户关系质量的重要影响因素，在完全竞争的市场环境下，没有哪家企业可以在客户不满的状态下得到发展。本节首先介绍影响客户满意的定性指标，因为只有先了解影响客户满意的因素，才能进一步回答如何提升客户满意的问题；其次借助客户满意度的概念，提出提升客户满意度的策略。

一、客户满意的定性影响指标

客户满意是一种暂时的、不稳定的心理状态，主要通过以下七项指标来反映。

（一）美誉度

美誉度是指客户对企业或者品牌的褒扬程度。借助美誉度，可以知道客户对企业或品牌所提供的产品或服务的满意状况。一般来说，持褒扬态度、愿意向他人推荐企业及其产品或服务的，表示推荐者对企业提供的产品或服务是非常满意或者满意的。美誉度主要通过品牌、企业形象、企业文化、企业产品质量及企业服务来反映。

（二）指名度

指名度是客户指名消费或者购买某企业产品、某品牌的产品或服务的程度。如果客户在消费或者购买产品或服务的过程中放弃其他选择而指名购买、非此不买，表明客户对这种品牌的产品或服务是非常满意的。

指名度基本上通过市场占有率来反映。但需要注意的是，市场占有率并不一定反映客户做出选择的真实心理，在"只此一家别无分店"的情况下，客户是无法进行指名度选择的。

（三）回头率

回头率是指在消费了某企业、某品牌的产品或服务的所有客户中，愿意再次消费此种产品或服务的客户的比例。客户是否继续购买某企业、某品牌的产品或服务，是衡量客户满意度的主要指标。如果客户不再购买该企业、该品牌的产品或服务而改购其他品牌的产品或服务，则表明客户对该企业、该品牌的产品或服务是不满意的。

（四） 投诉率

客户投诉是其不满意某企业、某品牌的产品或服务的具体表现，投诉率是指客户在购买或者消费了某企业、某品牌的产品或服务之后进行投诉的比例。客户投诉率越高，表明客户越不满意。需要注意的是，这里的投诉率不仅包括客户直接表现出来的显性投诉，还包括存在于客户心底未予倾诉的隐性投诉。相关研究表明，客户每 4 次消费中会有 1 次不满意，而只有 5% 的不满意客户会投诉，另外 95% 不投诉的客户只会默默转向其他企业。所以，不能单纯以显性投诉来衡量客户的满意度，企业应主动、直接征询客户，这样才能发现可能存在的隐性投诉。

（五） 购买金额

购买金额是指客户购买某企业或某品牌的产品或者服务的金额。一般而言，客户对某企业、某品牌产品或服务的购买额越大，表明客户对该企业、该品牌的产品或服务的满意度越高，反之，则表明客户的满意度越低。

（六） 价格敏感度

价格敏感度是指客户对某企业、某品牌的产品或服务价格的敏感程度或承受能力，也能反映客户对某企业、某品牌的产品或服务的满意度。当某企业、某品牌的产品或服务的价格上调时，客户如果表现出很强的承受能力，那么表明客户对该企业、该品牌的产品或服务较满意；相反，如果客户出现转移与叛离的情况，那么说明客户对该企业、该品牌的产品或服务的满意度不够高。

（七） 创新接受度

创新接受度是指客户对某企业、某品牌产品或服务的改变或创新的接受能力。客户在创新接受度方面的表现可分为两种：当企业对其产品或服务做出调整或革新时，一类客户可能对企业的创新很难接受，甚至表现出反感、抗拒的情绪。这种情况多发生在产品技术含量低、知识密度不高的企业中。与此相反，另一类客户对企业的创新要求很高。他们支持企业创新，并渴望企业不断创新来满足他们更多的兴奋型需求。这类客户通常出现在高技术含量、高知识密度的企业中。

二、提升客户满意度的策略

客户满意度是一个相对的概念，是客户期望值与最终获得值之间的匹配程度。客户的期望值与其付出的成本相关，付出的成本越高，期望值越高。客户满意与否取决于客户将接受产品或服务后的感知程度与接受之前的期望比较后的体验，如公式（6-5）所示。

$$客户满意度(C) = \frac{感知价值}{期望价值} \qquad (6-5)$$

第一，如果感知价值与期望价值相称，即 $C = 1$ 或接近于 1 时，客户的感受为"基本满意"。

第二，如果感知价值大于期望价值，即 $C > 1$ 时，客户的感受为"较满意"。

第三，如果感知价值小于期望价值，即 $C < 1$ 时，客户的感受为"不满意"。

通过上述分析我们可以看出，客户满意是客户期望价值与客户感知价值比较的结果，那么我们就可以通过调控客户期望和客户感知价值实现客户满意度的提升。

（一）调控客户期望

如果客户期望过高，一旦产品或服务的感知价值没到达到客户期望价值，客户就会感到失望，导致客户不满。但是，如果客户期望价值过低，可能就没有兴趣来购买企业的产品或者服务了。那么，企业应该如何调控客户期望价值呢？

1. 客户口碑与有形展示

客户对企业产品或服务的期望值，由客户本身的偏好、品位、需求、价值观以及以往的消费经验和经历来决定。这些因素，仅由消费者自身决定，在企业可控范围之外。即便如此，企业仍可以通过树立良好的口碑，通过出众的有形展示来影响客户期望。

客户在做出购买决策之前，无法真正体验到产品或服务，所以客户会通过寻求一些外在的信息来增强或者清除自己购买的欲望。这些外在信息通常会通过产品的包装、店面的装修、员工的形象和态度（有形展示）以及其他客户的评价（企业口碑）进行呈现，客户在此基础上可对企业的产品和服务形成一个预先的估量。

阅读小贴士

调控客户期望的两个方法

第一，企业努力使客户都得到满意的产品或服务，长此以往、坚持不懈就能对客户逐渐形成良好的印象和口碑。客户口碑是影响客户期望极为重要的因素之一。例如，谷歌就是凭借其优质的搜索引擎来获得极好的客户口碑。

第二，企业也可以通过出众的有形展示来打动客户。精美的包装、高档的装修、现代化的设施与装备、整洁的环境、统一的着装、热情的服务……所有这些有形的因素都可以成为客户在购买之前对企业的产品或服务进行判断和评价的依据。比如对于餐饮行业来说，饭店的设计和装修、员工的外表和着装都会影响到客户的感觉和体验。当然，如果企业试图使客户的期望不那么高，相应地，有形展示也不应该过高、过考究、过好，否则将会带来适得其反的作用。

2. 不过度承诺，留有余地地宣传

在一定的感知水平下，如果企业过度承诺，客户期望就会被抬高，从而会拉大客户感知价值与客户期望价值的差距，降低客户的满意水平。例如，人们对承诺捐赠却又没有兑现的企业的反感程度远大于未捐赠也未承诺捐赠的企业。

企业要根据自身的实力只承诺能够做得到的事，而不能过度承诺，更不能欺诈客户。企业承诺如果得以实现，将在客户中建立可靠的信誉，正如 IBM 强调的，所做的超过所说的且做得很好，是构成稳固事业的基础。如果企业在宣传产品或服务时留有余地，或者坦诚地交代可能出现的问题，使客户预期保持在一个合理的范围内，那么客户感知价值就很可能轻松地超过客户期望价值，客户就会感到"物超所值"而"喜出望外"，因此对企业十分满意。

例如，日本美津浓公司在其销售的运动服里都附有一张质量说明书："此运动服采用最优材料、最优技术制造，遗憾的是还做不到完全不褪色，会稍微褪色的。"这种诚实的态度既赢得了客户的信赖，又较容易使客户满意——因为期望值不高。假如运动服褪色不明显，客户还会很满意。

（二）提高客户的感知价值

提高客户的感知价值可以从两个方面来努力：一方面，增加客户的总价值，包括产品价值、服务价值、人员价值、形象价值；另一方面，降低客户的总成本，包括货币成本、时间成本、精神成本、体力成本。企业只有使客户获得的总价值大于客户付出的总成本，才能提高客户的感知价值。企业可通过以下八种途径提高客户的感知价值。

1. 提升产品价值

（1）不断创新。企业要顺应客户的需求趋势，根据客户的意见和建议，站在客户的立场上去研究设计产品。微信从 2011 年 1 月底诞生到现在广受用户好评，原因在于它不断创新推出新奇有趣的功能，给用户带来了新的体验，给用户的生活提供了更多的可能性，能够大大提升客户的满意度。

（2）为客户提供定制的产品或者服务。这是根据每个客户不同的需求来制造产品或者提供服务，其优越性是通过特色产品或超值服务来满足客户的需求，提高客户感知价值，从而提高客户满意度。例如，在单反相机品牌中，日本的宾得（PENTAX）一直以其炫丽的外观深受消费者喜爱。宾得针对其两款产品 PENTAX K-50 与 PENTAX Q7 推出了色彩定制服务。其中，PENTAX K-50 有 120 种配色（包括三种标准色）可供选择，包括 20 种机身色彩和 6 种手柄色彩；PENTAX Q7 则有 120 种机身配色（包括三种标准颜色）和 20 种镜头颜色（包括标准银色款式）。色彩定制服务一经推出，就受到了广大日本相机用户的热烈好评。

（3）树立"质量是企业生命线"的意识。产品质量是提高客户感知价值和客户满意度的基础，高质量的产品本身就是出色的推销员和维系客户的有效手段。企业如果不能保证产品的质量，或是产品的质量随时间推移有所下降，那么客户即使曾经满意，也会逐渐变得不满意。例如，意大利的费列罗巧克力曾以较高的质量和美味的口感深受广大消费者喜爱，但消费者从费列罗巧克力中吃出活蛆的事件被曝光后，费列罗产品质量和品牌受到较大的负面影响，客户满意度大大下降。

（4）塑造品牌。品牌可以提升产品的价值，帮助客户节省时间成本、精神成本和体力成本，从而提高客户的感知价值，进而提高客户的满意水平。任何一个有损品牌形象的过错，哪怕是微小的过错，都有可能严重削弱客户的满意度。此外，品牌还是一种客户身份的象征，许多客户已经逐渐由产品消费转为品牌消费，这就要求企业在注重产品质量的同时，努力提高品牌的知名度和美誉度。例如，一个法国原装的 LV 皮包要上万元，这不仅是因为其做工和用料考究，还因为 LV 作为世界知名的皮具品牌，其强大的影响力、信誉力和公认度已被全世界的消费者所认可，成了气质、身份的象征，其所带来的象征价值，远远超过了LV 皮具产品本身的功能与质量价值。

2. 提升服务价值

随着购买力水平的提高，客户对服务的要求也越来越高，服务的质量对客户购买决策的影响也越来越大，能否给客户提供优质的服务已经成为企业能否提高客户的感知价值和客户满意度的重要影响因素。企业站在客户的角度想客户所想，丰富服务内容，提高服务质量，提升客户的感知价值。例如，海底捞将服务作为立身之本，在每个服务细节上下功夫，它的"五星"服务贯穿顾客从进门到离开的每一个环节和细节：停车有代客泊车，等位时无限量提供免费零食和饮料，顾客可免费擦鞋、美甲、宽带上网以及棋牌娱乐；用餐时为顾客提供围裙，为长发顾客递上束发皮筋，为戴眼镜顾客送上擦眼镜布；去洗手间也有服务生为你递上纸巾。在大众点评网、饭统网等网站上，"海底捞"一直排在几大城市"服务最佳"榜单的前列。

3. 提升人员价值

提升人员价值，包括提高公司全体员工的经营思想、工作效益与作风、业务能力、应变能力以及服务态度等，对于提高企业知名度和美誉度，提高客户的感知价值及客户的满意度具有重要意义。例如，星巴克是少数不靠广告而建立品牌的企业之一，其将广告费用用于发放员工福利和进行培训。每年，星巴克员工都会到美国接受营业训练：三分之二的时间在门店实习，三分之一的时间在西雅图总部学习煮咖啡和服务顾客的技巧，并了解星巴克文化。在星巴克，店员被称为合作伙伴，对他们的栽培和辅导训练使店员得到了可持续的成长发展。星巴克认为，只有优秀的店员才能泡出优质的星巴克咖啡，如果顾客喜欢星巴克的咖啡，自然会告诉他的好友。

4. 提升形象价值

企业是产品和服务的提供者，其规模、品牌、公众舆论等表现会影响客户的判断。

（1）形象广告。形象广告是以提高企业知名度，展示企业的精神风貌，树立企业的美好形象为目的的广告。例如，在中央电视台播出的康美之恋音乐电视广告，作品风格优雅、情深意长，美妙动听的歌曲诉说着创业的信念与情怀，播出之后引起大众广泛关注，大大提高了广东康美药业在消费者心中的形象。

（2）公益广告。公益广告指不以营利为目的而为社会公众切身利益和社会风尚服务的广告。通过公益广告，企业可向客户阐明的社会责任，表明其不仅仅追求经济利益，其还具有参与解决社会问题和环境问题的担当。例如，皮尔卡丹公司每年都会围绕世界主题推出一个大型的公益广告，这让皮尔卡丹公司在消费者心中树立了良好的企业形象，所获收益远大于发布商业广告。

（3）新闻宣传。新闻宣传是企业将自身做出的有价值的行为，通过大众媒体告知群众的一种传播方式。尤其是权威媒体的宣传具有客观、可信的特点，非常有利于引导市场消费，能在较短时间内快速提升产品的知名度、品牌的美誉度和公信力。例如，2013 年雅安地震发生后，加多宝在第一时间便向雅安地震灾区捐赠物资，这一举动为企业赢得了很好的声誉。

（4）赞助活动。赞助活动是企业无偿提供人力、物力、财力助力某项社会活动或者某一项社会事业，以取得一定的形象传播效果的社会活动。赞助活动使企业的名称、产品、服务等得到传播媒介的广泛报道，有助于树立企业热心社会公益事业、有高度的社会责任感等形象，从而扩大企业的知名度和美誉度，赢得人们的信任和好感。例如，2022 年 315 晚会曝光的"土坑酸菜"事件将数家方便面厂家推上了舆论的风口浪尖，但白象方便面因为在酸菜料包上坚持了高质量要求迅速让其成为方便面界的良心。媒体跟踪调查发现，白象不仅在原材料使用上坚持了高标准，而且在员工雇佣方面也有很高的社会责任追求：其三分之一员工是残障人士。高质量和高社会责任感，极大提升了白象方便面的品牌正面形象，在短时间内极大促进了白象方便面的市场销量。

（5）庆典活动。庆典活动是企业利用自身或社会环境中的重大事件、纪念日、节日等举办各种庆祝会和纪念活动，如开业典礼、周年纪念等，由于其较为隆重，所以能够引起社会公众的较多关注。因此，借助庆典活动喜庆和热烈的气氛来感知企业良好的形象，往往能收到意想不到的效果。例如，谷歌公司将每年2 月 15 日定位"带父母上班日"。凡是年满 30 岁、还没有孩子的谷歌员工，可以在"带父母上班日"当天，和爸爸妈妈一起来到位于纽约曼哈顿切尔西区第八和第九大道的谷歌办公室，得以近距离一睹科技巨头的风采。家长们可以在一天时间内参加"谷歌硬件""谷歌如何赚钱"等讲习班、参观谷歌的办公室，然后和子女共进午餐。

（6）展览活动。展览活动是通过实物、文字、图片、多媒体来展示企业的成就和风采的活动，有助于加深公众和客户对企业的了解。例如，在广州举办的中国进出口商品交易会是中国最重要的大型展会，为企业提供了一流的宣传，推广平台，在海内外享有广泛的知名度，参展商和投资贸易商都十分看重。通过这一平台，企业可向公众展示自己的企业文化与优势项目，提升企业知名度，塑造良好的企业形象。

5. 降低货币成本

仅有产品的高质量显然不够，合理地制定产品价格也是提高客户感知价值和满意度的重要手段。因此，企业定价应以确保客户满意为出发点，依据市场形势、竞争程度和客户的接受能力，尽可能按客户的"预期价格"定价，并努力降低客户的货币成本，坚决摒弃追求暴利的短期行为，这样才能提升客户的感知价值，进而提高客户的满意度。例如，拼多多以"团购、低价、包邮、回馈"为主要手段，牢牢抓住顾客求便宜的心理，以"拼着买才便宜"为口号，采取低价的竞争手段，吸引顾客。

6. 降低时间成本

在客户总价值与其他成本一定的情况下，时间成本越低，客户购买的总成本越小，从而"客户让渡价值"越大。例如，花王公司根据由销售其产品的商场中的摄像头记录下的每位客户决定购买其产品时所用的时间改进了产品的包装和说明，调整了产品布局以让客户可以在最短的时间内完成消费。经过调整产品布局，客户决定购买花王洗发精所用的时间比过去少了40秒。

7. 降低精神成本

降低精神成本最常见的做法是做出承诺与保证。对客户来说，安全性、可靠性越重要的产品或服务，企业做出的承诺就越重要。不同行业领域的企业，为降低客户精神成本，采取了一些不同的做法：航空公司、旅行社为客户购买了保险，以降低客户的意外事故风险；一些美容企业推出"美容承诺"，邀请律师陪同与客户签订美容责任书，确保美容服务的安全性等。

8. 降低体力成本

如果企业能够通过多种渠道接近潜在客户，并且提供相关的服务，那么就可以减少客户为购买产品或者服务所花费的体力成本，从而提高客户的感知价值和满意度。对于需要搬运和装卸的产品，企业如果能为客户提供良好的售后服务，如送货上门、安装调试、定期维修、供应零配件等，就会减少客户为此所耗费的体力成本，从而提高客户的感知价值和满意度。例如，商店为购买电冰箱、彩电、洗衣机、家具的客户提供送货上门服务，空调生产企业为客户免费配送、安装空调，这些都可降低客户的体力成本。

扫一扫，看视频 ☞

本章小结

首先，本章从客户满意管理的基础理论开始，较为全面地讲解了客户满意度的概念、意义及其影响因素，目的是使读者对客户满意管理有一个基础的了解和认识，以便学习接下来的内容。其次，本章较为详细地介绍了客户满意度的测量过程、技术及工具，通过学习这些内容读者可掌握测评客户满意度的方法。最后，本章从客户期望价值和客户感知价值两个方面，全面详细地介绍了提升客户满意度的策略，并借助一些大家熟知的企业案例进行分析，目的是使读者深刻地理解这些知识。学习本章知识，对学习理解下一章客户忠诚管理的知识有极大的帮助，同时对理解客户关系管理本身也极具启发价值。

本章案例

麦当劳的经营与顾客满意

麦当劳是无可争议的国际品牌，是全球快餐业的大亨，其成功的关键就是以适宜的顾客让渡价值让顾客高度满意。

一、麦当劳的产品价值

麦当劳对产品生产的原料、用量、过程都有严格的规定。以法式炸薯条为例，麦当劳对土豆的产地甚至大小有严格的要求。麦当劳在俄罗斯设立第一家分店时，采用的土豆是由加拿大技术专家带去的拉西特·伯班克研发的免疫土豆种子培育出来的。经过特殊工艺处理淀粉沉淀的土豆，去皮、浸泡、切条，用新鲜的油炸两次，才出成品。

出售的食品有严格的时间限制。超过 10 分钟的汉堡、超过 7 分钟的法式炸薯条，都不再出售。这是因为时间稍长，肉类中的脂肪会浸透、硬化，食物就没有新出炉的酥脆和温暖感，特别是汉堡中所夹的蔬菜，时间过长会软化。麦当劳让顾客监督产品生产，以降低成本，增加顾客的让渡价值。

麦当劳根据各地顾客不同的需求，提供具有不同特色的产品。例如，在日本添设玉米粥；在巴黎增设白酒；在罗马增设色拉等。可以说，麦当劳照顾到了每个国家顾客的口味。

二、麦当劳的服务价值

服务牢牢抓住儿童的心。所有麦当劳分店都设有儿童娱乐场和生日区。在这样的氛围里，吃变成了一种辅助行为，迎合儿童心理的服务才是小顾客们真正需要的。

高标准的"微笑服务"。麦当劳的员工不一定相貌漂亮、学历很高，但一定要保持微笑服务，能够吃苦耐劳，以创业精神为大众服务。

名副其实的"快"餐店。北京展览路分店创下了18秒出一份快餐的世界纪录，这就大大节省了顾客的时间成本。

三、麦当劳的人员价值

麦当劳的员工分为两级：经理和员工。经理分为餐厅经理、第一副经理（简称一副）、第二副经理（简称二副）和见习经理；员工分为员工组长、训练员、员工和见习生。

人员培训。以莫斯科分店为例，新雇员要接受16~20小时的培训，培训的内容有牛肉烹制法、麦香鱼做法和微笑服务，新雇员要掌握厨房调理、炸鱼、炸薯条、煎肉饼、送货、进出仓库、站柜台、大堂服务、办儿童生日会等全套作业流程。而对经理人员的培训复杂得多，且有严格的规程和考核制度。见习经理要学完管理发展课程Ⅰ，在7~15周学习基础操作课程，加上2~4个星期的实际操作，考核通过后升为二副。二副须学习管理发展流程Ⅱ的五个教程，耗时8~14个月，完成基础管理课程和中级管理课程的学习，再加上1~2个月的实际操作，通过考核后升为一副。一副要学习管理发展流程Ⅲ，主要内容包括到美国芝加哥郊外麦当劳总部的"汉堡大学"去上两个星期的加强课程。中国国内的一副有时要先到香港停留学习一周，然后进行3~6个月的实际管理，有潜力的一副可再被提升为餐厅经理，餐厅经理要学习第四个阶段的管理发展课程，持续9~13个月，并主持店务。餐厅经理之上有相当于中层经理的经营经理，负责3~6家餐厅的业务，也还需要赴美受训。

麦当劳内部员工配合默契，具有"3C"的工作态度。"3C"即沟通（Communication）、协调（Coordination）和合作（Cooperation），麦当劳小小的厨房内挤着多名员工，但他们共同作业并然有序，员工配合非常默契。

"下放"经理，实行"走动"管理。麦当劳的创始人克罗克先生经常到各公司、部门、分店进行"突击"检查。为了防止经理把时间浪费在抽烟和闲谈上，克罗克下令锯掉所有经理的椅子靠背，以督促经理们走下去，现场解决问题。

四、麦当劳的形象价值

QSCV，即质量（Q）、服务（S）、清洁（C）、价值（V）传递着麦当劳的经营理念，贯穿于麦当劳生产、服务的全过程。

麦当劳通过营业训练手册、岗位规范、品质导正手册、管理人员训练方法等规章制度来规范员工的行为。总之，小到洗手消毒有程序，大到管理有手册，以保证 QSCV（品质、服务、清洁、价值）的贯彻。

麦当劳的视觉形象识别是有口皆碑的：

首先，麦当劳黄金"M"形的双拱门形象设计，成功地运用了现代形象学的基本原理，象征着欢迎顾客的友好之门。你绝不会奇怪，一个三岁儿童指着金灿灿的"M"标志，嚷着要吃麦当劳。

其次，"麦当劳叔叔"人见人爱。1963 年新年伊始，身穿小丑服饰的"麦当劳叔叔"在美国首都华盛顿第一次公开亮相，以后他又到医院去安慰儿童，去幼儿园和儿童一起做游戏，到游乐场当向导。它逐渐成为小朋友心目中仅次于圣诞老人的良师益友。

再次，色调鲜明的员工服饰。麦当劳员工的制服是红条子短衫，经理的制服为浅蓝色。胸前都有标明身份的标志牌。色调激烈、明快。

最后，店面清洁。以厕所为例，麦当劳的创始人克罗克每到一处分店，必检查该店的厕所。

多年来，麦当劳在《时代》周刊、《生活》、《华尔街日报》、《福布斯》等报刊上都有宣传，其还创作公益广告，树立了良好的社会形象。

五、麦当劳的顾客成本

（1）货币价值。尽管麦当劳在不同的国家以货币计价，但其整体的快餐价格较低，不超过两美元。美国的家庭主妇们认为比她们自己做的还省钱。

（2）时间成本。麦当劳的出餐时间不超过 1 分钟，顾客的时间成本相当小。

（3）体力成本和精神成本。对于一些人，尤其是对儿童来说，进入麦当劳店是一种娱乐，体力和精神成本几乎为零。

综上所述，我们可以将麦当劳的经营概括为这样一个公式：麦当劳的顾客让渡价值=麦当劳的整体顾客价值-麦当劳的整体顾客成本=顾客满意=麦当劳的成功。

问题思考：

1. 试用客户满意管理理论分析麦当劳经营特色及顾客满意的实现。

2. 你对借鉴麦当劳等国际品牌的经验发展我国的快餐业，有何独到的见解？

第七章

客户忠诚管理

本章引言

当前每家企业都面临着这样一个现实：竞争对手越来越多，产品和服务的差异化程度越来越低，促销手段也大同小异，客户变得越来越挑剔。在这种竞争环境下，既要不断争取新客户、开辟新市场、提高市场占有率，又要努力保持现有客户以及市场占有率，企业该怎么办？毫无疑问，建立客户忠诚是其必经之路。让客户满意容易，但要使客户忠诚却非常难。本章将从客户忠诚的内涵开始，介绍客户忠诚形成的机理、客户忠诚与客户满意之间的区别与联系，以及实现客户忠诚的一些策略。

学习目标

- 了解客户忠诚的内涵
- 理解客户忠诚的形成机理
- 区分和联系客户忠诚与客户满意
- 掌握实现客户忠诚的策略

第一节　客户忠诚的内涵

客户忠诚（Customer Loyalty）是企业生存和发展的核心。美国经济学家赖克尔德和萨塞的研究表明：如果客户忠诚度提高 5%，企业利润就会增长 25%～85%，企业 60% 的新客户都是来自现有客户的推荐，忠诚的客户对企业的生存与发展起着至关重要的作用。

一、客户忠诚的概念

商业领域中的客户忠诚概念最早由社会学家麦尔文·科普兰（Melvin Copeland）于 1923 年引入，此后越来越多的学者对客户忠诚进行了研究，但是对于客户忠诚概念的界定，学者之间存在着很大的分歧。

行为忠诚论的学者认为，客户忠诚应依据其对同品牌产品的购买次数和对品牌的推荐行为来认定。美国学者纽曼（Joseph W. Newman）和沃贝尔（Richard A. Werbel）认为，"忠诚的客户是指那些反复购买某品牌的产品，并且只考虑该品牌的产品而不会寻找其他品牌信息的客户"。帕拉休拉曼（A. Parasuraman）等学者认为"忠诚是指除了本身的再购意愿外，还包含愿意向他人推荐并给予正面口碑的行为"，但该观点忽视了客户对品牌的偏好和心理情感。

以态度忠诚论的学者认为，单纯的重复购买行为取向难以揭示忠诚的产生、发展和变化。客户高频度重复购买可能并非基于某种偏好意向，也可能是客户产生转换障碍的结果；而低频度重复购买也可能是由于情景因素或随机因素的作用。所以，评价客户忠诚应该从客户心理情感的角度进行。雅各比（J. Jacoby）从消费者态度的角度出发，认为"客户忠诚是客户对购买特定品牌产品的偏好"。同时，客户忠诚还可以用一些因素进行描述和界定，企业可以通过操纵这些因素来提高客户忠诚度。

除以上两种观点之外，还有一些学者认为客户忠诚不能只从行为或者态度某个方面来判定，客户忠诚是综合的、多维度的观念，它是客户内在的情感、心理偏好和外在购买行为的综合表现。理查德·奥利弗（Richard Oliver）将客户忠诚定义为：客户对自己偏爱的产品和服务具有的、未来持续购买的强烈愿望，以及将其付诸实践进行重复购买的意愿。相比之下，综合论的观点从客户的行为和态度上综合界定了客户忠诚：它比行为忠诚论观点多考虑了客户心理偏好对客户忠诚的影响，又比态度忠诚论多考虑了客户行为对客户忠诚的影响。

从以上客户忠诚的定义来看，客户忠诚不仅仅是一种重复购买行为或是一种心理现象，还是客户心理倾向和重复购买行为的内在有机融合。客户忠诚首先是属于心理学范畴的概念，强调客户行为的心理或精神成分，代表客户对产品或服务的高度信任和依恋；其次才是在这一心理指导下对产品或服务购买、宣传和推荐的实际行动。

综合上述观点，我们可以将客户忠诚定义为：客户在较长的一段时间内对企业产品或服务保持的选择偏好与重复性购买行为。

在理解客户忠诚的概念时，我们需要注意以下几点：

（1）客户忠诚是指客户多次重复购买，而不是偶尔重复购买同一企业的产品或者服务的行为。

（2）客户如果因为某种原因没有找到所忠诚的产品，他们也会搁置需求，直到其所忠诚的产品出现。

（3）忠诚的客户能够自觉排斥"货比三家"的心理，能在很大程度上抗拒其他企业提供的优惠和折扣服务，而一如既往地购买其所忠诚的企业的产品或服务。

（4）对企业忠诚的客户还注重与企业的情感联系，对所忠诚企业的过错持宽容的态度，并向企业反馈信息。

当我们提到一个行业或一个类型的产品和服务时，我们总是会固定地想到那几个品牌和企业，这种词汇之间的等价，并不是由谁强加给我们的，而是我们在不断地消费与体验的过程中逐渐形成的购买习惯，这正是企业追逐的客户忠诚。

客户忠诚的"等式"

阅读小贴士

当我们提到日化用品，我们会想到联合利华和宝洁；

当我们提到饮料，我们会想到可口可乐和百事可乐；

当我们提到运动品牌，我们会想到阿迪达斯、耐克和李宁；

当我们提到连锁快餐，我们会想到肯德基、麦当劳和必胜客；

当我们提到手机，我们会想到苹果、华为和小米；

当我们提到数码产品，我们会想到佳能、尼康和索尼；

当我们提到搜索引擎，我们会想到谷歌、百度和必应。

你还能举出更多的"当我们提到……，我们会想到……"吗？

二、客户忠诚的分类

基于客户忠诚的概念，我们可以将客户忠诚分为六类，分别是：垄断忠诚、亲缘忠诚、惰性忠诚、利益忠诚、信赖忠诚和潜在忠诚。

（1）垄断忠诚。这种客户忠诚源于企业产品或服务的垄断。一些企业在行业中处于垄断地位，客户受限于某些条件只能长期购买这些企业的产品或服务。例如，通信公司与大学合作推出校园短号套餐，师生之间一般通过短号进行联络沟通，这种垄断行为使学生和教师不得不选择该通信公司作为自己的通信网络运营商。垄断忠诚容易出现在人们日常所需的基础产品和服务领域，近年来出现的大型网络社交和支付平台成为人们日常使用的工具，也存在一定的垄断忠诚现象。

（2）亲缘忠诚。企业自身的雇员甚至雇员的亲属会义无反顾地使用该企业的产品，选择该企业的服务，这是一种很牢固的忠诚。一些化妆品企业会允许自己的员工以"内购价"来购买自己的产品，而且还经常送一些免费的小样给员工及员工的亲属试用。企业的员工是对企业产品最为了解的"客户"，对企业生产的化妆品的性能、功效一清二楚，选择"内购"的员工通常也是企业最忠诚的客户。

（3）惰性忠诚。有些客户为了方便或是因为惰性，会长期地对某个企业的产品或服务保持忠诚，这种情形在一些服务行业中更为常见。但这种忠诚并不牢固，一旦客户发现了更好的目标，这种忠诚也会随之减弱、消失。"一年逛两次海澜之家"和"男人的衣柜"是海澜之家的广告语和口号，它充分抓住了男性客户不愿意花费太多时间在购物上的特征，获得了一大批忠诚的男性客户。另外，很多电脑用户会选择 Windows 操作系统而拒绝使用苹果公司的 iOS 系统，大多是因为其熟悉了 Windows 操作系统，使用起来更方便。

（4）利益忠诚。这类忠诚源于企业给客户创造的额外利益，比如价格刺激、促销政策激励等。例如，淘宝"双十一"购物狂欢节，以各种限时抢购、折扣优惠来吸引消费者进行购物；一些商店也会向客户赠送一些折扣券，以维护客户对商店的忠诚度。

（5）信赖忠诚。若客户对某一企业的产品和服务感到满意，会逐渐建立起信赖感，进而形成信赖忠诚。这种忠诚不同于前几种忠诚，具有高可靠度、高持久性。信赖忠诚是企业最为渴求的客户忠诚类型，而对企业依赖忠诚的客户是企业最宝贵的资源。例如，精湛的工艺和绝佳的品质，使劳斯莱斯成为世界汽车顶尖品牌，获得了客户的信赖忠诚。

（6）潜在忠诚。潜在忠诚指客户虽然拥有但是还没有表现出来的忠诚。通常情况下，客户很希望继续购买企业的产品，或是再次享受企业的服务，但是企业的一些特殊规定限制了客户的这种需求。企业可以通过了解客户的特别需要，进行适当的调整，将这种潜在忠诚转变为其他类型的忠诚，尤其是信赖忠诚。例如，苹果手机一直深受消费者的喜欢，但其较高的价格又让一些消费者退而求其次。2015 年苹果公司宣布将推出廉价 iPhone 计划（即后来的 iPhone SE 系列）后，立即在各大社群中激起了波澜，许多消费者甚至放弃当前的安卓购机计划转而等待廉价 iPhone SE 系列手机的问世，这就是潜在忠诚的表现。

三、客户忠诚与客户满意

客户与企业的立场不同，所以两者的关注点也不同。客户关注的是"客户满意"，即关心自己是否对企业的产品或服务满意；而企业更关心"客户忠诚"，因为只有"满意"而没有"忠诚"，企业就无法稳定经营，企业希望"满意"的客户能"留下来"，为企业带来长久而稳定的利润。由此可见，客户忠诚并不是客户满意，但又与客户满意息息相关，了解两者之间的区别和联系，能够使我们对客户忠诚有更深一步的理解。

（一）客户满意和客户忠诚的区别

客户满意和客户忠诚是一对相互关联的概念，但两个概念有着明显的不同。实际上，客户满意是客户需求被满足后的愉悦感，是一种心理活动。客户满意更侧重的是客户的心理反应而不是一种行为，所以难以量化和衡量；而客户忠诚所表现出来的却是购买行为，具有一定的目的性，是经过思考而做出的理性决策，所以相对来说可以测量。

当客户对某企业、某品牌的产品或服务由满意发展到忠诚后，他会再次购买同一企业、品牌的产品或服务。美国的施乐公司在对"客户满意"和"客户忠诚"的调查中发现，忠诚顾客的再次购买行为是满意顾客的 6~8 倍。

客户满意的调查反映了客户对过去购买经历的意见和想法，只能反映过去的行为，不能作为其未来行为的可靠预测。相比之下，客户忠诚的调查反映的是客户现在乃至将来对企业产品或服务的购买决策意愿。通过对客户忠诚度的测量，企业可以预测客户想要购买的产品、购买产品的时间以及这些购买行为可以为企业带来的利润价值。表7-1从比较对象、表现形式、可观察程度和受竞争对手的影响程度四个方面对客户满意与客户忠诚进行了比较。

表7-1 客户满意与客户忠诚的比较

	客户满意	客户忠诚
比较对象	过去期望和现实效果感知	现实期望与长远利益
表现形式	心理感受	行为选择
可观察程度	内隐的	外显的
受竞争对手的影响程度	影响小	影响大

由表7-1可以发现，客户满意和客户忠诚两者存在较大的差别：

（1）比较对象上的差别。客户满意更多的是反映客户对企业的产品和服务在过去一段时间内的期望和感知的比较，只要客户对企业产品和服务的感知价值大于期望价值，客户就会满意。而客户忠诚更多的是强调企业产品和服务给其带来的长远利益，哪怕企业一时失误，也不会影响客户的忠诚度。

（2）表现形式上的差别。客户满意更多的是反映客户的心理感受，而客户忠诚更多的是反映客户的行为选择。客户的心理感受并不等于行为选择。例如，某一品牌的手机质量确实很好，但是客户并不一定选择购买该品牌的手机。

（3）可观察程度的差别。客户满意是内隐的，而客户忠诚则是外显的。例如，很多车主的加油会选择中国石化或中国石油，这是一种外显的、可观察的客户忠诚行为，但是他们内心对这两家公司是否满意却是很难观察到的。

（4）受竞争对手影响程度的差别。很多企业都可以提供让客户满意的产品和服务，如果对企业满意的客户偶尔选择另外一家企业的产品和服务并不会对该企业产生影响，因为对企业忠诚的客户在未来还是会选择购买该企业的产品。但是忠诚的客户一旦发生逆转，其对企业产生的负面影响是巨大的。例如，在功能机时代，摩托罗拉曾经嘲笑诺基亚"有钱没文化才用诺基亚"，忠诚的客户让诺基亚回敬道"有钱有文化也用诺基亚"；但是在智能手机时代，诺基亚的客户忠诚发生逆转，诺基亚也很难扭转它在智能手机时代的颓势了。

（二）客户满意和客户忠诚的联系

理论研究和企业实践表明，客户的满意度与忠诚度之间存在着正相关的关系：客户的忠诚度会随着客户满意度的提高而提高。

在一般情况下，对企业的产品或服务满意的客户一般是忠诚的。美国联邦快递的客户满意度调查显示：其客户满意度达94%，大部分客户会一直使用联邦快递。同理，对企业的产品或服务不满意的顾客一般是不忠诚的。例如，新西兰乳制品被检测出含有肉毒杆菌后，新西兰奶粉客户的忠诚度降低，大部分客户表示不会再购买新西兰的奶粉。

如果客户对企业的产品和服务不满意，且客户的忠诚度非常低，那么该类客户可能会变成令企业害怕的"恐怖分子"。当企业出现过错时，对企业不忠诚、不满意的客户就会抓住这个机会表达自己的不满情绪。请牢记：当前互联网传播速度前所未有，客户坏的情绪表达可能会给企业带来极大的负面影响，使企业的形象大打折扣。

由前文分析可知，客户忠诚有一种类型是垄断忠诚，可见行业的竞争格局会对客户满意和客户忠诚产生影响，下面我们从高度竞争和低度竞争两种行业竞争状态出发，对客户满意和客户忠诚之间的关系进行分析。

1. 高度竞争行业中的客户满意和客户忠诚

美国学者琼斯和赛斯对客户忠诚和客户满意之间的关系进行了研究，结果表明两者的关系受行业竞争状况影响。高度竞争行业中的产品或服务通常具有大众化、差异性低、品牌小、替代品多、转移成本低等特点。

在高度竞争行业中，客户满意和客户忠诚之间的关系如图7-1所示，其中客户忠诚是客户满意的函数：$L = f(s)$。虚线右下方表示高度竞争行业，曲线反映客户满意与客户忠诚之间的关系在高度竞争行业中的表现。虽然两者表现出正相关关系，即客户满意度越高，客户忠诚度就越高，但是在高度竞争行业中，当市场中有很多企业可提供替代产品和服务时，维持客户忠诚的难度是比较大的，客户满意度稍有下降，客户忠诚度就会大幅度下降。

在高度竞争行业中，客户满意与客户忠诚的关系主要通过两类客户人群反映：图利者和传道者，下面对这两类客户人群的客户满意和客户忠诚的关系进行介绍。

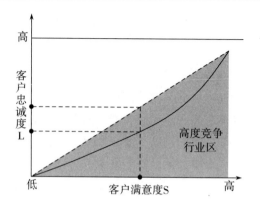

图7-1 高度竞争行业下的客户满意与客户忠诚

（1）图利者的客户满意和客户忠诚。

一般认为，客户满意在很大程度上影响着客户忠诚，但实际上它们之间并不像人们想象的那样存在必然的联系。由于客户的购买行为受时间、地域、购买力和习惯等因素影响，受限于这些条件有些对产品或服务满意的客户最终还是离开了，对产品或服务满意的客户并不一定都能转化为长期的忠诚客户。《哈佛商业评论》的调查显示：对产品满意的客户中，仍有65%~85%的客户会选择其他企业的替代品，也就是说对企业的产品或服务满意的客户对企业并不忠诚，图利者人群就是典型代表。如果客户只是对企业的产品或服务满意，对企业并不忠诚，那么这样的客户可能不仅对该企业的产品或服务满意，而且对该企业竞争对手的产品或服务也满意。

图利的客户对谁都不忠诚，他们只追求个人利益。这类客户对企业的失误也非常敏感，企业一旦出现过错就有可能降低客户的忠诚度，使客户转而购买其他企业的产品或服务。可见，企业要获得客户的忠诚，除了要让他们满意外，还需要辅以其他手段，如采用优于竞争对手的促销手段或低价策略、有效的常客奖励机制、关注客户对产品或服务的敏感状况等。

（2）传道者的客户满意和客户忠诚。

如果客户对企业的产品或服务不仅满意而且还表现出忠诚，那么这样的客户就被称为"传道士"，这正是企业渴求的客户。这样的客户不仅对企业表现出购买决策上的忠诚，还会向其他人推荐企业的产品或服务，"义务"为企业宣传，为企业带来口碑效应、形象效应等非货币价值，是对企业满意程度最高的客户。

传道型的客户对企业的过错会表现出极大的包容，当企业在产品或服务上出现疏漏时，只要其能够及时有效地解决和改进，他们仍会对企业保持高度的忠诚，甚至可能进一步提升对企业的忠诚。客户关系管理的目标就在于培育这类对企业的产品或服务高度满意、高度忠诚的客户。

2. 低度竞争行业中的客户满意和客户忠诚

　　低度竞争行业可以说是垄断企业或者说是竞争对手较少的行业，其客户满意与客户忠诚的关系与高度竞争行业相反，如图7-2所示。

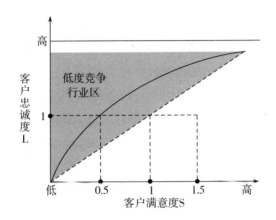

图7-2　低度竞争行业下的客户满意与客户忠诚

　　在图7-2中，阴影区域表示低度竞争行业区，在这个区域内，客户满意与客户忠诚的关系可用函数 $L = f(C, S)$ 表示。其中，L 为客户忠诚度，S 为客户满意度，C 为除了满意度 S 之外影响忠诚度的因素，如法律约束、技术约束、成本约束、地理约束等。

　　（1）法律约束。许多国家赋予了电网公司的垄断特权，即使电价升高，客户对它很不满，产生抱怨情绪和投诉行为，但是其仍然不得不"忠诚"地接受电网公司所提供的电力服务。

　　（2）技术约束。ComeScore 公司的调查显示：微软的 Windows 操作系统目前仍是全球使用率最高的操作系统，部分客户即使购买了苹果电脑，也会舍弃苹果自带的操作系统，重装一个 Windows 系统，这是因为 Windows 系统所产生的高额转换成本（兼容性、使用习惯）形成了强大的转换壁垒。

（3）成本约束。例如上述操作系统，消费者使用 Windows 操作系统的习惯就成为他更换或尝试其他操作系统的最大成本，因为这意味着时间的浪费和电子资料的不兼容等风险。

（4）地理约束。例如，啤酒在各地区的市场占有率不同，北京以消费燕京啤酒为主，而青岛啤酒则占据了大部分西北地区的市场。我国有国家电网和南方电网两个电网公司，它们在各自的地理区域为客户提供电力配送服务。

如图 7-2 所示，在低度竞争行业内，0.5 分的满意可以得到 1 分的忠诚。而在非低度竞争行业内，只有大于 1 分的满意才能得到 1 分的忠诚。可见在低度竞争行业内，大部分的客户是被迫忠诚的，因为他们可以选择的机会太少，即使对企业不满意也不得不继续使用该企业的产品或服务。这种忠诚是一种虚假的忠诚，这部分对企业不满意但忠诚的客户被称为囚禁者/人质。一旦这些对企业不满意但忠诚的客户有了更好的选择时，他们会很快"跳槽"，转向其他企业。因此，处于低竞争关系下的企业应该居安思危，努力培养不仅忠诚而且满意的客户。否则，一旦有竞争者进入市场，客户就有可能大量流失，企业就会陷入困境。例如诺基亚，曾经手机行业的龙头，在收购 Symbian 系统后占领了大半个手机用户市场，但随着 iOS 系统和 Android 系统的推出，诺基亚的市场份额大幅度下滑，即使后来其联合微软推出了 Windows Phone 智能手机，也无法挽回自己昔日的市场霸主地位。

扫一扫，看视频 ☞

第二节　客户忠诚的形成、表现和测量

客户的忠诚需要经历一个从低级向高级不断进化的过程，那么客户忠诚都有哪些进化阶段，每个阶段的忠诚表现是怎样的，以及如何测量客户的忠诚度？本节将对这些内容进行介绍。

一、客户忠诚的形成机理

基于客户生命周期理论，我们可以用客户忠诚的进化模型来描述客户忠诚的形成过程，该模型用基本信任、行为忠诚、精神忠诚、可持续忠诚表示客户忠诚发展的四个阶段，它们按一定的顺序出现在客户生命周期的不同阶段，忠诚度逐渐加强。

（一）基本信任阶段：考察期

在竞争性市场，一个客户选择某一企业是因为他感觉该企业会比其他企业更好地满足其对产品或服务的需求。这一阶段，客户会尝试性购买。如果该企业提供的价值不小于客户的期望水平，客户就会产生满意的感觉，这种满意会驱动客户重复购买，并且每一次都以前一次购买所产生的满意的感觉为动力，如果满意进一步被后续的重复购买证实的话，客户就会对企业形成初步的信任，使客户关系向形成期发展。客户基本信任的形成过程如图 7-3 所示。

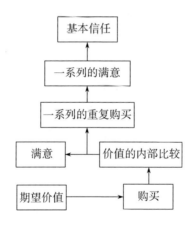

图 7-3　客户基本信任的形成过程

（二）行为忠诚阶段：形成期

从信任的企业重复购买产品或服务将给客户带来认知成本（即搜索和评估可替代企业的成本）、情感成本（即与风险和不确定性相关的主观成本）和运作成本（即与交易过程相关的成本）等交易成本的节约。

受成本节约的激励，客户在客户关系考察期建立起来的对企业的信任导致了客户在同一企业中的一系列的重复购买行为，并且形成"信任—重复购买—满意—信任"的良性循环，因此客户信任不断上升客户在做出重复购买决策时，几乎不考虑市场上其他企业提供的可替代产品，形成所谓的行为忠诚。行为忠诚的客户不仅具有更高的重复购买意向，而且由于交易成本降低会具有更高的价格忍耐力。

在客户关系形成期的后期，随着客户对可替代企业了解的增加和自身价值评估能力的提高，对价值的评估开始由内部比较向外部比较转变，即客户将在以前获得的价值与对市场上最好的可替代企业的期望价值相比较。如果比较的结果良性，并且客户产生一种强烈的情感依附，则客户关系进入稳定期前期，客户忠诚也由基本信任和行为忠诚进入精神忠诚阶段。客户行为忠诚的形成过程如图7-4、图7-5所示。

图7-4 客户行为忠诚的形成过程

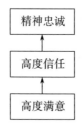

图7-5 客户精神忠诚的形成过程

（三）精神忠诚阶段：稳定期前期

客户关系进入稳定期，意味着客户认为企业提供的产品或服务比其他竞争对手有着更高的价值，客户对企业更加信任，产生强烈的情感依附，这导致精神忠诚。与行为忠诚的客户相比，精神忠诚的客户除了具有更高的重复购买意向、价格忍耐力、产生交叉购买意向之外，对企业的过错还有更高的忍受力，对竞争对手的诱惑具有更高的抵制力。客户对企业的高度信任，使他们坚信与企业保持长期关系带来的收益完全可以弥补短期的损失。客户精神忠诚的形成过程如图 7-5 所示。

（四）可持续忠诚：稳定期后期

精神忠诚不是客户忠诚的最高形式，可持续忠诚才是企业追求的客户忠诚的最高形态，但要让客户由精神忠诚发展到可持续忠诚必须满足客户对价值公平性的要求。

客户忠诚水平的提高建立在客户价值评估比较的基础上。但到目前为止，客户价值的评估一直是一元的，即客户评价自身获得的价值。随着对一元价值评估分析的不断深入和客户价值评估能力的提高，客户开始意识到价值的评估应该是二元的，即不仅应评估自身获得的价值，还应评估企业获得的价值，双方从客户关系中获得的价值必须对等，否则是不公平的。如果客户认为企业是公平的，则客户相信企业是值得信赖的，在环境发生变化时，企业不会牺牲客户利益来换取自身利益。

客户不仅对企业提供价值的能力坚信不疑，而且对企业的道德水平深信不疑。高水平的信任促进客户忠诚进入理想的可持续忠诚阶段，这种形式的忠诚与精神忠诚最大的不同是客户的互惠与合作态度，和由此态度产生的合作行为。如客户积极或自发地传递企业良好的口碑，为企业推荐新的客户，以及真诚地向公司提出一些建设性的意见等。

客户可持续忠诚的形成过程如图 7-6 所示。

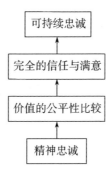

图 7-6　客户可持续忠诚的形成过程

二、客户忠诚各阶段的特征

客户忠诚进化模型揭示了客户忠诚的两大基本特征：一是在客户生命周期的不同阶段，客户忠诚的表现形式不同；二是在客户生命周期的不同阶段，客户忠诚的行为意向不同（见表7-2）。

表7-2　客户生命周期不同阶段的客户忠诚形式与行为意向

客户生命周期	考察期	形成期	稳定期
忠诚形式	满意、基本信任	行为忠诚	精神、可持续忠诚
重复购买意向	一般	较强	强
价格敏感度	大	一般	小
交叉购买意向	无	弱	强
客户推荐意向	无	无或弱	强

由表7-2可知，客户忠诚在考察期表现为满意、基本信任，形成期表现为行为忠诚，稳定期表现为精神忠诚和可持续忠诚。可持续忠诚是客户忠诚的最高形态，但它是在低级客户忠诚基础上逐渐发展起来的，是客户关系发展到高级阶段的产物，也是企业追求的客户忠诚的最高形态。处于客户关系稳定期的客户具有极高的忠诚度，此时企业在客户关系上投入的资源最小、获益巨大。相对来说，处于客户关系考察期的客户，大多仍处在对企业建立信任的阶段，企业对客户还需要持续进行价值让渡（或投资），努力提高其对企业的忠诚度。

三、客户忠诚的测量

客户忠诚是显性的，由客户的行为反映，所以可通过客户的行为表现进行客户忠诚度的测量。本部分不对具体的客户忠诚度测量量表进行介绍，而仅仅聚焦于构建测量量表时需要重点考虑的六个变量：重复购买次数、挑选时间的长短、对价格敏感程度、购买的费用支出、对产品质量事故的宽容度，以及对其他品牌的关注度。读者在设计客户忠诚测量表时需要结合企业产品和服务的特性，尽量包含这六个变量。

（一）重复购买次数

重复购买次数指在单位时间内，客户重复购买企业、品牌的产品或服务的次数，该指标可通过月销售量或季销售量来衡量。重复购买企业某产品的次数越多，说明客户对这一产品的忠诚度越高；反之忠诚度越低。不同产品要区别对待，因为不同产品的使用、消费频度不同。例如，冰箱与纸巾的用途、使用频率等都是不同的，所以它们的客户忠诚度不能通过重复购买次数直接进行比较。

（二）挑选时间的长短

客户购买企业的产品或服务都需要经过挑选的过程，由于信赖程度的差异，客户对不同产品的挑选时间是不同的。通常，客户挑选产品或服务的时间越短，表明他对企业的产品或服务的忠诚度越高；反之说明他对企业产品或服务的忠诚度越低。例如，很多中年男士都有自己偏好的衬衫品牌，他们在购买时几乎是瞬间锁定该品牌。

（三）对价格的敏感程度

价格是影响客户购买决策的一个非常重要的因素，但这并不意味着客户对价格变动的敏感程度都相同。研究表明，对于自身偏爱和信赖的企业的产品或服务，客户对其价格变动的承受能力较强（价格敏感度较低）；而对于自身不喜爱或不信赖的企业的产品或服务，客户对其价格变动的承受能力较弱，即价格敏感度较高。因此，可以依据客户对价格的敏感程度来衡量客户对某品牌的忠诚度：当客户表现出对企业的产品或服务较高的价格敏感度时，客户的忠诚度较低；反之，则较高。

（四）购买的费用支出

客户在某企业、某品牌的产品或服务上的支出占其总开销的比率被称为钱包份额。如果客户购买某企业、某品牌产品或服务的费用与购买同类产品支出的费用总额的比值越高，即钱包份额越大，说明客户对该企业、该品牌的忠诚度越高，反之则越低。例如，苹果客户的钱包份额就比较大，很多客户在购买 iPhone 手机之后会考虑购买 iPad、iWatch 等；华为的很多客户在购买了华为手机之后，也会选择购买华为手表。

（五）对企业质量事故的宽容度

任何服务或产品都有可能出现质量问题。如果客户对企业产品或服务的忠诚度较高，那么其对于企业出现的质量事故会持较为宽容的态度，愿意谅解或通过协商解决；反之则会产生强烈的不满，甚至通过法律途径进行索赔。因此，可将客户对企业质量事故的宽容度来作为衡量客户忠诚度的指标。例如，客户得知某一品牌的牛奶出现质量问题，在问题解决完毕后，客户仍一如既往地购买该品牌的牛奶，说明客户对该品牌的牛奶有了较高的客户忠诚。反之，如果客户再也不愿意去购买该品牌的牛奶，则他的忠诚度就较低。

（六）对其他品牌的关注度

在当今市场竞争激励的大环境下，各类产品的形式趋于多样化，可供消费者选择的同类产品非常多。一般来说，对某企业、某品牌忠诚的客户会自觉排斥其他企业的产品或服务。如果客户对提供相同产品或服务的竞争品牌有好感，说明客户的忠诚度较低；反之，则说明其购买意向相对稳定，忠诚度较高。

扫一扫，看视频 ☞

第三节　如何实现客户忠诚

企业要实现客户忠诚需要了解影响客户忠诚的因素：客户感知价值、客户满意、客户信任、客户情感以及客户转移成本，并探究这些因素是如何影响客户忠诚的，以及如何利用这些因素来实现客户忠诚。

一、客户忠诚的影响因素

影响客户忠诚主要有客户感知价值、客户满意、客户信任、客户情感，以及客户转移成本五大方面的因素，以下分别对这五个方面的因素进行介绍。

（一）客户感知价值

客户感知价值是客户从所购买的产品或服务中得到的利益与购买和使用产品或服务付出的总成本的比较，是对产品或服务效用的整体评价。感知价值是主观的、因人而异的，而且在不同的情景中，同一个人对同一种产品或服务也会有不同的感知价值。价值观、需求、偏好以及购买力等都会影响客户的感知价值。企业和客户之间的关系是一种各自追求利益满足的价值交换关系，客户之所以对企业表现出忠诚，主要原因是企业提供给客户优异的价值。因此，客户感知价值是客户忠诚最重要的影响因素，它既影响忠诚的情感态度，也影响客户的重复购买行为。

（二）客户满意

客户满意是指客户将对企业的产品或服务的可感知效果（或结果）与期望值相比较后，所形成的愉悦或失望的感觉状态。客户满意对忠诚（包括情感态度和重复购买行为）都会产生积极的影响。客户对企业的满意度提升，其再次购买该企业的产品或服务的意愿就会增加，对企业就更加忠诚。很多有关客户满意和忠诚关系的研究也都支持这样的观点：客户忠诚会随着客户满意的提高而提高。因此，客户满意是影响客户忠诚的重要因素。

（三）客户信任

客户信任是指客户对企业产品或服务的认同和信赖，它是客户满意不断强化的结果。与客户满意倾向于感性感觉不同，客户信任是客户在理性分析基础上的肯定、认同和信赖。由于客户的购买存在一定的风险，因此与企业交易过程中的安全感是客户与企业建立忠诚关系的主要动力。客户为了避免和减少购买过程中的风险，总是倾向于与自己信任的企业维护长期关系，而这种信任也促使了重复购买行为的实施，使客户对企业产生依赖感。

（四）客户情感

另外，客户购买行为的感情化倾向在不断加强，情感对客户忠诚的影响不容忽视。情感也是企业的资本之一，而且它是可以量化和衡量的。企业向客户提供的产品或服务，其竞争者同样也可以提供，但是竞争者难以攻破由情感深度交流建立的客户忠诚。当企业与客户之间的关系从单纯的买卖双方的交易关系升华到以情感为联系的合作伙伴时，客户即使受到其他企业的利益诱惑，也不会轻易背叛该企业。客户关系的本质是客户与企业之间建立情感联系，企业只有真正站在客户的角度，给客户关怀、与客户建立超越经济关系的情感关系，才能赢得客户的心，获得客户的忠诚。例如，铃木敏文从创建日本 7-Eleven 连锁便利商店集团开始就全力倡导"消费心理学"，精心锻造"读心术"，细心解读"购物欲"，竭力推广"差异化服务"，以求全方位、多层次、广角度满足消费者日益增长的个性化需求。正如铃木敏文一再宣称的那样："现在最需要的不是经济学，而是心理学！"

（五）客户转移成本

转换成本指的是客户从原来的企业转向到另一家企业时所付出的成本，既包括货币成本，也包括时间、精力和心理等方面的成本。如失去原有的累计积分打折优惠，面临不确定的风险，适应新环境、调整购物习惯的困难等，这些都属于转换成本。转换成本对客户忠诚的影响主要表现在客户的重复购买行为上。如果客户转换成本很高，那么即使他们对企业不是完全满意，他们也不会轻易背叛企业，客户的重复购买行为就会大大增加。

需要注意的是，如果客户对企业并不满意，只是迫于转换成本高而表现出较高频率的重复购买行为，那么这种客户关系并不牢固，其对企业并不是完全的忠诚。一旦竞争环境发生变化，企业的客户流失率就会突增。国外有些学者把这种忠诚也称为人质型忠诚。另外，客户忠诚也会反作用于转移成本，忠诚的客户在经济和情感各方面的转换成本均要高于一般的客户，也就是他们更难以被利诱。

二、实现客户忠诚的策略

如前所述，影响客户忠诚的因素主要有：客户感知价值、客户满意、客户信任、客户情感以及客户转移成本五个方面。我们将根据对这五个因素的分析，提出对应的客户忠诚维系策略。

（一）奖励客户的忠诚

许多企业都会采用奖励或让利措施进行促销活动，他们希望通过奖励，提高客户的感知价值，赢得客户忠诚。这种做法是正确的，任何企业都应尽力培育忠诚的顾客，以便提高竞争实力和经济收益。然而也有不少企业不仅误解而且经常错误地使用奖励措施，把奖励措施看作是短期的招揽客户的方法。这样虽然可刺激客户试用其产品和服务，但却无法增强客户的忠诚。奖励措施应该是企业增强客户忠诚整体战略的一个组成部分。

在中小型企业中，管理人员可以通过要求员工识别最能让企业盈利的顾客，为他们提供特殊的服务来维系客户忠诚。例如，开展一些促销活动，让客户可以最优惠的价格从企业买到某种商品，或为他们提供一些免费商品，以使客户获得更高的感知价值，让他们变成忠诚客户。但是，一些大型企业很难识别重要的客户。大企业的营销是基于品牌而非个人，销售人员和服务人员很难与客户建立个人关系，从而也就无法判断企业应奖励哪些顾客。大型企业可通过复杂的市场调研来识别目标市场，并采用数据库营销的方式来奖励重要的顾客。

不同企业的忠诚奖励方法

阅读小贴士

为实现客户忠诚，企业采用了不同的奖励方法来留住自己的老客户。

航空公司采取里程奖励制度来实现客户的忠诚。若客户乘坐飞机的里程达到一定数量，其就可以在下次购买机票时获得一定的优惠，或者可以通过累计的里程数来兑换免费的机票。

许多书店都采用 VIP 会员卡制度，通过累计购书的金额给会员提供不同的折扣，许多百货商场也采用这种方法维系客户。

通信网络运营商也采用一些优惠手段来维系客户，比如中国移动就有一项业务叫作"M 值兑换"，客户可以通过消费话费来积累 M 值，累积到一定数量后，就可以兑换相应数额的话费。

化妆品行业中的企业则会通过免费赠送小样和举办产品内购会来奖励客户忠诚。

（二）努力提升客户满意度

由客户忠诚和客户满意的关系可知：客户满意对于客户忠诚具有非常重要的作用，一个对企业的产品或服务不满意的客户，肯定不会对企业忠诚。因此，提高客户满意度对于提高客户忠诚度具有非常重要的作用。

随着客户关系的不断深入，客户的满意度和忠诚度逐渐提升，特别是在客户生命周期的形成期，客户满意度的提升会带来客户忠诚度的提升，企业需要牢牢抓住这个阶段，通过不断提高产品的性能和服务的质量来提高客户满意度，进而实现客户忠诚，吸引更多的客户成为企业忠诚的战略伙伴。企业需要认识到，实现客户的忠诚不可能一蹴而就，虽然满意的客户并不等于忠诚的客户，但是只有实现客户满意才有可能赢得客户忠诚。

宜家 IKEA 的客户满意之道

阅读小贴士

宜家在产品和服务上都很关注客户是否满意。

在产品设计上，宜家为了满足客户的需求不断创新，在设计上求新求异：宜家有一种"四季被"，属三被合一，一层是温凉舒适的夏季被，一层是有暖度的春秋被，把两层放在一起，那就是温暖的冬季被。宜家的产品非常丰富，一共有10000多种产品供客户选择，基本上，不同需求的顾客都可以在宜家买到满意的家居产品。

在服务上，宜家也努力提升自己的服务水平使客户更加满意，宜家的商店没有"销售人员"，只有"服务人员"。他们不会主动向顾客推销某件产品，同其他家具店的店员不同。如果你不懂怎样挑选，宜家会用漫画告诉你。

另外，宜家还鼓励客户体验。在宜家，所有能坐的商品，顾客都可以坐上去试试。宜家在沙发、餐椅的展示处还特意提示顾客："请坐上去！感觉一下它是多么的舒服！"它向你销售一种消费观念：体验过做出的决策才是最好的。

（三）增加客户对企业的信任

客户在与企业进行交易或深层次的合作中实际能获得的利益不仅仅取决于企业能够创造和提供价值的能力，还依赖于客户的配合和理解。因此，增强客户信任是客户价值创造与提升的一个有效途径。当客户对企业的满意度较高时，企业应持续不断地增强客户对企业的信任，努力寻找交易之外的关系，加强与客户的感情交流和感情投资，不断强化和巩固与客户的关系，这样才能获得客户对企业的永久忠诚。

1. 专业形象：让客户感觉你有安全感

企业可以通过树立一个专业的形象来增加客户的安全感，从而增强客户对企业的信任。专业形象可以通过精致美观的产品包装、简约而有品位的办公环境、行为举止谦和有礼的工作人员等一系列外在可见的方式来体现。虽然这些外在的因素并不等同于优质的产品和良好的服务，但却在很大程度上影响着客户对企业提供的产品或服务的水准的判断，毕竟谁也不会认为一个产品包装糟糕、写字楼肮脏零乱、工作人员粗鲁无礼的企业能提供高质量的产品和服务。在日本文化中，员工的形象不仅代表着企业的形象，更体现了对客户的尊重。因此几乎所有的日本白领都被要求在工作时间穿正装上班。这样的要求，使日企常常给人一种专业、严谨、值得信任的感觉。

2. 专业能力：让客户认可你是个行家

专业能力是客户对企业所能提供的产品或服务的价值的认知，这对于提供高技术含量、知识密集型产品的企业尤为重要。企业只有当展现了自己较高的专业能力，得到客户的认可，才能获得客户的信任。企业可以邀请专业人士为其产品代言，提供专业的售后服务来展现其专业能力。比如，很多牙膏生产商会邀请一些牙科医生来宣传产品，穿着白大褂的医生通俗易懂地讲解牙膏的功效，让人觉得放心，使客户更加认可该牙膏品牌。

3. 共通点：让客户与你共鸣

企业品牌文化传递出来的价值观如果能与客户产生共鸣，客户就自然而然会认同该企业的产品和服务，从而对企业产生很强的信赖。企业可以通过资助、慈善事业或进行品牌设计向客户传递自己的企业文化。2021年，农夫山泉推出全新包装"长白雪"。此款产品由东北虎、花栗鼠、中华秋沙鸭、松雀鹰四种动物以及白山美景组成了4个款式。可以说"长白雪"是其水源地的生态剪影，在自然与生命的交融中，既展现了自然之美，又彰显了品牌对设计的严苛与纯粹。农夫山泉选择在自己的瓶身上融入大自然的"资产"，用极致的创意与具有视觉冲击力度的内容吸引与感染客户，展现了品牌的人文情怀，让人过目不忘。

4. 利益：让客户感觉你很实在

满足客户的利益需求是建立信任最直接同时也是最难的方式，这要求企业具备三方面的能力：一是找到客户需要的利益（需求）；二是找到自己可以满足客户需求的方式；三是把这两者有效地连接起来。这需要企业具备"双赢"的思维方式，从客户的角度出发，为客户考虑，关心客户。企业应努力满足客户的长期需求，而非自己的短期目标，以实现客户的价值，而客户也会通过忠诚的购买行为给企业带来价值。娃哈哈八宝粥给客户最大的印象就是"实在"。自1992年推出以来，娃哈哈八宝粥对"坚持制作原料丰富、色泽鲜艳、味道香甜可口、老少皆宜、保存携带方便、价格公道合理"始终如一，因此也获得了"出门旅行必备食品"的美称。

5. 独特：让客户依赖你

如果客户认为企业所提供的产品或服务是独一无二的，那么其就会对企业产生很强的依赖。这种"独一无二"并不仅仅是指物质上的垄断或稀缺，更重要的是一种精神、心理上的独特感。企业可以通过产品创新、对客户进行细分而为客户提供个性化的产品，给客户提供"独一无二"的感受。例如，现在许多服装品牌都推出了个性化定制的服务，企业可以根据客户提出的要求，做出相应的设计，比如在衣服上印上客户的名字、由客户来设计衣服的图案和样式，通过这一系列彰显客户个性的定制服务，使客户获得一种独特的服务体验。

（四）增强客户对企业的情感

客户关系的本质是客户与企业之间建立情感联系，企业只有真正站在客户的角度，给客户关怀、与客户建立超越经济关系之上的情感关系，才能赢得客户的心，获得客户的忠诚。2002 年诺贝尔经济学奖获得者、心理学家卡尼曼的"前景理论"（Prospect Theory）指出：人是有限理性的，人在做决策时，并不是去计算一个物品的真正价值，而是用某种比较容易评价的线索来判断。关注客户的情绪、情感，正是在此理论下的企业战术。以下三个方面的策略虽可提升客户对企业的情感，但并不是全部，希望读者提出更多的策略。

1. 开展客户跟踪服务

在销售过程结束后及时向客户提供跟踪服务，以维系客户与企业之间的情感。企业需要让客户知道，企业提供给客户的服务并不是在买卖关系达成之后就停止了，而是一直持续的。跟踪服务可以帮助企业在客户的心目中留下深刻的印象，如在销售完成后向客户致电询问其对企业产品或服务的满意程度，在客户的纪念日给客户发送祝福短信或邮件，及时通知客户企业产品的折扣促销活动等。

2. 良好的客户沟通

沟通是彼此间传递情感的良好方式，企业可以通过与客户进行良好的沟通加强与客户的情感交流。一方面，企业需要站在客户的立场，充分考虑客户的利益，将客户看作是一个合作伙伴，这样才能获得成功的沟通。另一方面，不同的客户给会企业带来不同的价值，不同客户的需求也不一致，企业应该根据不同的客户实施不同的沟通策略，做到有的放矢。例如，欧米茄的销售人员根据经验将客人分为三类，针对不同类的客人，店员介绍的产品内容会略有不同。第一类为路过客人，这些客人一般是路过，他们没有明确的目的。第二类客人有比较明确的目标，他们是看到了欧米茄的广告或海报而对某种产品有兴趣，或者抱有购买意图，这时店员会专门对客人感兴趣的部分进行介绍和讲解。第三类客人是收藏家，这类客人一般是钟表"专家"，他们对钟表的了解甚至比销售人员还要多，为了更好地服务这类客人，销售人员会请经验更丰富的主管来应对。

3. 把客户的抱怨（投诉）变商机

客户向企业倾诉自己的不满，说明其在情感上对企业还不忍割舍，他们希望企业能弥补过失来修复客户与企业之间的关系。而大多不满的客户是不会有太多抱怨的，他们会无声地离开，并选择其他企业的产品或服务。从这个角度来说，及时高效地处理客户抱怨是维系甚至提升客户对企业的情感的一个机会。

阅读小贴士

几种处理客户投诉的方法

1. 让客户宣泄他们的情感，鼓励他们讲出不满。

2. 永远不要与客户争吵。

3. 永远不要对客户使用"你说的不是问题"等这类挑战性的语言。

4. 尽可能礼貌地与客户交换意见。

5. 为所出现的问题负责，不要找借口。即使是因为你的员工生病或是由于供应商的差错出现问题，那也与客户无关。

6. 立即采取补救措施。企业要及时解决问题，拖延只会使情况变得更糟。

7. 给一线员工足够的权力，使他们能够灵活地解决客户投诉的问题。

（五）提高客户转移成本

客户的转移成本不仅是经济上的，而且有时间、精力和情感上的，是构成企业竞争壁垒的重要因素。如果客户在更换企业或品牌时感受到转移成本太高，或客户原来所获得的利益会因为更换企业或品牌而损失，抑或将面临新的风险和负担，就可以增强客户的忠诚。企业可以通过为购买自己产品或服务的客户提供配套的软件方面的技术支持（提高客户的时间、精力成本），推出套装或成系列的产品（提高客户的经济成本），采取积分累计、会员卡等制度（提高客户的经济、时间、精力成本），给客户提供个性化的产品或服务（提高客户的情感成本）等方式来提高客户的转移成本。

阅读小贴士

中国移动的充送策略

中国移动作为中国规模最大的移动通信网络运营商，在维系客户忠诚方面有"独门秘招"。中国移动常常会推出"充50送150""充100送300"的充值优惠活动，来吸引客户进行消费。这种看似"亏本放血大甩卖"的优惠制度，却隐藏了很强的客户忠诚制约成本。

客户充值赠送的话费，移动公司以分月充值的形式进行兑现，大大拉长了客户与企业的契约时间。在返充话费的很长一段时间里，客户如果想要退出，就面临着高昂的转移成本，这些在将来才能返充的话费会因为自己的"叛变行为"而损失。考虑到这一成本，很多客户都会犹豫不决，继而放弃更换运营商的想法，对移动公司表现出一种行为忠诚。而当这一次返充话费的优惠活动结束之后，中国移动又会推出新一轮的优惠活动来吸引客户，从而形成一个循环往复的"无限忠诚"。

扫一扫，看视频 ☞

🏠 本章小结

首先，本章从客户忠诚的内涵入手，分别从客户忠诚的概念、分类、意义和测量四个维度展开对客户忠诚基本概念进行了阐述，目的是向读者展示在当今这个竞争激烈的社会下，客户忠诚对于一个企业的意义。其次，本章借助客户关系生命周期理论，详细介绍了各个阶段企业与客户之间的关系，从而可使读者更好地理解客户忠诚的形成机理。再次，本章对客户忠诚和客户满意之间的区别与联系进行了较为详尽的分析，为接下来提出客户忠诚策略打下了基础。最后，本章深入介绍了客户忠诚的影响因素，并依据每一种因素，分别提出了切实可行的客户忠诚维系策略。

📖 本章案例

乐购的"俱乐部卡"忠诚计划

一、乐购"俱乐部卡"的基本介绍

乐购超市实施的忠诚计划——"俱乐部卡",使其市场份额在 1995~2003 年从 16% 上升到了 27%。乐购的"俱乐部卡"被很多海外商业媒体评价为"最善于使用客户数据库的忠诚计划"和"最健康、最有价值的忠诚计划"。

乐购"俱乐部卡"的设计者之一,任职伦敦 Dunnhumby 市场咨询公司的克莱夫非常骄傲地说:"俱乐部卡的大部分会员都是在忠诚计划推出伊始就成为我们的忠诚客户,并且从一而终,他们已经和我们保持了 9 年的关系。"

二、实施策略

(一)"俱乐部卡"绝不是折扣卡

克莱夫介绍道:"设计之初,'俱乐部卡'计划就不仅将自己定位为简单的积分计划,而且是乐购的营销战略,是乐购整合营销策略的基础。"在设计"俱乐部卡"时,乐购的营销人员注意到,很多企业的积分计划章程非常烦琐,积分规则很复杂,消费者往往花费很长的时间也不明白具体的积分方法。还有很多企业推出的忠诚计划奖励非常不实惠,看上去奖金很高但却很难兑换。这些情况造成消费者根本不清楚自己的积分,也不热衷于累计和兑换,成为忠诚计划的"死用户"。

1. 消费代金券

乐购推出的"俱乐部卡"的积分规则十分简单,客户可以从他们在乐购消费的数额中得到 1% 的奖励,每隔一段时间,乐购就会将客户累积的奖金换成"消费代金券",邮寄到消费者家中。这种方便实惠的积分卡引起了很多家庭的兴趣,据乐购自己的统计,"俱乐部卡"推出的头 6 个月,在没有任何广告宣传的情况下,就取得了 17% 左右的"客户自发使用率"。

2. 顾客数据库

在 Sainsbury's、ASDA 等连锁超市也相继推出类似的累计积分计划之后,乐购并没有陷入和它们的价格战,加大客户返还奖励等误区中。乐购通过客户在付款时出示的"俱乐部卡",掌握了大量翔实的客户购买习惯数据,了解了每个客户每次采购的总量,主要偏爱哪类产品、产品使用的频率等。克莱夫说:"我敢

说，乐购拥有英国最好、最准确的消费者数据库，我们知道有多少英国家庭每个星期花 12 英镑买水果，知道哪个家庭喜欢香蕉，哪个家庭爱吃菠萝。"在英国，有 35% 的家庭加入了乐购"俱乐部卡"计划。据统计，有 400 万个家庭每隔三个月就会查看一次他们的"俱乐部卡"积分，然后冲到超市，像过圣诞节一样疯狂采购一番。

3. 利基俱乐部

通过软件分析，乐购将这些客户划分成了十多个不同的"利基俱乐部"，比如单身男人的"足球俱乐部"、年轻母亲的"妈妈俱乐部"等。"俱乐部卡"的营销人员为这十几个"分类俱乐部"制作了不同版本的"俱乐部卡杂志"，刊登最吸引他们的促销信息和其他一些他们所关注的话题。一些本地的乐购连锁店甚至还在当地为不同俱乐部的成员组织各种活动。目前，"利基俱乐部"已经成为一个个社区，大大提高了客户的情感转换成本（其中包括个人情感和品牌情感），成为乐购有效的竞争壁垒。

（二）有效的成本控制

乐购要维持一个拥有 1000 万会员的俱乐部，而且是以现金返还为主要奖励方法，并为不同"利基俱乐部"成员提供量身定做的促销活动，其中的日常管理和营销沟通非常繁杂。如果不进行有效的成本控制，乐购肯定会陷入自己设计的成本泥潭中。据乐购统计，"俱乐部卡"每年返还给客户的折扣大约为 15 亿英镑。乐购总结出了一整套成本控制的方法。

1. 直邮信函代替电视广告

首先，乐购几乎从来不使用电视等大众媒介来推广"俱乐部卡"。克莱夫解释说："乐购以前是电视媒体的主要广告商之一，但是后来我们通过调查发现，直接给客户寄信，信息到达率更高，更能引起消费者的注意。而且，很多消费者认为，定期收到一些大公司的沟通信件，让他们有社会地位被抬高了的感觉。在英国这个有限的市场里，乐购的市场目标不可能是赢得更多的消费者，而是怎样增加单个消费者的价值，所以直接和消费者建立联系，既便宜又有效。"

如果有的"利基俱乐部"要进行一次"获得新客户"的营销活动，他们往往会选择一两本这些细分市场客户经常阅读的杂志，然后花很低的广告费，在杂志中夹带"利基俱乐部"的促销信件。

2. 与供应商联手促销

为了更好地控制成本，乐购还经常和供应商联手促销，作为返还给消费者的奖励，把维系忠诚计划的成本转移到了供应商身上。由于乐购这种按照消费者购买习惯细分市场的"利基俱乐部"数据库，内容真实详细，促销非常具有针对性，因此供应商十分愿意参加这样的促销活动，提高品牌知名度，加强与消费者的联系。与沃尔玛强迫供应商降价促销相比，供应商基本上都是自愿与乐购联手，实现了共赢。

3. 业务延伸：联名卡

慢慢地，乐购不再满足于经营单纯的零售积分卡，而是把业务延伸到了金融服务领域，推出了"Clubcard Plus"联名卡。联名卡一般是非金融界的营利性公司与银行合作发行的信用卡，近年来被市场广泛接受，发展很快。较成功的先例有美国航空公司与花旗银行联名发行的 AAdvantage 卡、AT&T 和美国运通公司联合发行的 AT&T Universal Card 等。在管理方式上，联名双方（或多方）签有详细的利润分成协议，可以利用公司的品牌和忠诚客户基数，针对有一定特殊共性的消费群体设计品牌，是一种极好的市场细分手法。

乐购推出"Clubcard Plus"联名卡针对的是"俱乐部卡"会员中最忠诚、消费额度排名靠前的20%的中产阶级家庭。克莱夫说："在英国，消费者对于乐购的信任度大大超过了一般的金融服务公司。与乐购联名推出信用卡是理所当然的。"

现在，不仅"Clubcard Plus"联名卡在英国颇受欢迎，公司还在"俱乐部卡"的基础上推出了"乐购个人金融服务"和"乐购电信服务"等其他利润更高的衍生服务。服务推出不到一年，用户就已经超过了50万。正如乐购自己形容："我们不仅用'俱乐部卡'的积分来奖励消费者，还根据它的数据来决定企业的发展方向。"

三、总结

乐购采用的是与航空公司类似的"常旅客计划"，奖励经常到超市购物且达到一定消费额的消费者。在有选择的情况下，消费者倾向于选择自己持有"会员卡"的超市，以便获得各种奖励。这种积分计划在一定程度上可达到转换成本的效果，因为一旦消费者转换到另一家超市，以前的积分可能就被放弃或者被推迟兑现了，从而产生了转换成本。乐购超市正是因此类忠诚计划建立了企业的核心竞争力。

乐购赢得客户忠诚的主要原因在于：

- "俱乐部卡"积分简单，提供实在的优惠；
- 建立数据库对客户进行分类，掌握客户详细的购买习惯；
- 有效降低营销成本；
- 关注客户特别需求，如推出"瘦身购物车"等。

乐购赢得客户忠诚的"撒手锏"就是利用细分的消费者数据设立了乐购的"利基俱乐部"。在《乐购怎样赢得客户忠诚度？》一书中，"俱乐部卡"设计者介绍道："乐购将超市中客户经常购买的商品分为 50 个类别，每个类别和消费者的一种生活习惯和家庭特征相对应，如奶粉、尿片等类别代表年轻父母，水果、蔬菜类别代表健康的生活习惯。然后，通过收银员扫描每个客户购买的商品得到大量的统计数据。系统运行 6 个月后，乐购的数据库成功地细分出了 13 个'利基俱乐部'。"

乐购赢得客户忠诚度的另一个重要原因是关注客户的特别需求，不断推出新的优惠和服务。例如，乐购为女性购物者和对健康很在意的消费者，特别推出了"瘦身购物车"。这种推车装有设定阻力的装置，使用者可自主决定推车时的费力程度，阻力越大，消耗的卡路里就越多。推车购物过程中，客户的手臂、腿部和腹部肌肉都会得到锻炼，相当于进行一定时间的慢跑或游泳而得到的锻炼。手推车上还装有仪器，可测量使用者的脉搏、推车速度与时间，并显示出推车者消耗的热量。乐购发言人称，这种"瘦身购物车"的造价是普通推车的 7 倍，但受到了目标群体的热烈欢迎。

资料来源：乐购：善于使用客户数据库的忠诚计划［EB/OL］. 客户管理网，2012-04-27，http：//www.ccmclick com/content/49.html，经编者修改整理。

案例思考：

1. 乐购是如何实现客户忠诚的？
2. 乐购的"俱乐部卡"忠诚计划体现了哪些客户忠诚的理论？
3. 你如何看待乐购的"俱乐部卡"计划？
4. 任意选择一家国内的连锁零售企业，请分析它和乐购的区别？

第八章

客户的沟通

本章引言

　　良好的客户沟通本身就是一种极为有效的营销方式。越来越多的企业发现，有效的客户沟通，哪怕是客户的批评也可以让企业及时发现市场变化，改进管理方式和运营模式，甚至倒逼企业创新和发展。毫不夸张地说，客户沟通就是有这样神奇的魔力。当前社交媒体为企业提供了多种与客户沟通的途径，但是哪种客户沟通方式更加有效，企业应该采取哪种方式已经成为困扰企业的一大难题。本章将介绍客户沟通的作用、内容和策略，并从企业与客户双向互动的视角介绍企业与客户的沟通途径。

学习目标

- 了解客户沟通的定义、作用、内容和策略
- 掌握企业与客户、客户与企业的沟通途径

第一节　客户沟通的作用、内容与策略

管理学家巴纳德认为，管理者最基本的功能是发展与维系一个畅通的沟通管道。这种沟通既包括企业内部各部门、各层级间的有效沟通，也包括企业和客户之间的相互沟通。现实中，很多企业将大量精力放在了内部沟通上，忽视了对外与顾客的沟通，这可能会给企业带来大麻烦。企业与客户的沟通对企业的发展至关重要，本节将介绍客户沟通的作用，加深读者对客户沟通的认识，同时提出一些常见且实用的沟通策略。

一、客户沟通的作用

客户沟通指的是企业和客户之间通过语言和非语言方式传递并交流信息、观点的一种双向的互动过程，它包括企业与客户的沟通和客户与企业的沟通。企业和客户之间的关系本质上属于社会关系，社会关系的建立和维系离不开沟通。应该说，沟通是人类社会最核心的要素，它不分时空也不分行业。

社会中的很多问题和矛盾，从根源上来说都是缺少沟通或沟通方式不当引起的。客户沟通对企业发展非常重要，企业通过与客户沟通明确客户期望，使产品满足客户需求，当发现客户对产品或服务不满时，沟通是化解危机的工具，客户主动与企业沟通有助于企业发现和改进问题。

美国市场营销协会的研究发现：不满意的客户有三分之一是因为产品或服务本身有问题，其余三分之二的问题都出在企业与客户的沟通不良上。那企业和客户沟通为什么会出现问题呢？我们可以借鉴信息论中的信号传递模型对此进行分析，假设企业是信息的发送者、客户是信息的接收者，两者之间的信息传递和反馈流程可由图 8-1 来描述。

我们利用一个虚构的案例对图 8-1 进行解释，同时分析企业与客户沟通是如何出现问题的。

一家化工厂发生了严重的事故，含有苯及其他有毒物质的废水排入该城市的一条河流，这条河恰恰是该城市的主要水源。政府由于担心发生环境灾难决定停止供水四天，恐慌情绪在这座城市蔓延，人们疯狂地去超市抢购矿泉水，整个城市的瓶装水被抢购一空。此时，有人在微信群中传播了一瓶啤酒也可以缓解饮水

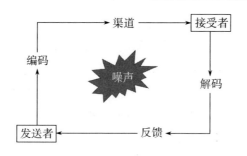

图8-1 客户与企业沟通的信号传递模型

困难的消息，导致大家开始疯狂抢购啤酒。一位抢购者告诉记者："其实停水四天自己也喝不了太多的啤酒，只是担心河水被污染之后，生产出来的啤酒也会受到污染。"该城市恰好是一个闻名的啤酒之城，A公司是该城市甚至是全国闻名的啤酒生产商，它的生产线距这条河大概只有200米。该消息被网络报道之后，社会上开始流传A公司啤酒生产水源被污染的言论，该公司新闻发言人紧急向媒体表示："啤酒生产用水来自地下深井，自来水是非生产用水，所以这次污染事件对他们没有影响。"但大多数老百姓既不知道该公司生产啤酒的水源，也分不清深井水和河水之间的差别，此时微信群中又出现了"A公司生产线被污染"的谣言，并且还有图片，导致群众由最初的顾虑变成了对A公司的不信任。糟糕的是，此时A公司的竞争对手开始利用此事件大举抢夺A公司的市场。原本A公司高层应该立刻出面澄清事实、积极与公众沟通，但是在上年该公司被美国酿酒巨头B公司收购了，B公司的公关制度极为严格，没有美国总部授权，A公司高层不得擅自对媒体发布消息。B公司总部位于美国，由于时差问题，B公司总部给A公司高管的新闻发布授权整整晚了三天才到达中国。这期间又有政府官员到访A公司、要求A公司做好安全生产，结果该信息又被群众解读为：A公司生产线确实被污染了。

我们从这个虚构的案例中可以看到企业与客户沟通过程中出现的诸多噪声。首先，河水污染是整个客户沟通的背景，在这种公共安全事故之下，民众极容易拥有恐慌情绪和信任危机。也就是说，企业所处的沟通大环境本身就会充满噪声、信息传播渠道本身就会受到各种噪声的影响，而啤酒抢购者的一个无意担心就又给渠道制造了一个噪声。其次，A公司的新闻发言人在澄清事实时用词简短、专业，他认为这能够很好地回应消费者的担忧，但老百姓不知道深井水到底有多深，也不了解深井水和河水之间到底有没有关联。这就是信号发送者的信息编码方式和接收者的解码方式存在偏差。再加上政府官员到访 A 公司，进一步加大了信息解码偏差。最后，信息反馈到企业这边是极为不利的结果。

上述虚构案例讲的是企业在遇到公关危机时与客户进行良好的沟通至关重要，但客户沟通绝不仅仅是化解企业危机的工具。良好的客户沟通能够让企业明确客户的期望，使产品更好地满足客户的需求、提升客户的满意度；客户也会主动与企业沟通，这是企业发现问题、改进管理的有效途径。

综合来看，客户沟通的作用主要有两个：一是实现客户满意，二是维护客户关系。

（一）客户沟通是实现客户满意的基础

实现客户满意就是要使客户得到的产品或服务与他们的需求或期望相符，而沟通是了解客户需求和期望最直接的途径。通过电话、信函等沟通方式，企业可以及时了解客户的实际需求和期望，在做出重要决策时，站在客户的角度，甚至比客户想得更周全，使生产的产品能满足大部分客户需求和小部分重点客户的需求，有时候甚至可以超出客户的期待。这样不仅可以使产品满足客户需求，更能让企业全心全意为客户服务的形象深深地烙在客户心里。

当企业因为过错导致客户不满时，有技巧的沟通不仅可以帮助企业获取客户的谅解，甚至可以重新让客户满意。企业需要认识到：大多数消费者是具备同理心的。如果企业在沟通过程中尊重客户，并真心实意解决客户的问题和麻烦，那么这个沟通过程本身就是一个改进企业管理流程、提升企业形象、实现客户满意的过程。

阅读小贴士

35 次紧急电话

一位叫吉泰丝的美国女记者在日本东京奥达克余百货公司购买了一台电唱机。但当吉泰丝回到住所开机试用时，却发现电唱机没有装内件，根本无法使用。于是她准备第二天一早去交涉，并赶写了一篇新闻稿《笑脸背后的真面目》发给供职的美国报社。次日清晨，奥达克余百货公司的副总经理和拎着大皮箱的职员出现了吉泰丝家门口。他俩一走进客厅就连连道歉，除了送来一台新的唱机，又加送唱片一张、蛋糕一盒和毛巾一条。

原来，吉泰丝走后，售货员在清理货物的时候发现，刚才错将一个空心唱机样品卖给了顾客，于是赶紧向公司汇报。警卫四处寻找那位顾客，但不见踪影。于是他们马上召集有关人员研究寻找的办法。当时他们只知道那位女顾客是一位美国记者，叫吉泰丝，还有她留下一张"美国快递公司"的名片。据此仅有的线索，奥达克余百货公司连夜开始了一连串近乎大海探针的寻找。

先是打电话向东京各大旅馆查询，毫无结果。后来，又向美国打紧急长途，向纽约的"美国快递公司"总部查询。美国方面也展开了"紧急调查"，接近凌晨奥达克余百货公司才接到美国方面的电话，在得知吉泰丝父母在美国家里的电话号码后，他们马上将国际长途打到吉泰丝的父母家，终于得知吉泰丝在东京的住址和电话号码。几个人整整忙了一夜，国际国内总共打了 35 个紧急电话。

吉泰丝深受感动，她果断地买了这台电唱机，并当面撕掉了批评稿。待他们走后，她马上重新写了一篇题为《35 次紧急电话》的特写稿。稿件见报后，反响强烈，奥达克余百货公司也为之而声名鹊起，门庭若市。

资料来源：田先 . 35 次紧急电话 ［J］. 现代阅读，2013（9）：78. 经编者修改整理。

（二）客户沟通是维护客户关系的基础

在维系企业与客户关系的过程中，企业常常扮演主动方的角色，他们积极寻求与客户沟通的途径，不惜付出较多的时间和金钱成本。很显然，企业的这些主动行为绝不仅仅是为了取悦客户，他们的根本目的是获得更丰厚的企业利润。企业主动与客户沟通可以使客户感受到企业的关怀，提升企业在客户心中的形象，增强客户对企业的好感度，从而留住客户；同时在沟通中企业可以评估客户对企业的忠诚度，判断是否有维系客户关系的必要。对于重要的、对企业较为忠诚的客户，企业可以通过针对性的措施稳固与这些客户的关系，促使这些客户重复购买企业的产品或服务，长远合作。

但是，万事过犹不及。正是因为企业与客户的沟通对企业发展十分重要，一些企业过分重视客户沟通，导致很多沟通多余且毫无意义，反而招致客户反感，是一种对企业资源和客户时间的浪费。

客户关系维系关乎企业和客户双方的利益，客户主动与企业沟通也同样重要。一些与企业长久合作的客户常常会阶段性地对企业提出改进建议，企业需要认真考虑客户意见，努力改进产品和服务让客户满意，从而形成稳定而友好的合作关系。例如，小米公司在成立之初就通过论坛社群与客户紧密讨论手机的设计和研发，在此过程中客户体会到了小米公司的尊重，于是更加积极地提出意见，这不仅帮助小米公司改善了产品，也间接培养了一大批忠诚客户。

当客户对企业的产品和服务不满时，企业需要提供便捷的沟通投诉途径，快速且高效地解决客户提出的问题，这样可以重塑企业在客户心中的形象。良好的解决方式甚至可以帮助企业重新收获客户满意，从而吸引、保留客户，形成稳固的客户关系。例如，招商银行的客服能够精准识别客户出现的问题，并将该问题推送给相关人员妥善解决，深受用户好评，稳固了客户关系。

二、客户沟通的内容

客户沟通的内容主要有五个方面：信息沟通、理念沟通、政策沟通、情感沟通和意见沟通。虽然每一种沟通的内容都不相同，但其基础都是尊重、真诚、共情和价值。

（一）信息沟通

信息沟通对企业而言，就是指企业把产品或服务的信息传递给客户，或客户将其需求或要求反映给企业的过程。信息沟通的形式可分为团体沟通和个体沟通两大类，图 8-2 给出了这两种沟通形式的内容和区别。其中，团体沟通形式有会议沟通和书面沟通（或 E-mail 沟通）等，个体沟通形式有当面沟通、电话沟通、书面沟通（或 E-mail 沟通）等。不同的信息沟通形式的时间成本、经济成本以及沟通效果不同。

在实际应用中，企业需要根据实际情况结合沟通形式的特点，选择合适的沟通方式达到预期的沟通效果。需要注意的是：当前移动信息技术快速发展，企业越来越倾向于采用快速的异步沟通方式（如电话和微信等）。但是如果客服人员没有经过良好的培训，这种快速的异步沟通方式也容易造成冲突和矛盾，因为文字、图片和语音传递的信息量要远远小于面对面的交流。因此笔者建议，当事件比较严肃或者严重时，企业应尽量采取登门与客户直接交流等面对面的沟通方式，同时做好沟通记录以便后续问题的解决。

团体沟通	个体沟通
会议沟通： 沟通的成本较高，时间一般比较长，因此常用于解决较重大、较复杂的问题	当面沟通： 自然、亲近，这种沟通方式往往能加深彼此之间的友谊、加速问题的解决
书面沟通(E-mail沟通)： 沟通比较经济，时间一般不长。这种沟通方式一般不受场地的限制	电话沟通： 经济、亲近感不足，在问题比较简单、无法或难以当面沟通时使用
	书面沟通(E-mail沟通)： 最经济

图 8-2　团体沟通和个体沟通

（二）理念沟通

子曰："道不同，不相为谋。"企业和客户的理念若截然不同，就会导致客户对企业的决策和行为不理解，而企业也会不认可客户的诸多要求，最后极有可能在双方的不认可、不理解中结束不愉快的合作关系，甚至产生剧烈冲突。因此，企业有必要通过合适的方式和客户进行思想沟通，把其经营和生产服务的宗旨、理念传达给客户。例如，比亚迪在宣传其生产的电动车时，重点说明了磷酸铁锂刀片电池的安全性（而不是能量密度比），突出了"汽车安全第一位"这个理念，如果客户注重汽车安全，那么其就接受磷酸铁锂电池的能量密度低于三元锂电池。

先进的经营理念可以使客户对企业产生好感，对企业起到宣传作用，提升企业形象。但是，企业秉持的经营理念不一定会被所有人认可，所以企业需要向公众传达自己的理念，去吸引认可或不排斥自己理念的客户（或潜在客户），通过多次沟通，逐渐与客户在理念上达成一致，使双方更深刻地了解、理解彼此。只有这样，企业在日后的经营行为才更易被客户认同和接受，提高生产效率，节约后期的沟通成本。

（三）政策沟通

政府调整宏观、行业政策对企业的生产经营活动往往会产生直接影响，这种影响最终会体现在产品的价格、供给和需求变化上。但是，大多数情况下，客户对这些直接关系企业经营的政策的敏感度较低，对于突发性的价格、产量变动容易产生误解。为了避免产生这种不必要的误解，企业应该把有关的政策、消费者关注的热点及时向客户公布、传达，必要时应向消费者做出解释，加强他们对政策条例的理解，进而调整对产品的需求量，这样既维护了双方利益，又保持了双方良好的合作关系。

例如，在国家政策的调整下，2021年汽车保险费用大幅度上涨，有的保险公司将政策变动前后的保费变化明细发送给了客户，并告知客户政策对哪几个项目的影响最大，尽管车主心有不满，但保险经纪人详细的解释也取得了客户的理解。又如，2021年铜矿原材料价格上涨幅度较大，部分空调企业上调了产品售价，但是销售员在销售产品时很好地解释了价格上涨的原因，也取得了客户的理解。

（四）情感沟通

企业主动采取相关措施，加强与客户的情感交流、建立友谊，可以加深客户对企业的感情依恋，提升客户的忠诚度。那么，如何做好与客户的情感交流呢？最重要的还是要打好"人情味"这张牌。请时刻牢记：征服客户的心才是最好的营销方式，与客户共情才是最好的沟通方式。

首先，要通过建立详细的客户档案来了解客户，客户档案不应只包括客户的企业情况，还应包括决策人、重要联络人、个人的兴趣和爱好、重要的纪念日等信息，这些都可以作为培养情感的参考材料。比如，在重要的节日送上小礼品或一声祝福，也会让人感动，增进两者之间的感情。

其次，工作中和工作外都要与客户联系，努力了解他们的需要，建立一种信任关系和亲密友谊。但需要注意：不要虚伪地共情，当客户发现企业共情并不是为了解决问题，而只是例行公事或者避免冲突，那么反而会增加企业和客户之间的矛盾和冲突。

（五）意见沟通

意见沟通主要指企业主动向客户征求意见，或者客户主动将对企业的意见

（包括抱怨和投诉）反馈给企业的行动。客户意见反映的是产品或服务的实际效用与客户期望之间的差距，它作为一种直接的市场反馈信息，常常可以成为企业提高质量、服务水平的依据，也是企业的创意来源。越来越多的企业意识到客户的意见对于企业的重要性，企业应该积极处理客户反馈的问题重新赢得客户满意，同时不断完善自己，适应市场的变化，从而提高企业竞争力，寻求企业发展，得到更多财富。

客户投诉倒逼小米的产品升级

阅读小贴士

　　小米公司生态链下的 1MORE 耳机遇到过一次投诉，一位消费者说自己将 1MORE 耳机放在洗衣机里洗完之后坏了，小米的客服听了之后哭笑不得：耳机放在洗衣机里洗过当然会坏掉啊！但这名消费者的意见提醒了 1MORE 公司的 CEO 谢冠宏。接下来，他不仅让品控团队在耳机测试中增加了洗衣机测试，还模拟用户的实际使用场景来"历练"耳机。比如：在耳机表面涂抹汗液、饮料、化妆品、洗涤用品等 60 多种生活液体，确保整机外观结构的耐腐蚀性和耐久度。在小米 1MORE 看来，这些来自用户、看似"魔鬼般"的细节，不仅可以提升耳机的品质、解决用户的难题，也有可能促发产品创新，发现新的商机！同样是面对客户的投诉，有的企业避恐不及，有的企业置若罔闻，有的企业却视若珍宝，将其视作产品升级的机会。

　　资料来源：1MORE 降噪豆体验：碳纤维跑车外观，小米生态链最强降噪耳机？［EB/OL］. https：//post. smzdm. com/p/ammk8p9v/. 经编者修改整理。

三、客户沟通的策略

　　在客户关系管理的过程中，企业要与不同类型的客户进行沟通。如何最大程度发挥客户沟通的作用？这就要求企业采用完善的客户沟通策略，不断提高与客户沟通的能力。

　　（一）对不同的客户实施不同的沟通策略

　　客户之间各有差异，只有选择与客户相匹配的沟通策略才可以加快沟通进程，达到良好的沟通效果。客户分类有多种不同的标准，最常见的有两种：

（1）根据客户给企业带来的价值进行"客户分级"，再针对客户的不同级别实施不同级别的沟通。例如，对重要客户，每个月打一次电话，每季度拜访一次；对主要客户，每季度打一次电话，每半年拜访一次；对普通客户，每半年打一次电话，每年拜访一次；对小客户，每年打一次电话。

（2）企业根据客户的个性化特征对客户进行分析、分类，针对客户的特征制定独特的沟通方案。企业可以利用客户数据库或联系卡提供的信息，研究分析每位客户的个性特点，对具有相似特征的客户进行归类，制定特有的沟通方案。

（二）站在客户的立场上与客户沟通

美国心理学家古德曾经提出，人际交往想要获得成功，就需要准确地把握他人的观点，也就是有的放矢。要想成功与客户沟通，我们就要关注客户立场，用同理心理解客户。客户最关心的是自己的切身利益，他们购买的不仅仅是产品或者服务，还包括企业对客户的关心以及客户对企业的信任。因此，企业在和客户沟通时，要时刻站在客户的立场上，维护客户的利益，关注客户在想什么、怎么想，从而找到客户的"要害点"，做到有的放矢，才能使沟通成功。

站在客户的立场思考问题

阅读小贴士

钢铁公司总经理乔治想为公司买一栋房子，于是咨询了房地产业知名人士莱特。说完大致需求后，乔治的目光透过窗户，看着外面说道："这样的景致很美，希望我新买的房子也可以看到，你能帮我吗？"

莱特随后花了大量的时间琢磨乔治的需求，他做过预算、画过图纸，但却一点头绪也没有。原本有很多可以考虑的房子乔治都不想要，而最佳的选择就是乔治现在的钢铁公司所在的那栋房子。

于是莱特找到乔治交谈，却遭到了乔治的强烈拒绝，乔治表示他不想买旧房子。在乔治说这些的时候，莱特只是安静地听着，并没有表示反对。他试图换位思考，发现乔治想要的房子，其实就是他那栋旧房子，只是乔治现在还不知道自己真正想要的是什么。了解这些以后，他开始向乔治提问："当初刚刚创业的时候，你的办公室在哪里呢？"乔治回答："这里。""你的公司在什么地方成立的呢？""也在这里。"之后，莱特什么都不说了，只是看着乔治。没多久，乔治突然笑着说:"这所房子才是我想要购买的。是的,它见证了我们的起步和发展,毕竟这是我们公司的发源地!还有什么地方比它更合适的呢?"说完这些,乔治在很短的时间内就完成了购买。

莱特并没有用华丽的辞藻。成功的奥妙在于莱特考虑了乔治的需求,站在客户的立场上分析了他想要什么样的房子,再运用适合的方法启发乔治,使乔治明白自己真正想要的。莱特的成功是依靠他设身处地地为乔治着想,站在顾客的角度看问题,使乔治明白什么是最适合乔治的,从而帮助乔治解决了心理矛盾,获得成功。

资料来源:刘思远.销售心理学:决定客户购买行为的8个关键[M].北京:化学工业出版社,2021.经编者修改整理。

(三)向客户表明诚意

我国自古以来就以诚信为本,讲究货真价实、重视信誉。儒家经典《中庸》载,"诚者,天之道也","不诚无物"。"诚"的意思是真心实意、真实不欺,向客户表明诚意就是要真心实意对待客户。《关键对话如何高效能沟通》一书中指出:"牢固、良好的人际关系促进坦诚地讨论高风险、情绪导向,又具有争议性的话题。"[①] 这表明,用诚意对待客户、不欺瞒有利于和客户建立稳定且亲密的合作关系。

与客户沟通时,企业要向客户表明自己的诚意(主要表现在对客户的态度上,如承诺的兑现),并且要以行动强化语言。企业只有表现出十足的诚意,并且做到"言行一致",才有可能得到客户的理解和回应,提高沟通的效果,达到沟通的目的。

扫一扫,看视频 ☞

---

① 科里·帕特森,约瑟夫·格雷尼,罗恩·麦克米兰,艾尔·史威茨勒.关键对话:如何高效能沟通[M].北京:机械工业出版社,2017.

第二节　企业与客户的六种沟通途径

企业与客户的沟通在企业发展的各个阶段都十分重要：当企业进入瓶颈期时，与客户沟通可找到客户新需求，以新需求为突破口改进产品、脱离困境；当客户对产品不满要求退货时，企业积极主动与客户沟通可以使客户重新满意；处于成长期的企业积极与目标客户沟通，可以帮助他们收获长久稳定的客户。总之，企业主动与客户沟通，可以让客户了解企业的理念与宗旨，吸引与企业理念相同或相近的客户，促进双方的相互了解，增进合作友谊。

本节将介绍六种常见的企业与客户沟通的途径。需要强调的是：客户沟通只是客户满意的充分条件，绝对不是必要条件；沟通只是形式，解决客户问题、有效回应客户需求才是客户关系管理的内核。

一、通过业务人员与客户沟通

业务人员可以直接服务于客户，当面向客户介绍企业及其产品或服务的信息，并对客户进行调查，了解客户的需求、期望、意见，及时答复和解决客户提出的问题。比如，汽车4S店的销售人员会专门询问客户需求，针对性地推荐车型，为客户分析汽车特点，解决客户疑惑，提高销售效率。

需要注意的是，由于业务人员与客户直接接触，长期沟通可建立个人之间的亲密友谊，进而保持长期的客户关系。为防止业务人员跳槽导致客户流失，管理者有必要对业务员进行专业的客户沟通培训，并具体规范其沟通方式，使其在确保企业利益的前提下维护好与客户的关系。

二、通过举办活动与客户沟通

活动可以营造轻松的氛围，有助于提高沟通效果。企业邀请目标客户参加活动，能够让客户感受到企业对他们的重视，更积极热情地与企业沟通交流。比如，企业可邀请客户参加客户座谈会，在座谈中全面收集客户意见，进而快速解决客户问题，有利于维护和发展客户关系。养乐多开放了其位于广州的专属工厂，吸引大批顾客前来参观，客户不仅能在这里了解养乐多的制造过程，还能收获关于肠道健康的科普小知识。在客户更了解养乐多的同时，养乐多也能更深入地同客户交谈，获得客户的意见与建议，可谓一举多得。

三、通过信函、电话、网络、电邮、社交 App 等与客户沟通

通过信函、电话向客户宣传、介绍企业的产品或服务，或者解答客户的疑问是最传统、实用的两种客户沟通方式。随着现代通信手段的发展，企业可以通过电子邮件、手机短信和传真等形式与客户沟通，更及时地向客户提供产品及服务的信息。在当今的大数据时代，个人信息泄露的风险增大，骚扰性的宣传电话、信函增多，尚未与企业接触的潜在客户非常反感此类营销电话，因此企业只能将这类沟通方式用于与重要客户的沟通，不适用于潜在客户。

需要注意的是，移动互联网的快速发展正在颠覆前述客户沟通方式。越来越多的企业发现，利用微信、微博等途径能够更好地向客户提供个性化服务、传达理念，意见收集和矛盾沟通也有了前所未有的变化。"All in 移动互联"成为很多企业转型的战略性决策。

但是移动互联技术也给许多企业带来了困扰。虽然移动互联技术让企业拥有更多的客户行为数据更好地进行客户关系管理，但许多管理者发现：员工正在变得"懒惰"，他们倾向于坐在电脑前与客户沟通，坐在办公室分析数据，与客户面对面的接触变得越来越少。数据分析并不能完全代替企业与客户的真实沟通，毕竟客户是鲜活的个体而非数据画像。此外，客户信息数据的获取成本并不低，微信群虽然让企业能够直接接触客户，但在全民微信时代，企业若要与客户有效沟通，需要安排专人 24 小时在线服务，沟通成本并不低廉。

四、通过广告与客户沟通

电视广告、广播广告、报纸广告、杂志广告、户外广告、车身广告、互联网广告和短视频广告等各式各样的广告在我们的生活中随处可见。它们独特、富有创意的形式和精心选定的地点，能够迅速地对目标客户、潜在客户和现实客户进行解释、说明提醒、宣传等，在客户心中留下深刻印象。广告无与伦比的宣传作用使它成为企业与客户沟通的重要途径。

但是，如今广告铺天盖地，通过广告与客户沟通的弊端也显现出来，如单向沟通、公众信任度低、容易引起客户反感等。这就要求企业在设计广告时减少功利色彩，把握客户特点，在符合客户特征的基础上，多做一些创意广告和公益广告，树立良好的企业形象，正向影响企业形象。

RIO 微醺"一个人的小酒"

阅读小贴士

在便捷又快速的都市生活里，或许每个人心里都有对另一种慢生活的想象：逃离城市，躲进森林的小木屋，每天起床都能够细细感受每一寸阳光和每一缕晨雾。RIO 微醺的广告片《走在雨中》复制了这种感觉，在一个风雨清凉的夏日，让人短暂离开城市的钢筋水泥，留住了这份对于大多数人来说不切实际的生活幻想。

在 RIO 微醺呈现的视角中，出租屋不再是冰冷的，回到家也不是只能感受寂寞孤独。影片侧重于表达随心所欲与自由自在的独居状态，将微醺的饮酒体验与生活的方方面面结合起来，替一批把独处当成享受的人表达了这份难以言说的欣喜。尽管生活还是要面对房租与工作的压力，但是从这些微小的事情中总能够收获满满元气，进入专属于自己的时刻，然后新的一天再去面对各种难题。不得不说，RIO 微醺的广告片描绘的一个人的状态真的很能吸引 90 后和 00 后的年轻人，很多年轻人看完此片后认为，喝 RIO 微醺不仅能够感受到这份美好，也能从中获得一些生活方式的启发：一个人，也可以很享受。

资料来源：编者根据互联网资料修改整理。

五、通过公共宣传及企业的自办宣传物与客户沟通

公共宣传是指借助第三方（多为新闻媒体或自媒体）将与企业有关的积极信息传递给受众，以达到塑造、提升企业正面形象目的的行为。公共宣传可以提高企业对客户的影响力，更易让客气信任。例如，2021 年河南遭遇历史罕见持续强降雨并引发洪灾，灾后，腾讯第一时间宣布旗下公益慈善基金会捐赠 1 亿元驰援河南，用于保障当地群众人身安全和紧急采购救灾物资。作为首个捐款的企业，腾讯赢得了巨大的声誉和好评，这也充分体现了腾讯的社会责任。

但需要注意的是，公共宣传是一把"双刃剑"，其除了上述给企业带来的好处，也可能给企业带来麻烦。例如，随着自媒体的发展，也催生了一些投机分子，他们专门收集企业前后不一致的宣传，给企业制造一些麻烦，从中牟利。

企业内部刊物也不失为一种有效的沟通方式，企业内部刊物通常会发布企业的政策以及企业经营战略的变化信息（包括新产品的开发信息、产品价格变动信息，新制定的对客户的奖励政策、返利及促销活动的开展信息），企业应及时将其内部刊物送到客户手中，引导其做出购买决策。宜家在这方面的做法值得借鉴，其坚持给客户免费邮寄产品画册，精美的画册经常提醒客户"美化生活"。

用漫画教客户选地毯

如果你不懂怎样挑选地毯，宜家会用漫画的形式告诉你："用这样简单的方式来挑选我们的地毯"：一是把地毯翻开来看它的背面；二是把地毯展开来看它的里面；三是把地毯折起来看它鼓起来的样子；四是把地毯卷起来看它团起来的样子。

家具店是家居产品与消费者直接见面的地方，是家具销售的第一阵地。宜家的理念是：每个顾客在做出购物决定之前，如果对所购物品的特性一无所知，那么他肯定就会感到手足无措。反之，他所掌握的商品信息越全面、越真实，他就越容易做出购买决定。

资料来源：宜家：一位借势营销高手的自我修养 ［EB/OL］. 澎湃新闻，https：// www. thepaper. cn/newsDetail-forward-13269303，2021-06-24. 经编者修改整理。

六、通过包装与客户沟通

企业给客户留下的第一印象往往来自企业的产品，而产品给客户留下的第一印象，不是来自产品的内在质量，而是来自外在包装。包装是企业与客户沟通的无声语言，好的包装可以引起客户的购买欲望。比如，2017 年下半年，小猪佩奇从孩子圈破壁走到成人世界，借由网络爆红。随后，这个可爱的动画形象出现在很多包装上，这种有趣且饱含流行元素的包装传达着"紧跟社会潮流"的理念，吸引了更多年轻人购买。

包装还可以传达企业对社会、对公众的态度。例如，越来越多的生产厂商采用无污染、能够生物分解或循环利用的包装材料，这就会给客户留下这家企业爱护环境、负有责任感的印象。星巴克在包装袋和咖啡托盘上就明确标识"环保材料制造",这不仅激发了客户的环保参与热情,也输出了企业的环保公益价值。

扫一扫,看视频 ☞

第三节　打造方便客户与企业的沟通渠道

　　美国消费者事务办公室调查显示:90%~98%对企业不满意的消费者从不抱怨,而是直接转向另一家,原因是怕麻烦,或者是因为商品价值太低而不愿意浪费时间和精力,抑或是因为不知道如何投诉。前两种情况产生的根源是客户的主动性不强,第三种情况产生的根源是企业提供的沟通、投诉方式存在缺陷,给客户带来不便。如果客户不将心中的不满说出来,企业就很难知道自己哪里存在问题,从而一错再错,引起更多客户的不满。因此,企业需要采用合适的方法鼓励不满意的客户与企业积极沟通,降低客户投诉的"门槛"、为客户提供通畅的沟通路径。本节将介绍企业打造的方便客户与其沟通的两种渠道,希望使读者能理解不同沟通渠道的特点,以此体会客户与企业沟通的作用。

一、向客户提供快速响应的沟通渠道

　　解决客户投诉的黄金法则是:快速响应客户投诉、正确高效解决客户问题、消除客户投诉带来的外部负面性影响。主动向客户提供指引明确的接触式沟通渠道是上述黄金法则的第一步。尽管当前企业可采用各种 IT 和通信技术向客户提供快速响应的沟通渠道,例如,线上语音呼叫和免费投诉热线电话,但从企业实践来看,向客户提供免费投诉热线电话仍然被视为最有效的沟通渠道。

　　免费投诉热线电话的第一个特点是响应实时。因为在现实投诉案例中,许多客户(尤其是年长、身体状况较差的客户)希望企业能够快速响应投诉并解决其问题但不要耗费太多精力。网上投诉存在响应实效性差的问题,文字沟通也可能会出现词不达意的情况。在大多数情况下,拨通电话、快速解决问题是大多数客户的第一选择。

免费投诉热线电话的第二个特点是免费。因为现实中总有一些客户会介意在投诉过程中产生通信费用。如果当客户遭受的损失并不巨大且情绪并不糟糕的时候，介意通信费用的心理会引发"自认倒霉"的心理，默默离开是他们的通常选择；但当客户情绪比较激动且糟糕的时候，哪怕是花费并不多的投入通信费用也会恶化其情绪，客户选择向周边朋友吐槽、撰写糟糕的使用体验或者在公共媒体上曝光，这对于企业来说，危机公关、企业声誉损失将远超赔偿。

免费投诉热线电话的第三个特点是人工服务。企业服务的客户大多数是人，从他们发起投诉的那一刻起，负面、糟糕和愤怒的情绪在其优先序列中可能比解决问题更加靠前，也就是说处理客户投诉时，企业客服不仅需要了解客户诉求和解决问题，而且还承担了缓解客户糟糕情绪的工作。训练有素的客服通常需要具备同理心，切忌采取按企业规章制度来办事的强硬作风，缓解甚至平息客户愤怒或激进的心理状态是处理投诉必须工作，否则愤怒的客户会通过录音等方式记录、放大甚至扭曲企业处理投诉的各种不妥善。

在现实中，企业开通投诉热线电话仍存在很多问题，其中最大的问题是企业将投诉热线电话等同于售后客服电话。现实中，客户投诉企业的事件并不会很多（除非遇到了非常严重的产品或服务质量问题），但开通免费投诉热线电话却需要企业额外投入人员和技术成本，这会增加企业的运营成本。因此不少企业将热线投诉放置于客户服务体系内，并采用智能客服电话或用户自助式电话服务方式接受客户的投诉，而这通常会碰到以下两个严重的问题：

（1）客户选择投诉的性质已经超过一般的售后服务，后者可能是由产品使用上的不明确或不当引发，而前者则可能由产品和服务上存在重大缺陷引发。客户拨通投诉热线电话那一刻，其情绪通常是负面并且已经开始恶化。智能客服系统其本质上是一个计算机流程软件，它需要客户精确化其投诉内容、需要层层选择客户投诉的问题类型，而这会进一步恶化客户情绪并在其心理投射一个负面感受——"企业对待其投诉冰冷且毫无诚意"。

（2）企业采用智能客服的出发点是解决客户的共性问题以及提供规范和标准的问题解决方案，但客户投诉的内容大多不在这些方案之中，企业需要提供个性化的解决方案。糟糕的是，现实中很多企业在设置智能客服系统时并没有为其配套一个危机解决通道，低层级的客服或管理人员可能没有权限去解决一些重大的客户投诉，这些人员所采用的"标准、规范"话术，可能不仅不能缓解客户负面情绪，反而会进一步激怒客户，引发其做出如媒体曝光、恶性维权等更加剧烈的投诉行为。

需要注意的是，免费热线电话能够解决客户投诉的范围仍然是有限的，大多针对的是非重要客户和非致命性投诉。如果客户是企业重要且不可失去的客户，或者是可能对企业声誉甚至经营产生致命性影响的投诉，除了向其提供专门的免费热线电话之外，还需要企业内更高级别的管理者与其对接，甚至需要提供额外的线下接触式服务。

智能电话客服系统的其他问题

阅读小贴士

2021 年江苏省消费者权益保护委员会发布了《数字化背景下客户服务便利度消费调查报告》，针对 48 个 App 平台企业开展了数字化背景下客户服务便利度消费调查。该调查采取线上问卷调查与体验式消费调查相结合的方式进行。其中线上问卷调查，共计 14136 人参与；体验式调查共获得有效样本 96 份。该调查显示：

（1）七成消费者表示遇到机器人客服"答非所问"。超过一半消费者遭遇客服难题。其中 71.2% 的消费者表示遇到机器人"答非所问"、不智能的问题；23.6% 的消费者表示无法找到人工客服或人工客服存在"踢皮球"等现象。

（2）八成在线人工客服隐藏深，"排长龙"、应答速度慢是常见问题。体验式调查显示，六成以上线上客服通道较为隐蔽，1 个平台无在线客服、29 个平台线上客服入口较为隐蔽。

（3）电话客服层层转接体验差。电话层层转接、人工客服呼入难问题突出。例如，15% 的平台电话人工客服"座席忙"、等待时间长；超五成平台电话热线不好找；多个客户服务通道间存在互相推诿现象。

资料来源：江苏省消费者权益保护委员会. 数字化背景下客户服务便利度消费调查报告[Z]. 2021-05-28. 经编者改编。

二、向客户提供非接触式沟通渠道

尽管大多数客户希望投诉能够得到企业 24 小时全天候快速响应，但这对于任何企业而言都意味着高昂的成本，甚至在很多情况下并不必要。因此，向客户提供电子邮件沟通、网络投诉留言板等非接触式、非及时响应式沟通渠道仍然有其可取之处。

首先，客户投诉占售后服务的比例并不高。本书对杭州某家化妆品生产企业调研发现：该企业发生的客户投诉事件仅占其售后服务的 0.65‰。为少数的客户投诉建立专门的 24 小时全天候服务热线既不经济也不必要。该企业的做法是：向客户提供线上人工客服来代替投诉热线，授予客服人员更多权限给予用户赔偿或退换货来解决客户的投诉问题。

其次，根据客户分级管理原则，并非所有客户投诉都需要快速响应。例如，对于客户数量庞大且单品价值较低的企业（如消费电子或食品类快销型企业），向客户提供网络留言板投诉就已足够，采用退款或换货就可以解决客户投诉问题；但需要注意的是，当某批次产品的投诉频次过高则需要引起管理层重视，很有可能是该批次产品出现了重大的质量缺陷问题，此时企业需要考虑的是通过产品召回或赔偿客户的方式来解决客户投诉。但是对于企业经营重要的客户（如VIP），除了向其提供电子邮件、微信通信等非接触沟通方式之外，还需要指派特定高级别管理者来响应 VIP 客户的任何投诉。

最后，部分客户会偏好非接触方式向企业投诉。并非所有客户需要宣泄情绪，他们会选择通过电子邮件或者网络留言板向企业投诉，这些客户也许更擅长通过文字、图片和视频来清楚表明他们的需求，也许这些客户更倾向于通过这种方式来收集他们与企业的沟通证据。编者对杭州某家危机公关企业进行了访谈调研，该企业负责人特别强调：企业需要特别认真对待使用文字、图片和视频进行投诉的客户，这类客户通常具备很强的逻辑能力和专业素养，建议企业高层对此类客户及时响应，甚至需要考虑通过线下接触去解决客户的投诉。

客户投诉的七个管理原则

阅读小贴士

高效处理客户投诉体现一个企业的销售服务和危机公关能力，是赢得或维持企业市场声誉的重要工作内容。以下七个原则能够提高企业客户投诉管理的水平。

（1）预防性原则。"没有投诉"是投诉管理的最佳方式。对此，企业可以通过组织各种形式的学习或活动来培养员工树立"以客户为关注焦点、充分满足客户需求"的意识，充分了解和识别客户明确或隐含的投诉需求，并针对性对投诉进行应急演练。

（2）鼓励性原则。应当在恰当的时机、以明确的方式告诉客户面临问题时能够向企业进行投诉。甚至可考虑对投诉客户进行适当的奖励，树立企业善于倾听和用心对待客户的形象。

（3）便利性原则。确保让客户指导如何投诉并提交所有的信息。例如，在营业网点、企业公众号、网站或App、宣传资料上公布投诉电话、邮件或专职受理人员。

（4）透明性原则。确保让客户知道其投诉处理的进展、处理结果，明确告知投诉处理过程中出现的问题和企业计划采用的处理方式。如有需要，企业则需采用电话、访问等方式专门解决客户的投诉问题。

（5）公平性原则。确保客户得到公平对待，无论是新老客户，还是重要或普通客户，无论采用何种途径投诉，他们投诉的处理方式和结果应该尽量公平。

（6）全员原则。企业高层应该认识到客户投诉是较高烈度的售后服务，处理不好会对企业声誉和生存产生负面影响。高层应制定投诉管理的方针和目标，通过企业内部沟通、交流和学习让全体员工认识到客户投诉处理的重要性，在明确客户投诉责任归属的前提下尽可能减少客户投诉的处理环节。

（7）授权原则。向一线客户投诉处理人员授权，在明确其责任的基础上，尽可能鼓励其解决客户投诉的范围，使其有足够的主动性去快速解决客户投诉问题。当一线客服无法解决客户投诉时必须明确告知其寻求帮助的部门和人员。

资料来源：编者根据互联网资料修改整理。

扫一扫，看视频☞

🏠 本章小结

首先，本章从整体上讲解了客户沟通的作用、内容，目的是让读者知道什么是客户沟通，客户沟通对管理者管理企业有何重要意义。在读者体会到客户沟通的重要性后，再给出客户沟通的基础性策略，这些策略具有通用性，适用于各行各业的沟通，目的是让读者初步体会客户沟通的技巧。其次，本章从企业与客户的沟通和客户与企业的沟通两个方面，详尽地介绍了这两种沟通的不同途径，并通过典型案例帮助读者理解，希望其在实践中灵活运用。本章的内容对学习下一章的知识有重要的铺垫作用，希望读者能够掌握好本章知识，在实践中自如地运用"客户的沟通"这一工具解决问题。

🏠 本章案例

与客户"谈心"

如何打动客户，如何与客户保持长期友好的关系，如何让客户钟情于你以及你的公司？这是众多销售新手最难把握但又在实际工作中必须面对的问题，也是令许多销售老手苦闷的问题，甚至是销售经理们培养团队时感到最困难的部分。因为，在销售中，你往往不能完全控制客户。来自客户的挑战确实会让人兴奋，同时也会让人感到困惑，仿佛一场棋局，销售人员同顾客在不断的移子换步中期望获得对自己最有利的结局。那么怎样让自己的"将"游刃有余呢？"下棋"的人除了要小心谨慎、步步为营，最重要的还是要"知己知彼，方能百战不殆！"

客户才是最终的购买者，所以每一次销售洽谈关注的应该是客户会采取什么样的行动，而不是销售人员会采取什么样的行动。企业应该从客户的角度考虑问题，读懂客户的需求心理，并与客户保持畅通无阻的业务关系。国际管理专家费迪南德·弗尼斯针对销售洽谈的全流程提出了24条原则，相信这些原则会帮助你提升销售能力和销售业绩。

一、销售洽谈前

提着厚厚一摞产品介绍，将其摆在顾客面前，可能得到的回应只是一句"哦，我可能不需要"，你该怎么办？掉头就走还是继续介绍。现在，聪明的你不要再斤斤计较这些产品资料了，而是应该"先判断达成销售的可能性；然后再计划下一次的联系，与顾客的订货周期吻合；最后充分利用这些接洽机会，与顾客建立友好关系"。

在销售洽谈前做好一切准备工作，将会使你接下来的销售洽谈事半功倍。这里有五个原则供你参考：

（1）着眼于成为专业人员；

（2）从销售情况和策略着手；

（3）明确客户不感兴趣的原因；

（4）关注最有潜力的客户；

（5）为以后的销售活动做铺垫。

二、销售洽谈中

顾客愿意就销售同你详谈了！先开好香槟吧，因为这意味着你的销售成绩又会上升了，当然前提是将下面 17 个方面做得尽善尽美。

（1）启发客户思考；

（2）主动发掘客户的需求；

（3）把益处传达给客户；

（4）建立友好关系；

（5）明确说明你想让客户怎么做；

（6）确信客户明白你说的一切；

（7）通过事实依据赢得客户信任；

（8）预先处理可能出现的问题；

（9）克服阻碍客户购买的障碍；

（10）面对否定评论依然努力；

（11）进行销售跟踪促进客户购买；

（12）帮助客户解决好待办事务的优先顺序问题；

（13）指导客户做出购买决定；

（14）直接或间接地与购买决策者沟通；

（15）帮助客户合理购物；

（16）销售前后都力求让客户满意；

（17）引导客户谈价钱。

顾客真正需要什么，可能连他自己都不一定知道，这就需要你一步一步引导他们讲出来，第 7 条原则就是这样告诉我们的，当你发现客户对现状失望时，机会就降临了。是的，事实就是这样，销售精英的过人之处就是创造机会并利用它们。上面这 17 条原则，招招都在教你如何主动把握先机。

三、销售洽谈后

已经谈妥价格签订和约啦！现在就喝香槟？不，还是先放下杯子吧。销售工作还没有结束，工作后的总结对于下一次销售的成功可是大有裨益的，虎头蛇尾可不行。你需要先仔细分析这次销售洽谈的过程，总结经验，"从而改进下次洽谈"，然后再看一遍销售专家的忠告，"它可以引导你做好销售准备分析——这些都是培养娴熟技艺和需要不断完善的主要内容"。这就是最后两个原则要告诉我们的：

（1）整合你的销售行为；

（2）销售专家的忠告。

总而言之，如果你希望对客户的购买行为产生较大的影响，就需要避免产生"他们对抗我"这样的抵触心态。你应该认识到，你和你的客户是站在一起的，你是在帮助他们进行购买！尤其是针对中国顾客，"以情动人"往往是非常有效的方式，但是这个"情"的前提一定是"心"的沟通，若非如此，恐怕只会是"矫情"，而让顾客反感！

案例思考：

1. 结合上述案例和本章所学知识，谈谈客户沟通的作用。

2. 根据上述案例中提出的 24 条客户沟通建议，请分析总结出客户沟通的策略。

3. 结合本章学习的企业与客户沟通的途径，选取一个你感兴趣的途径，试分析如何做到"用心沟通"？

第九章
客户投诉、流失与挽回

本章引言

"金无足赤，人无完人。"任何企业都会遭到客户投诉。面对客户的投诉，企业是置若罔闻，等待客户某一天的爆发，还是主动引导，让客户及时把不满"发泄"出来，并迅速解决客户投诉的问题呢？相信明智的企业都会选择后者，它们往往积极地面对投诉、解决投诉、利用投诉，变不利为有利，变被动为主动，把客户投诉变成企业发展的机会。那么，客户为什么要投诉？如何处理客户投诉？如何判断客户是否流失？面对客户流失，企业又该如何管理以挽回客户？本章将围绕上述问题，重点对客户投诉、客户流失和客户挽回进行阐述。

学习目标

- 理解客户投诉和客户流失的原因
- 掌握客户流失的识别方法
- 掌握客户投诉和客户流失的具体管理办法

第一节 处理客户投诉

客户投诉是企业不得不面对的问题，即使是最优质的生产流程也可能生产出不完美的产品，最完美的服务也难免有疏漏之处。但是客户投诉给企业带来的只有烦恼吗？其实不然。换个角度就会发现，投诉是客户对企业的产品或服务不满的正常反应，揭示了企业经营管理中存在的缺陷，这些对缺陷的不满为企业及时了解和改进产品或服务提供了宝贵的线索。本节从客户投诉的原因和处理客户投诉的重要性出发，介绍如何处理客户投诉。

一、客户投诉的原因和处理客户投诉的重要性

客户投诉可以理解为：客户通常对所购商品和服务抱有良好的愿望和期待，当这些愿望和期待得不到满足时就会失去心理平衡，由此产生抱怨和想"讨个说法"的行为。从实践来看，客户投诉产生的原因主要有以下三个方面。

（1）产品质量问题。这是导致客户投诉最主要和最普遍的原因。产品质量特性依产品的特点而异，表现的参数和指标也多种多样，反映客户使用需要的质量特性归纳起来一般有六个方面，即性能、寿命（耐用性）、可靠性与维修性、安全性、适应性、经济性。当产品质量与客户期望不符时，非常容易导致客户投诉。

（2）服务态度或服务方式的问题，包括：措辞不当，引起客户误解；对客户冷漠、粗鲁、不礼貌，或者不屑；对客户的提问和要求不予理睬或缺乏耐心；服务僵化、被动，没有迅速、准确处理客户的问题等。

（3）上当受骗。不少企业为吸引客户，在广告中过分夸大产品的功能或性能，造成客户上当、预期落空；也有一些企业对客户做了某种承诺而没有兑现，被用户视为欺骗行为。

根据冰山理论发现，真正投诉企业的客户只是"冰山"的一角，而准备投诉和未投诉的客户才是"冰山"的主体，潜伏在"水底"的是大量不满的客户，只有在矛盾激化的时候，不满的客户才会上升，浮出水面，变成准备投诉的客户。这就是著名的客户投诉冰山现象，如图9-1所示。冰山模型是一种发现问题、定位问题、划分等级和解决问题的心理学模型，该模型是美国著名心理学家

麦克利兰于 1973 年提出。所谓的冰山模型，就是将事务的不同表现形式划分为表面的"冰山以上部分"和深藏的"冰山以下部分"。"冰山以上部分"是容易了解的部分，"冰山以下部分"是内在的、难以测量且不易表现出来的部分。所以，当管理层为"我们的客户投诉比例仅有 0.01%"这个统计数据感到骄傲的时候，也许危险正在慢慢逼近。

图 9-1 客户投诉冰山现象

资料来源：刘梦玲，陈佶．基于冰山模型的家宽业务满意度服务体系研究 [J]．长江信息通讯，2021（10）：212-214.

企业需要理性看待客户的投诉。珍惜以投诉这种方式关心（而不是故意捣乱）企业的人，他们就像是啄木鸟在免费给企业的产品、管理做诊断。将投诉客户的不满作为企业改进工作的突破口、用心解决好他们的问题，这不仅能够使企业留住客户、发展新客户，而且还能够进一步增强企业的危机应对能力、市场竞争力和生命力。以下三个视角可能给企业带来新的思维。

视角一：投诉的客户是忠实的客户。

美国 TRAP 公司研究表明：不投诉的客户只有 9% 会再上门，投诉的客户有 15% 会再上门，投诉得到解决的客户则有 54% 会再上门，如果投诉得以迅速解决，则有 82% 的客户会再上门。[①]

当投诉被快速解决之后客户还继续保持高回购率，就说明客户并不是恶意针对企业，而是他们对企业的产品和服务还怀有期待，只是通过投诉这种方式将不满告诉企业、寻求企业改变。可以说，那些肯投诉的客户才是企业的忠实客户。

---

① 资料来源：邵兵家．客户关系管理（第二版）[M]．北京：清华大学出版社，2010.

视角二：客户投诉可以带来宝贵的信息。

企业往往是在多次评估、测试后才推出产品或服务，它们对自己的产品或服务的认可度极高，然而这种普遍存在的自信会让企业陷入认知的盲区，因为企业不是客户，企业不可能完全了解客户的需求。客户以投诉的方式把产品和服务的不足反馈给企业，相当于给企业的研发、设计、生产、服务和管理流程做了一次体检。如果企业能够及时、认真对待客户投诉的问题，不断做出完善，就可以避免未来可能遭受的一部分损失。

客户投诉还蕴藏着巨大的商机，因为它可以帮助企业产生开发新产品、新服务的灵感。许多知名的大企业在开发产品方面都得益于顾客的抱怨，如美国宝洁公司，通过"客户免费服务电话"倾听客户的意见，并且对其进行整理与分析研究，保洁公司许多改进产品的设想，正是来源于客户的投诉和意见。又如海尔有可以洗地瓜的洗衣机，正是在客户提出"洗衣机无法洗地瓜"这一无理要求下开发出来的新产品。

客户投诉可能还包含着竞争对手的一些信息。客户在投诉和抱怨的过程中，会与竞争对手产品进行比较，因此，可以使企业更好地了解竞争对手相同或相类似产品的性能、售后服务以及品牌价值等重要信息。

视角三：妥善处理投诉能提高客户满意度。

在市场中，信誉是企业的生命。如果说产品和服务是企业在市场上的声音，那么客户的口碑就是扩音器。如果企业对客户的投诉处理不当，不仅会流失投诉客户，投诉客户还可能将不满广为传播，引发其他客户的流失，使企业吸引新客户的难度加大，即便大力进行广告宣传，也不会给企业带来更多客户，现有客户也不会持久购买企业的产品和服务。

客户常常依靠企业处理投诉的态度和成效评判一家企业的优劣，如果企业处理客户投诉的问题的结果令客户满意，他们会对企业留下好印象。根据 IBM 公司的经验，若企业能迅速而又圆满地解决产品售后问题，客户的满意程度将比没发生问题时更高，它能够使企业的"回头客"不断增加、市场不断扩大。马利安·雷斯浮森提出了这样一个等式：

更好的投诉处理＝更高的客户满意度＝更高的品牌忠诚度＝更好的企业业绩

如果企业想要与客户建立长期的相互信任的伙伴关系，请记住美国著名推销员乔·吉拉德总结出的"250 定律"：每一位顾客身后大约有 250 名亲朋好友，如果你赢得了一位顾客的好感，就意味着赢得了 250 个人的好感；如果你得罪了一名顾客，也就意味着得罪了 250 名顾客。正如"好事不出门，坏事传千里"，虽然很多对企业不满的客户没有投诉企业，但也可能会让企业丢失更多的潜在客户。

总之，企业在妥善处理客户投诉，把处理客户投诉看作是弥补产品或服务缺陷及挽回不满意客户，让客户重新信赖企业的机会，促使自身进步和改善客户关系。

二、处理客户投诉和提高处理的质量

客户投诉处理的第一步是向客户提供一个完善的投诉系统，然后才能受理客户投诉事项，当然这需要企业进行配套的客户投诉制度的建设，以确保妥善处理客户投诉。

（一）建立相对完善的客户投诉系统

一套相对完善的客户投诉系统，能够让客户和企业之间充分沟通。目前，很多软件公司都开发了流程相对完备的客户投诉系统，能够帮助企业客服人员记录和收集每一位客户投诉的内容、处理投诉的过程及结果、客户是否满意等信息。同时，客户投诉系统还具备一些基础的分析和统计功能，能够向企业客服人员提供一些基础的可视化报表，方便企业整理和分析客户投诉的重点和难点。

企业管理者需要认识到，企业自身的客户投诉管理制度才是处理客户投诉的关键。绝对不能抱有"只要建立了客户投诉系统就拥有了客户投诉处理的能力"的幻想，企业对客户投诉和客户服务的重视程度是客户投诉管理的内核。

一些企业虽然拥有客户投诉系统但却没有很好的管理制度做配合，其原因：一是客服部门不直接为企业贡献利润，二是客户投诉的频次并不高。这导致企业客服部门的组织层级相对较低，组织重视程度普遍不够，组织权限较低。

理论上，客户服务部门是处理客户投诉的第一负责人，但实际上却更多扮演了记录者角色。组织层级较低使客户服务部门很难协调生产、营销等部门联合解决客户投诉的问题，导致客户投诉处理效能较低。这需要企业高层出台相关制度，赋予客服部门更多的协调权限。

万科：多渠道关注客户问题

为解决客户服务问题，万科专门设立了一个职能部门——万科客户关系中心。客户关系中心的职责除了处理客户投诉外，还负责客户满意度调查、员工满意度调查、各种风险评估、客户回访、投诉信息收集和处理等工作。我们来看看万科如何在制度上对该部门进行定位和赋权。

（1）协调处理客户投诉：各地客户关系中心得到公司的充分授权，遵循集团投诉处理原则，负责与客户交流，并对相关结果负责。

（2）监控管理投诉论坛："投诉万科"论坛由集团客户关系中心统一实施监控。对于业主和准业主们在论坛上的投诉，相关部门必须在 24 小时内给予答复。

（3）组织客户满意度调查：由万科聘请第三方公司进行，旨在通过全方位地了解客户对万科产品、服务的评价和需求，为客户提供更符合其生活需求的产品和服务。

（4）解答客户咨询的问题：客户咨询的有关万科产品和服务的所有问题，集团客户关系中心都可以代为解答或为客户指引便捷的沟通渠道。

资料来源：万科的客户关系管理 ［EB/OL］. 搜狐门户，2020-06-27，https：//www. sohu. com/a/402447279-821072.

（二）妥善处理客户投诉

客服部门的一个重要任务就是妥善处理客户投诉，以下几点可以提升企业处理客户投诉的效能和效果。

1. 让客户发泄

客户是企业的利润来源，也是能够决定企业成败的群体。因此，企业不能把客户当作争辩或斗智的对象。心理学者认为，人在愤怒时最需要的是情绪的宣泄，只要将心中的怨气发泄出来，情绪便会平静下来。所以，企业要让投诉的客户充分发泄心中的不满乃至愤怒。在客户发泄时，企业相关部门要做好以下两方面：

（1）聆听。认真聆听，不无礼、不轻易打断客户说话，不伤害客户的自尊心，鼓励他说出心里话，协助客户表达清楚。

（2）共情。客户投诉时，最希望自己能得到尊重和理解，企业要积极地回应客户，如果企业没有反应，客户就会觉得自己没有被关注，很可能会被激怒。影响投诉问题的解决可能会是多方面的，即使因为政策或其他方面的原因，问题根本无法解决，但只要企业在与客户沟通的过程中始终抱着积极、诚恳的态度，也会使客户的不满情绪降低很多。

2. 记录投诉要点，判断投诉是否成立

企业需要记录的有：投诉人、投诉时间、投诉对象、投诉内容、客户购买产品的时间、客户的使用方法、投诉要求、客户希望以何种方式解决问题，客户的联系方式等。企业在记录信息的同时，要判断投诉是否成立，投诉的理由是否充分，投诉的要求是否合理。如果投诉不能成立，要用婉转的方式向客户耐心解释、消除误会。如果投诉成立，企业的确有责任，就应当立刻感谢客户并向客户道歉，要让客户感到他和他的投诉是受欢迎的、他的意见很宝贵。客户受到鼓励，往往还会提出更多的意见和建议，从而给企业带来更多有益的信息。

3. 提出并实施可以令客户接受的解决方案

道歉之后，企业就要着手为客户解决问题，站在客户的立场上寻找解决问题的方案并迅速采取行动。

首先，要马上纠正引起客户投诉的错误。反应快，表示企业在严肃、认真地处理这件事，拖延时间只会使客户感到自己没有被重视，会使客户的投诉变得越来越强烈。

其次，根据实际情况，参照客户的处理要求，提出解决问题的具体方案，如退货、换货、维修、赔偿等。提出解决方案时，要注意用建议的口吻，然后向客户说明它的好处。如果客户对解决方案不满意，可以询问客户的意见协商解决。

最后，抓紧实施客户认可的解决方案。

4. 跟踪服务

对投诉处理后的情况进行追踪，可以通过打电话或写信，甚至登门拜访的方式了解事情的处理结果是否如客户所愿，如果客户仍然不满意，就要对处理方案进行修正，重新提出令客户可以接受的方案。跟踪服务体现了企业的诚意，会让客户感觉企业很重视他提出的问题，是真心实意地帮他解决问题，这样可以打动客户，从而提高客户忠诚度。

提升客户投诉处理效能的三大注意事项

阅读小贴士

一、正确处理三种特殊客户的投诉

对于不同的客户，企业应采取不同的方式，尤其是针对以下三种特殊客户，企业应慎重地处理他们的投诉，以免投诉升级。

（1）感情用事者。碰到这样的客户，务必保持冷静、镇定，让其发泄怒气，仔细聆听，并表示理解，尽心安抚，语气谦和但有原则。

（2）固执己见者。碰到这样的客户，先表示对客户的理解，然后力劝客户站在互相理解的角度看问题，并耐心劝说和解释所提供的处理方案。

（3）有备而来者。碰到这样的客户，要谨言慎行，要充满自信，明确表示解决问题的诚意。

二、处理客户投诉常见的错误行为

若处理客户投诉的方式不对，会激化矛盾，甚至导致投诉升级。以下列举了一些常见的处理客户投诉的错误行为，在实践中要注意规避：

（1）在澄清事实以前就承认错误，一味地道歉或批评自己的同事。

（2）与客户争辩、争吵，不承认错误，只强调自己正确的方面，言辞激烈，带攻击性。

（3）教育、批评、讽刺怀疑客户，或者直接拒绝客户，否认出现问题的可能性。

（4）表示或暗示客户不重要，为解决问题设置障碍、责难客户，期待客户打退堂鼓。

（5）问一些没有意义的问题，以期找到客户的错误，避重就轻，假装关心，实际却无视客户的关键需求。

（6）言行不一，缺乏诚意，拖延或隐瞒。

三、培训一线员工处理客户投诉的技能

一线员工往往是客户投诉的直接受理者，然而目前许多企业并不注重培养一线员工处理客户投诉的技能，员工处理客户投诉凭的是经验，缺乏相应的技巧。企业应当向一线员工传授处理客户投诉的技巧，使一线员工成为处理客户投诉的重要力量。此外，领导者要适度放权，给予一线员工一定的权力，使他

们在处理客户投诉时有一定的自主权，以便对客户提出的意见和建议做出迅速的反应。

扫一扫，看视频 ☞

第二节　客户流失

管理学大师彼得·德鲁克认为是客户定义了企业，而非企业定义客户。客户是企业最重要的资产形式，提高客户留存率和降低客户流失率是企业最重要的目标。客户流失管理的核心在于客户流失信号的识别和预警，其次才是采取积极的措施防止其发生。本节将介绍客户流失的原因、类型，以及预测和识别客户流失的方法。

一、客户流失的原因和类型

丹尼尔·查密考尔（Daniel Charmichael）曾经用漏桶来形象地比喻企业的忽略客户行为。查密考尔在教授市场营销时，曾在黑板上画了一只桶，然后在桶上画了许多洞，并给这些洞标上名字：粗鲁、没有存货、劣质服务、未经训练的员工、质量低劣、选择性差、缺乏对客户的尊重等。他把洞中流出的水比作客户。这位教授指出，公司为了保住原有的营业额，一方面必须从桶顶不断注入新客户来补充流失的客户；另一方面必须尽量去堵住那些洞或者是让那些洞变小。这是一个昂贵、没有尽头的过程，需要注入多少水就取决于流出多少水（见图9-2）。

"漏桶理论"形象展示了客户流失的原因：桶代表企业的产品和服务，桶上的洞是企业在营销过程中存在的差错和缺陷，比如产品质量差、服务态度粗鲁无礼、技术水平低、反应性差等。从桶里流出来的水是曾经购买企业产品或服务的客户（即老客户）。企业为了保有桶里的水量（即营业额），必须从桶顶注入新水（即新客户）来补充。木桶理论引出了客户关系管理策略的一个观点：维持

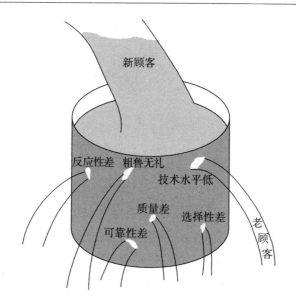

图9-2 关系营销"漏桶理论"

资料来源：赵炜，井泉．从漏桶理论谈维持顾客的市场营销战略［J］．现代商业银行导刊，2006（6）：38-40.

现有客户、防止客户流失，而不是一味地争取新客户。这不仅仅是因为争取新客户的成本要明显高于保持老客户，更是因为客户流失会给企业带来更高昂的成本（如下阅读小贴士）。

客户投诉的七个管理原则

阅读小贴士

1. 发展一位新客户的成本是保持一个老客户的5~10倍。

2. 向新客户推销产品的成功率是15%，而向现有客户推销产品的成功率是50%。

3. 向新客户进行推销的花费是向现有客户推销花费的6倍。

4. 如果企业对服务过失给予快速关注，70%对服务不满的客户还会继续与其进行商业合作。

5. 60%的新客户来自现有客户的推荐。

6. 一位对企业服务不满的客户，会将他/她的不满经历告诉其他8~10人，而一位满意的客户则会将他/她的满意经历告诉 2~3 人。

7. 客户忠诚度下降 5%，则企业的利润将下降 25%。

8. 客户保持率增加 5%，行业平均利润率增加幅度为 25%~85%。

资料来源：周贺来. 客户关系管理实务［M］. 北京：北京大学出版社，2011.

客户流失的分类主要有两种：一是主动客户流失，二是被动客户流失。当企业的产品、服务不能够满足客户的需求时，客户会主动选择另外一个供应商的产品或服务，这就是主动客户流失。需要注意的是，现在客户最关心的已经不是单纯的产品或服务的价格了，而是产品或服务是否能满足他们的需求。例如，客户发现通信公司 B 的服务套餐比 A 公司每月贵 10 元，但是 B 公司可提供无限流量，于是客户转向购买了 B 公司的通信套餐。当客户存在恶意欠款或潜在信用违约风险时，企业终止或解除与该客户的业务合同关系；或者一些客户相对于其他客户有不同的服务使用模式而这对企业利益存在危害，企业也会终止业务合作。企业主动与风险或危险客户解除业务关系就叫被动客户流失。例如，某公司发现客户存在非法使用其软件知识产权的行为后终止向客户提供软件服务。两类客户流失的原因、性质互不相同，下面将分别进行分析。

主动客户流失的原因有以下三个方面：

（1）自然流失。客户流失不是主观因素造成的，比如客户的搬迁等，所占的比例很小。企业可以通过广泛建立连锁服务网点，或者提供网上服务等方式，让客户在任何地方、任何时候都能方便快捷地使用企业的产品或服务。例如，智能手机普及之后，越来越多的银行发现电子银行 App 能够更好地满足客户的全天候金融服务需求，几乎每家银行都在努力推广手机银行业务，否则将面临大量客户的流失。

（2）竞争流失。这是由企业竞争对手的影响而造成的流失。一方面，市场竞争优势主要表现为价格优势和产品或服务优势，这些优势有利于吸引客户。在当前日益激烈的市场竞争中，企业的优惠政策对要价能力强、购买成本受到限制、价格比较敏感的客户来讲有很大的吸引力。另一方面，企业关键人员跳槽到竞争企业中，会带走一批原来企业中的重要客户。

（3）过失流失。企业自身工作中的过失引起客户的不满而造成的客户流失，比如，服务态度恶劣、客户投诉得不到及时解决等。过失流失在客户流失总量中所占的比例最高，企业可以在分析客户流失原因的基础上通过采取一些有效的手段来避免。

苹果 vs. 华为的不同升级服务

阅读小贴士

2017 年苹果公司称为了让老款手机更好地运行同时防止电池老化过快，对更新了新系统的老款手机进行了降频。结果使老款手机的系统运行变得异常卡顿，同时耗电更快，很多中国的用户表达了严重的不满。苹果公司为安抚消费者的情绪，建议其更换新的电池，结果引来了更多消费者的不满。

反观华为，对于那些还在使用老机型和老系统的客户，华为并没有抛弃他们，而是设立专门的部门去维护老系统的稳定性。要知道，这样的做法将耗费大量的人力、财力。也正是服务上的差距，越来越多使用苹果手机的客户转向使用华为手机，2018 年华为也成为中国智能手机市场占有率第一的品牌。

资料来源：根据《IDC 中国季度手机市场跟踪报告，2018 年第四季度》和互联网资料修改整理。

被动客户流失的类型有以下两个方面：

（1）非恶意性被动流失。非恶意的客户被动流失比较容易避免，而且出现这种情况的可能性本身就不高。典型的非恶意性被动流失有两种：一种是客户无意忘记缴费导致信用下降，企业放弃该客户，企业可以为客户提供业务提醒服务。例如，通信公司会给老客户设置一个欠费继续通话的额度，同时当客户欠费时通过短信提醒其续费。此外，企业还可以给客户提供多种缴纳话费的途径，比如银行支付和网络支付等。另一种是企业调整营销战略，其目标客户、产品线、销售渠道等发生变化，从而主动放弃部分原来的客户。比如，某酒厂以前生产普通白酒，客户大多为低收入消费者，但为了打响品牌，酒厂引进了新的酿酒工艺，白酒品质大大提升，价格也有较大幅度上涨，其将客户定位为中高收入的消费者，所以主动放弃了原来的低端客户。

（2）恶意性被动流失。一般是由于客户存在潜在信用违约风险或客户故意欺骗等导致的。企业可以建立完善的客户资料库，对客户信誉度进行评估，并采用预付费方式，或者通过法律措施减少客户恶意性被动流失。例如，2018 年共享单车巨头 ofo 的财务危机很快波及了其单车供应链，很多单车制造商出于风险控制解除了与 ofo 的单车供应合同，而 ofo 创始人也被多家供应商告上了法庭。

二、客户流失的预测和识别

客户流失管理的核心在于预测和识别潜在流失者发出的流失信号。如果能够及时发现一位客户离开的信号，那就可以主动采取措施来防止这种情况发生。下面我们一起来看看如何利用 Cox 回归模型来识别和预测客户流失。

（一）Cox 回归模型介绍

Cox 回归模型，又称比例风险回归模型（Proportional Hazards Model），是英国统计学家 D. R. Cox 在 1972 年提出的一种半参数回归模型，简称 Cox 模型。该模型以生存结局和生存时间为因变量，可同时分析多个因素对生存期的影响，能分析带有截尾生存时间的样本，并且不要求估计样本的生存分布类型。该模型在医学随访研究中得到了广泛的应用，是迄今生存分析中应用最多的多因素分析方法。近几年，Cox 模型开始应用在客户流失的预测和分析中。研究发现，利用 Cox 模型预测客户流失具有以下两个突出优点：

（1）考虑了危险（即客户流失）事件"发生"或"不发生"的结局。

（2）能够处理删失样本[①]。观测期截止时尚未流失的客户可以作为删失样本纳入 Cox 模型，有利于模型的实时更新。

Cox 生存分析中的变量主要有三个：生存时间 T、删失变量 C 和样本属性 X（即用于刻画样本的相关因素，也称为协变量）。在利用 Cox 生存回归模型预测客户流失之前，需要引入以下三个函数。

1. 生存函数

生存时间反映某事件出现的时间，通常用生存函数、概率密度函数和危险率函数来表述。这三个函数在数学上是等价的，得出其中一个，就可以推导出另外两个。生存函数 $S(t)$ 又称累计生存率，是指个体生存时间 T 大于时间 t 的概率：

$$S(t) = P(T \geq t) = 1 - F(t) \tag{9-1}$$

---

① 观测期内仍没有流失的客户样本为删失样本。

其中，$F(t)$ 是个体生存时间 T 的分布函数。

2. 概率密度函数

概率密度函数又称密度函数，该函数的图形为概率密度曲线 $f(t)$，在任何时间区间内个体死亡的比例和死亡出现的机会峰值均可由 $f(t)$ 给出，$f(t)$ 的表达式为：

$$f(t) = \lim_{\Delta t \to 0} \frac{P(\text{个体在区间}(t + \Delta t)\text{ 中死亡})}{\Delta t} \tag{9-2}$$

3. 危险率函数

危险率函数又称风险函数、瞬间死亡率、死亡强度、条件死亡率等，记为 $h(t)$，是生存分析最基本的函数：

$$h(t) = \lim_{\Delta t \to 0} \frac{P(\text{年龄是 } t \text{ 的个体在区间}(t + \Delta t)\text{ 中死亡})}{\Delta t} \tag{9-3}$$

根据以上公式可得：

$$h(t) = \frac{f(t)}{S(t)} = \frac{f(t)}{1 - F(t)} = -\frac{d\ln S(t)}{dt} \tag{9-4}$$

由公式求解得到：

$$S(t) = \exp\left[-\int_0^t h(u)\,du \right] \tag{9-5}$$

Cox 模型在表达形式上与参数模型相似，但是对各参数进行估计时又可以不依赖特定分布的假设，所以又被称为半参数回归模型。当生存时间连续分布，且预测后变量间的相互作用可被忽视时，危险率函数 $h(t)$ 可由公式（9-6）表示：

$$h(t) = h_0(t)\exp(\beta_1 x_1 + \beta_2 x_2 + \cdots + \beta_k x_k) \tag{9-6}$$

其中，$h_0(t)$ 为基准生存分布的危险率函数；$B = \{\beta_k\}$ 为回归系数，$X = \{x_k\}$ 为协变量。由于 Cox 模型假设每个预测后变量的危险在时间上正比于基准危险率 $h_0(t)$，因此无须计算 $h_0(t)$。

此时，相应的生存函数为：

$$S(t;\ X) = S_0(t)^{\exp(BX)} \tag{9-7}$$

其中，$S_0(t)$ 为 t 时刻的基准生存函数。

在时间 t 和协变量 X 的作用下，个体危险率函数对于基准危险率函数之比与时间无关，即不随时间 t 的变化而变化；而基准危险率函数 $h_0(t)$ 只与时间 t 相关，不受协变量 X 的影响。

（二） Cox 模型预测客户流失的步骤

Cox 模型预测客户流失的步骤如下：

第一步，收集数据。收集某一时间段内的客户样本数据，需要包含仍然保留和已经流失的客户样本。这些样本应该包含描述客户满意度（或衡量客户价值）的属性。需要注意的是，在选取客户样本的时候，需要根据业务的季节特点，尽量避开特殊时间段，比如春节、学生毕业季等。通常来说，客户数量越多，Cox 模型的预测精度就会越好，建议客户样本个数尽量大于 100。

第二步，清洗数据。从客户管理系统中导出的数据包含了每一个客户的属性，如性别、年龄、地址、每月消费额、违约次数等。为保证 Cox 模型的回归精度，需要确保每个客户的每个属性都有完整的数据记录，也就是保留属性数据完整的客户、删除属性数据不完整的客户。

第三步，准备训练样本和测试样本。将客户样本分为训练样本和测试样本。训练样本用于属性约简和回归系数估计，测试样本则用来检测模型对客户流失预测的精准度和可靠性。关于训练样本和测试样本的比例没有严格的数学要求，一般可采取 1∶1、2∶1 和 3∶1 的比例。但需要注意的是，如果训练样本远远大于测试样本，那么回归系数估计可能产生过拟合的现象，会导致 Cox 模型客户流失预测误判。

第四步，样本属性处理。如果用于描述客户的属性较多，那么有些属性可能与客户流失的相关性较大，而有些属性与客户流失无关，有些属性之间还存在强相关关系（即冗余属性）。因此需要对客户的属性进行约简，筛选最能够反映客户流失的属性。属性约简可使用 Pearson 相关系数、Spearman 秩相关系数以及 Kendall's tau-b 等级相关系数来检验属性和客户流失之间的相关性[①]。属性约简有两个目的：①在最能反映客户流失属性的情况下，尽量使用更少的属性。属性越多，属性间的多重共线性可能会让模型回归陷入维数灾难。②尽可能让属性之

---

① Pearson 相关系数检验两个变量之间是否存在线性相关关系，如果变量 x 与变量 y 完全线性相关，则 Pearson 相关系数为 1；如果变量 x 与变量 y 完全线性负相关，则 Pearson 相关系数为 -1；如果 x 与变量 y 之间没有相关关系，则 Pearson 相关系数为 0。Spearman 秩相关系数检验变量之间的单调关系，而不强调线性相关。如果 Spearman 秩相关系数 $\tau = 1$ 则表示变量 y 是变量 x 的完全增函数，但不表示 x 和 y 之间有任何线性相关关系。Kendall's tau-b 相关系数测量的是两个有序变量或两个秩变量间的相关关系。读者只需了解这三个相关系数的物理意义，具体计算交给 SPSS 等统计软件即可。

间相互独立[①]。

第五步，估计回归系数。将训练样本输入到 SPSS 软件，采用有偏的最大似然参数估计方法对 $B = \{\beta_k\}$ 进行估计，根据公式，即可得到生存函数。

第六步，预测模型评价。将测试样本代入第五步得到的生存函数即可得到每个测试样本的生存概率，然后按照每个客户的生存概率值从小到大排序，并等分为 N 组，比较每一组中客户流失的数量。如果模型预测能力足够强，那么生存概率值越小的组中实际流失的客户数量应该越多。如果计算结果有偏差，请认真检视第三步的属性处理是否合理。需要注意的是：分组数量 N 也没有严格的数学要求，需要根据经验来进行划分，一般来说 N 不应该小于 5。

（三）Cox 模型应用算例

通过下面的算例，读者可了解利用 Cox 模型对客户流失进行预测识别的具体操作流程。

第一步，收集数据。邓森文和马溪骏对中国移动某分公司 2007 年 1 月到 2007 年 6 月中的客户流失进行了实证研究[②]。选取该时间段的目的是回避大学生毕业形成的无法挽回的客户数据。每个客户包含 12 个属性变量（即协变量），分别为：年龄（x_1）、性别（x_2）、区域（x_3）、是否有联系方式（x_4）、是否本地身份证（x_5）、总欠费次数（x_6）、呼叫次数（x_7）、月均短信费用（x_8）、月均总费用（x_9）、平均开通业务数（x_{10}）、是否漫游（x_{11}）、信用度（x_{12}）。

第二步，清洗数据。移动通信行业不像其他行业的产品有固定的截止日期，只要观测期结束还没有流失的样本都是删失样本。因此，到 2007 年 6 月如果客户还没有流失，则定义为删失样本，C = 0，否则 C = 1。经过数据清洗，共获取 159177 个资料完整的客户样本，其中流失客户 14776 个，占比 9.28%。

第三步，准备训练样本和测试样本。按照 1∶1 划分训练样本集和测试样本集。其中训练样本集包含 72843 个客户样本，流失客户 7482 个；测试样本集包含 86334 个客户样本，流失客户数为 7294。

第四步，样本属性处理。利用 Pearson 相关系数计算每个属性变量与客户流

---

①　描述客户流失的不同属性之间可能存在多重共线性问题，比如客户开通业务的数量和客户消费总额之间可能存在相关关系。可以通过 SPSS 进行多重共线性分析，尽量选择影响较大的属性。比如客户消费总额的影响可能更大，则我们可以剔除客户开通业务的数量这个属性。

②　邓森文，马溪骏. 基于 Cox 模型的移动通信行业中低端客户流失预测研究 [J]. 合肥工业大学学报（自然科学版），2021，33（11）：1698-1701.

失之间的相关关系，计算结果如表 9-1 所示。可以看出，有八个协变量与客户流失显著性相关（即 P<0.001），分别是：年龄（x_1）、区域（x_3）、是否有联系方式（x_4）、是否本地身份证（x_5）、呼叫次数（x_7）、月均短信费用（x_8）、月均总费用（x_9）、平均开通业务数（x_{10}）。因此，可以选择这八个协变量作为客户流失的预测因素，其他变量则可不作考虑。

表 9-1　训练样本集中的协变量与客户流失的 Pearson 相关系数

协变量	相关系数	协变量	相关系数	协变量	相关系数
x_1	-0.022^{***}	x_5	-0.051^{***}	x_9	-0.667^{***}
x_2	0.000	x_6	0.313	x_{10}	-0.640^{***}
x_3	0.064^{***}	x_7	-0.052^{***}	x_{11}	0.236
x_4	-0.671^{***}	x_8	-0.363^{***}	x_{12}	-0.533

注：$***$ 表示 P<0.001。

第五步，估计回归系数。将包含上述八个协变量的训练样本导入 SPSS 软件，并选择偏最大似然参数估计方法估计每个协变量对应的 β 值，计算结果如表 9-2 所示。可以看到，每个协变量对应的 β 估计值在置信水平 0.0001 上都是显著的，回归系数的标准误差都比较小，说明用这八个属性变量来预测客户流失的可靠性相对较好。可以看出，年龄、区域、是否有联系方式、月均短信费用①、开通业务数的 β 估计值均为负，表示这五个属性与客户流失负相关；是否为本地身份证、呼叫次数、月均总费用的系数为正，表示这三个属性与客户流失正相关。

表 9-2　训练样本集中的协变量参数估计结果

协变量	β_k	标准误差	Wald 值	自由度	P
x_1	-0.012	0.001	96.786	1	<0.0001
x_3	-0.771	0.040	365.587	1	<0.0001
x_4	-0.703	0.024	828.860	1	<0.0001
x_5	0.992	0.046	473.818	1	<0.0001

① 2007 年短信还是中国移动的一个重要业务收入，但 2010 年之后该业务萎缩较大，因此 2010 年之后，该属性变量预测客户流失的正确度会有所变动。

续表

协变量	β_k	标准误差	Wald 值	自由度	P
x_7	0.868	0.155	31.249	1	<0.0001
x_8	−0.729	0.055	173.919	1	<0.0001
x_9	0.332	0.057	34.063	1	<0.0001
x_{10}	−1.626	0.073	495.734	1	<0.0001

第六步，预测模型评价。将表 9-2 中的 β 估计值代入公式，同时将训练样本中的客户代入，就可以得到每个客户的生存概率。然后对测试样本的客户生存概率进行从小到大排序，并将排序结果等分为 10 组，每一组中的客户流失数据如表 9-3 所示，可以看出每组中的客户流失数呈现递减趋势（说明前五步的处理是有效的）。其中，第一组中客户流失预测成功的比例为 89.35%，前两组能够覆盖 94.61% 的流失客户。因此，该 Cox 模型对客户流失率的预测效果较好。

表 9-3　测试样本集中每组的生存概率分布结果

组别	1	2	3	4	5
流失数（个）	6517	384	226	116	28
比率（%）	89.35	5.26	3.10	1.59	0.38
组别	6	7	8	9	10
流失数（个）	14	9	0	0	0
比率（%）	0.19	0.12	0	0	0

扫一扫，看视频 ☞

第三节　流失客户挽回

一个客户背后隐藏着巨大的客户群体，企业失去一位重复购买的客户，意味着其不仅失去了这位客户可能带来的利润，还失去了与潜在客户交易的机会，影响新客户的开发。企业花费巨大成本开发新客户的收益可能还不及流失客户带来的损失。本节主要是向读者介绍客户流失管理的原则，并提供一套完整的客户流失管理方法。

一、客户流失管理的原则

客户流失管理，顾名思义，就是通过客户流失的识别，认真分析客户流失的原因，从而采取行之有效的管理策略，尽可能降低客户流失给企业带来的不良影响，实现企业利益最大化。实施客户流失管理，一切行为都要遵从以下八项原则：

（1）企业级的战略执行。客户流失管理应提升到企业战略级别。客户流失虽然原因各异，有企业方面的原因、竞争对手的原因，也有客户自身的主客观原因。但无论原因如何，给企业所带来的经济利益损失和品牌价值降低都是不争的事实，特别是企业大客户的流失，更应该纳入企业战略级别进行管理。这里所说的大客户，是指购买量占整个企业销售额的很大份额。大客户应该成为企业重点监控和管理的对象，因为一旦失去该客户，企业的损失将是十分巨大的。根据一些企业的经验，一般来说一个客户的购买量占据10%以上的企业销售额①就应该成立专门的客户服务小组，持续对其跟进。

（2）以数据为基础。管理者必须以现实的数据为基准，不应该出现凭空的、没有依据的假设。例如本章第二节对中国移动某分公司客户流失的预测，涉及的客户数量是以万计的，企业不可能像针对大客户那样对每个小客户进行全面跟进，因此数据驱动客户流失的识别和预测就变得十分重要。

（3）有全局的视角。任何行为或者举措都应该考虑可能影响客户流失的所有因素、整个行业价值链中有关客户的部分。例如，中国移动在分析客户流失的时候，需要考虑同行，如中国电信、中国联通它们的客户流失因素，通过对标关键因素，才能更好地从市场竞争的角度去设计业务。

（4）采用多种诊断评估方法。对客户流失应采用多种方法诊断评估，评估手段之间应具有对比性、参考性，企业可以尝试调查、客户问卷等方法进行客户流失评估。市场处在不断变化中，客户管理数据库中可能存在一些无法反映客户流失的指标，这些指标就可以通过上述方法来明确，进而有效评估客户流失。

---

① 也可将客户的购买增量和频次作为依据。

（5）有效使用资源。基于企业所拥有的时间、资源和相应的影响程度来有效地分配挽救资源。企业挽救客户的资源是有限的，不能将大量资源投入当前和未来都不可能产生价值的客户身上。比如，一些企业（如汽车销售公司）会放弃年龄超过60岁的大龄客户，而将更多资源投入年轻客户身上。

（6）拥有坚定而又明确的目标。客户流失管理通常具有一定的目标，而目标必须明确且合理、可实现，确保全体人员执行的一致性。例如，管理者必须向企业的营销人员明确某一特殊群体的流失比例必须控制在某个阈值之内。

（7）充分沟通。构建开放式的沟通机制，提高信息自由度，重视来自基层一线的营销人员、关键客户的反馈，多渠道获取信息，进而有效进行客户流失管理。

（8）有效的度量和改进。客户流失管理要有明确的衡量实施效果的标准，并能及时有效地调整和改进。

二、流失客户的挽回

营销界流传着这样一种说法，一个客户第一次交易的价值只占其终身价值的10%，创造的价值占其终身价值的90%。不管你做的是几千万的人事业还是几十万的小本生意，都必须考虑"客户终身价值"，及时挽回那些可能流失的客户，确保公司利益不受损失。

（一）流失客户的管理步骤

一个合理、科学的客户流失管理程序应该从确定客户流失警戒点开始，然后再分析客户流失原因、估算客户流失损失以及挽留客户的成本，最后进行理性决策。

1. 确定客户流失警戒点

企业可以比照同行业的平均水平或行业竞争基准，结合自己的竞争战略，确定客户流失的警戒点。现实中，有些企业还根据客户规模的大小确定了客户分层流失警戒点，如超级大客户流失的警戒点、大客户流失的警戒点、一般客户流失的警戒点。这种分层制定客户流失警戒点的做法值得借鉴[1]，有利于企业了解到底流失了哪些客户，企业应该采取什么样的行动来应对。

---

① 企业也可以利用 Cox 模型动态监测每一个客户的生存概率值。当该客户的生存概率值连续下降，那么企业就可视情况启动对该客户的流失挽回工作。

2. 分析客户流失原因

在明确客户流失警戒点后，一旦客户的流失率超过了警戒点，企业就应该分析导致客户流失的具体原因。可能是一些客观的原因导致了客户的流失，如客户破产、客户搬迁至企业销售网络没有覆盖的地区等；也可能是企业自身的原因导致客户离去，如企业的服务太差、产品质量不好而价格太高；还有可能是市场上出现了一个强有力的竞争对手，其为客户提供了更有价值的产品或服务。

在实行客户分层流失预警的企业中，客户流失也可能是客户流向了别的层级的客户群，这既可能是向上流动，从一般客户升格为大客户甚至是超级大客户，也可能从超级大客户变为一般客户甚至普通客户。不同层级之间客户的流动也是企业需要重点关注的内容。

现在的企业能够捕捉丰富的客户数据，其通过复杂的人工智能和数据分析技术，甚至可以详细绘制出客户流失率分布图[1]，以显示因不同原因离开企业的客户的比例，从而更高效地分析导致客户流失的主要原因。

3. 估算客户流失损失

企业应该估算客户流失导致的利润损失，以此决定是否进行客户挽回。在计算利润损失时，企业应该明确，流失一个客户，对企业来说，损失的可不仅仅是单次交易所带来的收益，而是这个客户为企业提供的终身价值，即这位客户在正常年限内持续购买该企业的产品或服务所产生的全部利润。另外，不同的客户群为企业提供的价值总额也不同，企业有必要分开进行计算。

例如，一家电信运营商在某地区拥有 100000 个客户，其中月通话总费用在 300 元以上的大客户有 10000 个，占总客户的 10%。某年竞争对手猛烈的价格战导致公司丧失了 5‰ 的客户，其中大客户占到 10%，即 50 个。按照以往的数据估算，公司平均每流失 1 个普通客户，年营业收入要损失 1000 元；而平均每流失 1 个大客户，年营业收入会损失 4000 元，所以，这一年公司一共要损失营业收入 650000 元（50×4000+450×1000）。公司的盈利率一般保持在 20%，所以这一年公司将损失 130000 元的利润。下一年，公司还会损失这么多利润，年复一年，直到客户的自然年限终止。

4. 估算降低客户流失率的费用

企业需要估算降低客户流失率所需的费用，这是决定是否进行客户挽回的另

---

[1]　也可以通过前述的 Cox 模型绘制出每一个属性变量对客户流失的影响图。

一个重要数据。这包括在营销活动各个环节对产品或服务的改造费用，如提供新产品、改善服务、价格优惠、渠道改进与重组、加大广告投入、开展公共关系等费用。企业同样可以按照客户的分层来分别计算降低客户流失率所需的费用。

5. 降低客户率

企业是否需要降低客户流失率，挽回已经离开的客户可以通过比较降低客户流失率的费用和客户流失使企业损失的利润来考量，如果降低客户流失率的费用低于客户流失使企业损失的利润，企业就应该降低流失率。这里对两者的比较，我们提倡采用财务管理中的净现值法来进行，将企业流失客户的未来损失贴现到基期（也就是今年），贴现率可以是市场利率，也可以是企业/行业的平均盈利率。

$$V = C - \sum_{k=1}^{n} \frac{S_k}{(1+i)^k}$$

其中，n 为客户的自然年限，C 为当年的费用，S_k 为第 k 年的损失，i 为预定的贴现率。当 $V > 0$ 时，表明挽回已流失的客户得不偿失，应实施个性化的客户退出管理；当 $V \leq 0$ 时，表明企业应该考虑降低客户的流失率，实施客户挽留管理。

（二）客户挽留管理

对于主动流失的客户，企业有必要反省自身的原因，提出防范策略；而对于被动流失客户中的非恶意被动流失客户，企业要站在服务客户的角度，通过提供业务提醒服务等方式减少这一方面的客户流失。

在客户流失前，企业要极力防范，而当客户关系破裂，客户流失已成事实后，企业要采取挽救措施，竭力挽留有价值的流失客户，最大限度地争取与这些客户"重归于好"。客户挽留措施主要包括两个方面：一是着眼于当前的应急性措施；二是着眼于长远的永久性措施。

1. 着眼于当前的应急性措施

面对客户的流失，有些工作是迫在眉睫的，对于这些情况，企业应该抓好以下两项工作。

（1）访问流失的客户，调查原因，缓解不满。首先企业要积极与流失客户联系，在最短的时间内用电话或直接访问的方式与流失客户取得联系，诚恳表示歉意，缓解流失客户的不满情绪。先解决情绪问题，再了解流失原因。虚心听取客户的意见看法和要求，给客户反映问题的机会。

（2）对症下药，争取挽回。企业要根据客户流失的原因制定相应对策，尽力争取及早挽回流失客户。需要注意的是，在挽回客户的过程中需要对客户分门别类、各个对待，根据客户的重要性来分配投入挽回客户的资源，对不同级别的流失客户采取不同态度。挽回的重点应该是那些最能盈利的流失客户。针对下列三种不同级别的客户，建议企业可以采取如下挽回态度：

1）对有重要价值的客户要极力挽回。一般来说流失前能够给企业带来较大价值的客户被挽回后，也将给企业带来较大的价值。因此，给企业带来较多价值的关键客户应是挽回工作的重中之重，如果这类客户流失，企业就要不遗余力地在第一时间将其挽回。

2）对普通客户的流失，可见机行事。这类用户通常并非企业的忠诚用户，投入大量资源挽回这些用户对于企业而言意味着增加财务和运营负担。但这并不意味着企业不应该对他们投入资源，恰恰相反，应该投入一小部分资源去了解这类用户流失的深层原因：如果客户对企业的产品或服务的内在需求发生了逆转，即便当下投入大量的挽回资源，对企业的运营和发展也是无效的；如果客户因为企业的疏忽导致了流失，则企业需要投入资源进行客户挽回。

3）基本放弃对小客户的挽回。由于小客户的价值低，对企业又很苛刻，数量多且很零散，挽回这类客户需要很多成本，因此对这类客户企业可以顺其自然，不予理睬。

（3）坚守红线，放弃挽回。并不是所有客户都值得企业挽回，企业应该有自己的红线，触及红线的客户就不值得挽回。例如，不可能再带来利润的客户、无法履行合同规定的客户、无理取闹；损害了员工士气的客户、客户需求超过了合理的限度；妨碍企业对其他客户服务的客户、声望太差；与其建立业务关系会损害企业形象和声誉的客户；信用恶劣，应收账款长期拖欠，影响企业正常财务运转的客户等。

2. 着眼于长远的永久性措施

（1）建立客户关系的评价体系。正确评价客户关系对于防范客户流失有着很重要的作用，只有及时对客户关系的牢固程度做出衡量，才有可能在制定防范措施时有的放矢。尽管目前企业评价客户关系的做法各有特点，但在方法上仍然具有相似性，都是采用一系列可能影响客户满意度的指标来衡量客户在多大程度上信任企业，企业在多大程度上对他们的需求做出了适当的反应，客户和企业又有着多少共同利益。

通过评价，可以分辨客户关系中最牢固的部分和最薄弱的部分，并告诉企业哪些地方应该采取措施加以改进，以及措施该怎样制定并执行。需要注意的是，只在某个具体的时间点上来评价客户关系的牢固程度是远远不够的，重复进行客户关系评价是非常必要的，通过定期的重复，企业才可以知道哪些弱点已经得到改进，哪些即将流失的客户已经得到挽留。

（2）实施全面质量管理。客户追求的是较高质量的产品和服务，如果企业不能给他们提供优质的产品和服务，那么他们就不会对企业满意，更不要提建立客户忠诚了。因此，企业应该努力提升产品和服务质量，实现客户满意、达成盈利目标。而实施全面质量管理，有效控制影响质量的各个环节、各个因素，就是创造优质产品和服务的关键。在实施全面质量管理时，要注意以下两个方面：

1）实施全面质量管理，要以为客户创造最大价值为标准，不能不计成本地追求高质量。客户价值一方面与高质量的产品有关，另一方面也与合适的价格有关，它是客户对付出的成本和得到的收益进行权衡的结果。在既定的成本下尽可能地提高产品或服务的质量和性价比，才是为客户创造最大价值的正确途径。例如，家电生产商可在每一台家电产品上印制一枚独一无二的二维码，只要客户扫一扫二维码，即可享受扫码找售后、扫码预订维修人员等服务。更重要的是，由于是一物一码，系统将会自动根据二维码匹配产品的型号，客服可以产品型号快速搜索相关问题的解决方案，为客户提供更加便捷的售后服务，并且服务成本更低。

2）全面质量管理必须以客户为中心，努力使产品和服务的质量满足客户的要求。在影响产品质量的各个环节，包括设计、制造、分销等过程中，广泛听取客户的意见，以最大限度地满足客户的需求。某商家为了更好地吸引客户，将销售收入的一部分资金用于新产品的研制开发，并广泛听取客户的意见不断改进产品的性能，提高了产品的价值，建立了牢固的客户关系。

（3）强化企业和客户之间的联系。销售人员等关键员工跳槽是企业客户流失的重要原因，很多企业在客户管理方面做得不够细致，使企业与客户的关系依附于销售人员，而企业自身对客户的影响相对乏力，因此，一旦关键员工跳槽，老客户也随之而去。为预防此类情况发生，企业可采取以下措施：

1）加强企业与客户的往来沟通。一方面，交易的结束并不意味着客户关系的结束，企业在产品售出后还应与客户保持联系，以确保他们的满足持续下去。

企业可定期与客户进行联谊联络，如举办年终客户总结大会，真诚致电或走访客户等，深化企业与客户的关系。另一方面，企业需要向客户灌输长远合作的意义。买卖双方合作多是短期行为，企业应向其客户灌输长期合作的好处，指出短期行为给客户本身带来的资源和成本的浪费，向老客户充分阐述自己的美好愿景，使老客户认识到只有和企业一起长期发展才能够获得长期的利益，进而不被短期的高额利润所迷惑。

2）保护客户信息。客户名单是一种经营信息，该信息具有现实的或潜在的商业价值，不为公众所知悉、能为权利人带来竞争优势。只要与客户有关的信息无法从公开的渠道获得，或者虽然能够获得但是需要付出一定的代价，那么它就可以作为商业秘密获得法律的保护。企业在签订劳动合同时，应与市场营销人员在劳动合同中约定保守用人单位的商业秘密，或单独签订保密协议，将保守商业秘密作为企业一项日常的管理工作。如果企业没有任何的客户信息保密措施，那么离职或跳槽到竞争企业中的员工仍然可与原企业的客户联系，原企业将遭受巨大的经济损失。例如，汇丰某前客户关系经理在他离职时将一封载有约995名客户个人资料的电邮发至其个人电邮账户。汇丰银行发现后向香港证监会提出惩罚要求，而该客户经理被香港证监会停止从业四年。

（4）重视顾客抱怨管理。顾客抱怨是顾客对企业产品和服务不满的反应，反映了企业经营管理中的缺陷。很多企业对顾客抱怨持敌视的态度，对顾客的抱怨行为感到厌恶和不满，认为他们会有损企业的声誉。其实这种看法是不对的，尽管顾客抱怨确实会给企业产生一定的负面影响，但顾客抱怨是推动企业发展的动力，也是企业创新的信息源泉。企业需要做的是，认真解决客户提出的问题，防止客户抱怨进一步转变为影响恶劣的公共危机。

（5）建立内部顾客体制。提升员工满意度。詹姆斯·赫斯克特基于服务利润链的模型，指出企业提供给客户的服务的质量是对负责提供服务的员工的满意度的函数。也就是说，员工满意度的提升会提高员工提供给客户的服务的质量，最终会使客户满意度提升。对企业满意的员工比对企业不满意的员工更可能向企业内部和外部的顾客提供高质量的服务。日本企业的崛起，很重要的原因就是日本企业采用人性化的管理方式提升了员工的满意度，激发了员工工作的积极性，为顾客提供高质量的产品和令人满意的服务。

提高顾客满意度，先让员工满意

阅读小贴士

巴西的 SIMICO 公司由于具有卓越的创新精神，被誉为世界上最具活力的公司。在增加员工对公司的满意度方面，其有自己独特的一套办法。SIMICO 公司的管理者经常鼓励员工展现自己的创意，去追求工作上的飞跃。他们规定员工一旦有了好的创意，就可以向公司高层汇报，公司会给予员工充分的支持，来帮助他们实现自己的创意。在实际工作中，他们始终将员工的成长和企业的发展紧密联系在一起。正是因为对员工满意度的重视，这家公司最终成长为巴西最大的物业管理公司。将员工视为企业的重要组成部分，企业才能借此来打造一个成功企业的形象，这样顾客才会对企业满意，对企业提供的产品和服务放心。

（6）建立以客户为中心的组织机构。拥有忠诚客户的巨大经济效益让许多企业认识到：与客户互动不应只关注交易，而应建立持久忠诚的客户关系。在这种观念下，不能把营销部门看成唯一对客户负责的部门，企业的其他部门则各行其是。关系营销要求每个部门、每位员工都以顾客为中心，所有工作都应建立在让顾客满意的基础上，为客户增加价值、以客户满意为中心、创造完美的客户体验，让客户达到长期满意而不是有限次的交易。建立以客户为中心的组织机构，要求企业在做出决策和计划时，以使顾客长期满意为出发点，尽量避免一些短期行为。

让我们来看一个反面的例子，某电信公司发现自己遇到了强有力的竞争对手，自己不仅要保持客户，还要从竞争对手那里赢回已经流失的客户，于是它采取了额外赠送话费等策略来挽留客户及赢得新客户，但这些策略的实施并没有考虑那些始终没有离开的忠诚客户，该公司的做法让忠诚客户感到沮丧，因为不忠诚的行为反而得到了"奖赏"。虽然对企业来说，赢得新客户很重要，但对客户来说，希望能获得公平的待遇，那些老客户更希望因为自己多年来对企业的忠诚而得到优待，但该公司却以损失顾客的长期满意为代价，去争取一些短期的利益，最终只会削弱顾客的忠诚度，失去企业利润的主体——忠诚的老客户。

（三）对待流失客户的误区

有很多企业都认为应该挽留所有的客户，但事实上并非如此。从实践出发，对待流失客户的误区主要有以下三个方面，下面分别进行介绍。

1. 盲目争取挽留所有流失客户

在处理流失客户的问题时，"商业化"的原则容易被企业忽视，主要表现为企业不估算客户流失的损失，盲目争取挽留所有流失的客户。从理论上来讲，客户流失的损失与客户的终身价值以及客户保持时间有关，在其他条件不变的情况下，客户的终身价值越大，则客户流失的损失越大；客户保持的时间越长，则客户流失的损失越小。由此可以看出，不同的客户由于具有不同的终身价值、处于不同的阶段和环境，其流失给企业带来的损失是不同的，企业应该竭力挽留损失大的客户，而对于损失小的客户可以自然放弃。

2. 挽留流失客户手段单一

忽视"商业化"原则的另一个表现是，在不区分客户流失原因和不估算挽留客户手段的成本与后果的基础上挽留流失客户。客户除了对企业不满意而流失以外，还存在其他方面的流失原因，如市场竞争等。而且，即便是因为对企业不满意而流失的客户，其具体不满意的事项也有所区别，可能是对产品质量不满意，也可能是对物流运输不满意。针对不同的情况应采取不同的对策，企业不能"一刀切"，不分清原因而盲目挽留。同时，不同挽留手段的成本与后果是不同的，企业经常使用的降价、促销、积分、俱乐部计划等手段的成本和所产生的后果是不同的，而且同一种手段对不同的客户所引起的成本和产生的效果也可能是不同的。

3. 没有预防预警而仅有事后应对

多数企业对客户流失的处理往往是在客户流失已经成为事实之后进行的，没有预防，只有补救，没有有效利用客户的信息，企业十分被动。亡羊补牢虽然可以挽回一部分损失，重新赢得客户的满意，但必将耗费企业大量的人力、物力。

因此，加强客户流失预警是企业应对客户流失的主要努力方向。比如，企业可以通过研究客户负面消费经历的历史数据以及不同类型的客户做出的反应，建立起一个模型来预测客户反应性流失。之后，企业可以利用这个模型，追踪当前客户所经历的相似触发事件，以预测他们可能会做何反应，从而避免让客户产生更多不满情绪，挽回因为一次或多次负面经历而流失的客户。

扫一扫，看视频 ☞

📖 本章小结

本章从客户投诉开始，通过模型、案例和理论阐述处理客户投诉对企业的重要性，探讨客户投诉成因，通过实际案例分析如何有效处理客户投诉、如何对待特殊客户的投诉，以重新获得客户满意、树立良好的企业形象。在客户投诉的基础上，本章接着讲解了由客户投诉处理不当等原因导致的客户流失问题。分析了客户流失的原因和类型，讲解了预测和识别客户流失的模型，并基于这些分析提出了客户流失管理方法，用以挽回客户。

📖 本章案例

加贺屋：客人的投诉是旅馆财富

对于旅馆而言，"服务"是商品本身，是"付费的人为侍奉及人为作业"。因此，以服务周到受到业界推崇的加贺屋，对服务的定义是："接受专业训练的员工领取薪水，为客人做出正确有益、引发客人感激和满足感之事。"更进一步地，其将服务的本质界定为："正确性"和"热忱款待"，前者是理所应当做的事就要做，后者是要从客人的立场出发。

加贺屋专务鸟本政雄表示，为了让员工达到"正确性"服务水平，加贺屋推行员工训练、编列各项工作手册、让员工参加读书会及研修会等措施。1998年加贺屋率先取得日本国内旅馆、饭店 ISO 9001 认证。依靠这些训练、规范及工作手册，服务的质量可以维持在一定的水平上，但要臻于顶峰的服务境界，就必须在"热忱款待"上下功夫。"热忱款待"取决于员工的动机高低，员工必须抱持"客人喜悦，自己也能得到快乐"的态度，彻底变成站在客人立场上思考的人，才能完全做到"热忱款待"。

即使是身为"服务专家"的从业人员，面对同样是"专家"，而且是最了解服务业的客人，也得经常进行"进化"训练。这种谦虚心态之下潜藏着的是超越客人期待的服务质量，是永不停歇的改善力。具体的实践方式，就是借由回收的问卷，了解客人抱怨和不满的原因。

加贺屋每年大约会收到两万份住宿问卷或信件，基于日本人的好礼个性，信件中常有"在加贺屋住宿，得到许多美好回忆""对××客房管理员的贴心服务，打从心底感谢"等字眼；但伴随感谢信一起寄来的还有抱怨和不满的信件，里面甚至有"××客房管理员缺少笑脸、动作太慢"等指名的投诉信。

这些回收的问卷有九成是邮寄过来的，也就是客人回到家后才慢慢花时间将他们住在加贺屋时产生的与之期待不符的情况和感受一一反映出来。这份心意更让人不能忽视。

每封问卷和投诉信都会标注日期、投诉事项或期待，尤其是针对客户的抱怨及不满，加贺屋会让全公司员工确认，确定归属单位后，立即改善处理。待客、料理、设施、备品等各方面的意见，无论是好的还是坏的，统统集中整理，两万份问卷等于两万个改进方针，它们指出了馆内每个需要改进或努力维持的地方。

加贺屋把这些投诉意见视为旅馆经营的"圣经"，每年会召开四次"投诉大会"，会中共同探讨当季的各项投诉内容。另外，年末召开的"投诉大会"，会从整年的投诉内容中选出最难改善的问题，颁发"投诉大奖"！

针对每次被投诉的情况，加贺屋除了寻求改进外，还会对客人及投诉内容建档，以使该客户下次住宿时，至少不能再发生类似投诉的情况，或是努力做到对方期待的事。例如，对曾表示"等餐时间太长"的客人，下次住宿时，客房管理员就会加快送餐服务时间；对于"希望能慢慢用餐，享受旅馆度假气氛"的客人，在他下次住宿时，客房管理员会相对放慢速度，服侍客人在房内悠闲地用餐。

在众多投诉的客人中，不乏因为抱着"想住一次日本第一的旅馆，看看其到底有多豪华"的想法的客人，平常其在其他旅馆可能不太会在意的小事，来到加贺屋后，就变成了无法忍受的缺陷。"客房的乳液备品不够高级""毛巾的质量不高""房间厕所的电灯很久才亮""料理虽是以当地食材一道道精心烹调的，但不够豪华""床应该再软一点""房间应该放时钟"的抱怨很多，这是"人气旅馆"不可避免的宿命，不过数十年来累积的投诉处理经验，也加强了加贺屋的危机处理和应变能力。另外，投诉可以让加贺屋逐一发掘馆内的缺失或尚待改进之处，让投诉客人在下次入住时感受到加贺屋的改进之处，也是其客人不断回流的原因之一。

多年来处理过无数客户投诉问题的鸟本政雄认为，从客户投诉的内容就可以了解客户抱怨的原因以及旅馆服务的质量，若是属于马上可应对的抱怨，足见服务的层次很低，因为只要服务人员抱持满足客人的服务心态即可消除那些抱怨和不满。认真看待并解决每个客户投诉的问题，到最后就只剩下难寻原因和改善方法的"高度抱怨"，在解决问题的过程中，服务质量也就能不断提升。

对于旅馆从业人员而言，重要的是不要害怕客人投诉，因为"客人的投诉是旅馆的财富"。无论是当场抱怨还是事后问卷投诉，肯投诉的客人其实是在为馆方指正，这是一件值得感谢的事。馆方最该担忧的是有不满却什么都不说的客人，抱怨与投诉是客户还相信企业的证据，若让客人已经失望到连抱怨都懒得做，背后的损失绝对比处理投诉更大，甚至无法弥补。

从业人员将处理客户投诉的"真倒霉"或是"客人真差劲"等负面心态，转成"感恩"（因为客人抬爱才肯花时间投诉，教我们如何做会更好）、"庆幸"（啊，幸好还有机会可以弥补）的正面心态，也有助于与客人沟通，促进问题的解决。这也正是加贺屋培训员工的原则之一。

有趣的是，因为身为"日本第一"旅馆的员工，大家对自我的要求都非常严格，希望能提供给客人最好的服务。鸟本政雄说，有时候客人没有投诉，反而是向客户提供服务的客房管理员有意见，认为餐点或设施等某些方面需要进一步改进。

资料来源：周幸叡．全世界公认的服务之神：加贺屋的百年感动 ［M］．南京：译林出版社，2015.

问题思考：

1. 为什么说"客人的投诉是旅馆的财富"，请结合上述案例进行分析。

2. 上述案例中提到的客户投诉的原因可以归为哪几类？

3. 加贺屋是如何处理投诉的？

第❿章
客户关系管理系统

本章引言

再好的米，如果没有一口好锅也煮不出好饭来。如果没有传感、通信和计算机网络技术，就无法催生现代的客户关系管理系统，即 CRM 系统。应该说，正是因为 CRM 系统的出现，客户关系管理才不再停留在理论层面，企业界和学术界设想的种种埋念才能在技术层面上一一实现。一个集成了先进网络和信息技术的 CRM 系统就是一个威力巨大的工具，它在企业的业务流程层面上极大地增强了企业对营销、销售、客户服务等方面的支持以及对客户需求及时反应的能力，对提高客户满意度和忠诚度具有极大的促进作用。本章将对 CRM 系统进行概述，同时对其三大子系统进行介绍。

学习目标

- 了解 CRM 系统的特点、一般模型和功能模块
- 了解 CRM 系统三大子系统的功能、业务流程和相关数据文件

第一节　客户关系管理系统鸟瞰

概而言之，CRM 系统是利用软件、硬件和网络技术，为企业建立一个客户信息收集、管理、分析和利用的信息系统。它以低成本、高效率和极强的可视化等方式帮助企业管理客户关系、增强企业市场绩效和为企业决策提供支持。CRM 系统集成的技术太多，传感器、物联网、互联网、数据仓库、语音和多媒体技术都包含其中，我们不可能一一涉足而论，因此本节仅聚焦管理视角讲解一个相对完善的 CRM 系统的特点、一般模型和功能模块。

一、客户关系管理系统的特点

CRM 系统的进化和演变总是伴随着信息技术的更新迭代。从技术发展角度来看，CRM 系统的体系结构经历了三个发展阶段：20 世纪 80 年代的主机/终端（H/T）体系结构→20 世纪 90 年代的客户机/服务器（C/S）体系结构→21 世纪初的浏览器/服务器（B/S）体系结构。当前 CRM 系统正在经历新的技术变革，物联网和区块链技术的出现将给 CRM 系统带来极大的想象空间。

（一）客户关系管理系统的功能特点

一个功能良好的 CRM 软件系统必须具备以下三个特点。

1. 综合性

需要认识到，CRM 系统是一个能同时支持客户服务、销售和营销等多项业务功能的综合性管理系统。因此，CRM 系统首先应该满足企业的客户服务、销售、营销行为的优化和自动化要求，通过联合多种渠道的信息来达成营销管理和客户服务的标准化要求，这就要求 CRM 系统能够将前台的现场数据和后台的数据仓库直接连接，及时存储、处理和调用数据仓库中的数据资源（例如，同时为现场销售和远程销售提供客户和产品信息、管理存货、定价、接受客户订单等）。一个综合且统一的信息库对 CRM 系统是极为重要的，在这个统一的信息库下，CRM 系统能够为交易处理和流程管理提供一个综合的解决方案。

2. 集成性

从系统划分来看，CRM 系统更多的是面向企业销售和客户服务。但越来越多的企业实践发现，需要将 CRM 系统与企业内部资源优化的应用软件，如企业资源规划（ERP）系统、供应链管理系统和集成制造系统等，进行集成、协调和无缝对接，这样才能更大程度地发挥 CRM 系统的功能，从根本上改变企业的管理方式和业务流程。以 CRM 系统与后台 ERP 系统的集成为例，销售自动化子系统能够及时向 ERP 系统传送产品数量和交货日期等信息，营销自动化和在线销售组件可使 ERP 的订单与配置组件发挥最大的功能效用，是客户应用各系统的融合进行个性化定制。事实上，企业经营者都明白，倘若他们不能把销售和服务部门的信息与后台联系在一起，就会导致许多潜在的营业额的流失，只有将 CRM 系统与 ERP 系统集成、完全整合前后端应用软件才能成为未来的赢家。而且 CRM 系统与 ERP 系统的集成还可确保企业实现跨系统的商业智能，这是 CRM 系统的又一个特点。

3. 智能化

在大数据时代，商业流程自动化仅仅是企业部署 CRM 系统的一个原因，企业更看重的是 CRM 系统能为管理者提供分析工具和决策方案，甚至可以代其决策的功能。CRM 系统利用企业拥有的所有客户信息，通过成功的数据仓库建设和数据挖掘，对市场和客户需求展开完善和智能的分析，为管理者提供决策依据。CRM 系统的商业智能还可以帮助企业改善产品定价方式、提高市场占有率、提高客户忠诚度、发现新的市场机会等。

（二）客户关系管理系统的技术特点

无论技术架构如何变化，CRM 系统自诞生以来就具有的技术特点却始终没有变化。一个良好、适用的 CRM 系统通常具备以下六个技术特征：

（1）工作流管理灵活。工作流模块功能强大，使用灵活、操作简单，不但可以修改工作流程、监控工作的流转情况和重新定义流程，而且可以对流程进行查询和评价。

（2）客户智能分析具有显著的预见性。CRM 系统可通过数据仓库、联机分析处理、数据挖掘等技术进行客户智能分析，对现有客户的未来行为进行预测，帮助企业在适当的时机向客户提供适当的产品和服务。客户智能分析一般包括客户分类分析、客户行为分析、增量销售和交叉销售分析等。

（3）应用系统具有完善的安全技术保证。CRM 系统的安全技术包括身份认证、技术权限、策略授权机制、数据加密以及数字签名等技术。

（4）较好的兼容性。CRM 系统能与 Microsoft Office 有效兼容，提供的所有报表和智能分析结果都可以转换为 Office 文档。这就是所谓的"自动报表生成"能力。

（5）互联网应用性。CRM 系统的应用构架于互联网之上，基于互联网企业的各种业务都可以随时随地运作。

（6）可扩展性。在迅速变化的大数据时代，可扩展性是 CRM 系统的基本特性，其以开放的系统架构和组件化的设计思想将各组成部分形成一个有机整体，具备良好的可扩展性，不仅可避免出现信息孤岛，而且具有兼容性，既能够兼容已有的系统，也能兼容将来建设的系统。

CRM 系统未来的发展趋势

阅读小贴士

CRM 系统未来的发展有以下几个趋势：

1. 设计重点将转向人性化

界面的友好性和分析思维的人性化是未来 CRM 系统发展的关键。目前，客户工作工具的可选择性非常大，不再局限于台式电脑，他们的工作工具可能是笔记本电脑、iPad、智能手机等。因此，CRM 系统应当拥有量身定制的友好界面，并且在传统和移动平台上均具有可访问性和易用性。未来，人们不再是简单地向系统发布指令，而是利用全息技术或三维空间技术与电脑在一个智能的环境中进行会话。随着人工智能和认知解决方案的多样化，利用机器学习可以从本质上理解人的思维模式，确定客户的真正意图并提供准确的个性化答案，为企业提供更具洞察力、更高效的解决方案。

2. 基于云计算打破数据孤岛

现在，很多产品（如 SugarCRM 等）都开发了云数据链接器，提供基于云计算的服务，这一趋势对实现大数据的互联互通提供了技术支持。在高度数字化、信息化的新时代，各个企业间的数据依然是彼此孤立的，并没有实现行业共享。但是，互联网应用模式的一个共同特点就是数据集成和数据共享。随着商业发展，数据将不再是分散孤立的，而是集中在一个平台上不断扩充，借助统一数据共享平台，通过智能 CRM 系统为千百家企业解决经营和业务问题。

3. 区块链技术与 CRM 系统融合

区块链技术可以让企业统一描述客户的交易信息和其他必要的数据，不必担心业务中不准确和重复的数据给营销和相关活动带来麻烦。在 CRM 系统中使用区块链技术，不仅能够加速数据汇总，而且还能够提高企业的洞察力，让企业360 度了解客户需求，为客户提供更加个性化和准确的服务。CRM 系统收集和存储的客户数据通常关系企业经营的命脉，数据安全至关重要，区块链技术的最大优势在于其具有公开性，每个参与者都可以看到存储在其中的交易和区块，但这并不意味着所有人可以看到受私匙保护的实际交易内容，并且没有人能够篡改以前的记录，因此将区块链技术应用于数据管理将使 CRM 系统保存的数据更加安全。例如，Swarm 软件提供了这样一种区块链技术，通过蜂群存储和分发技术在最大程度上保护企业的数字资产安全的同时，帮助企业和个人降低存储硬件成本。更有意思的是，以太坊提供了 BZZ 数字代币来激励开发者提供更多有价值和有趣的 App，架构在 Swarm 区块链基础上的应用越多，BZZ 数字代币的价格也将越高，给开发者和投资者带来的回报也将越丰厚。

4. CRM 系统将继续向社交化发展

社交网络在决策过程中对客户的影响越来越大，因此，CRM 系统开发商将会继续在他们的产品中整合社交网络，让企业能够更好地了解市场的发展趋势，从而使其宣传和营销活动更具针对性。在 CRM 平台中，CRM 还可以利用社交网络向业务团队提供管道，让团队在销售和支持渠道之间进行更好的沟通。

二、客户关系管理系统的一般模型和分类

（一）客户关系管理系统一般模型

CRM 软件系统可划分为接触活动、业务功能及数据仓库三个部分。图 10-1 给出了 CRM 系统的一般模型。该模型阐明了目标客户、工作过程以及系统所能够完成的任务之间的相互关系。这一模型直接指出了面向客户的目标可作为构建 CRM 系统核心功能的指导。

（1）CRM 系统关注的目标客户多种多样，既包括已经购买企业产品或服务的客户，也包括还没购买但可能购买企业产品或服务的潜在客户，还包括组织消费者、中间商、零售商等。

（2）市场营销、销售和服务是客户关系管理的三个主要过程①。在营销过程中，企业需要对客户和市场进行细分、确定目标客户群、制定营销计划、发展市场营销组合并进行营销活动管理。销售的任务是执行营销计划，包括发现潜在客户信息、沟通推销产品或服务、收集信息，最终签订销售订单和实现销售额。服务是在客户购买企业提供的产品和服务后，企业提供进一步的服务与支持，提升客户的满意度和忠诚度。

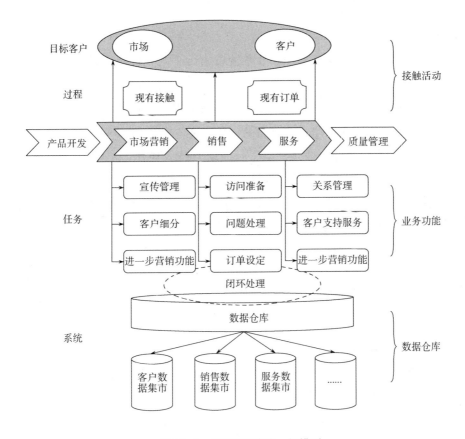

图 10-1 CRM 系统的一般模型

资料来源：周贺来．客户关系管理实务［M］．北京：北京大学出版社，2011：246．

---

① 需要注意的是，产品开发和质量管理处在客户关系管理过程的两端（见图 10-1）。这说明，当前的 CRM 系统更多的只是为产品开发和质量管理提供数据接口，甚至只有报表，距离实现商业智能还有很大的距离，这也为未来 CRM 系统软件的开发提供了方向。

（3）CRM 系统的核心是共享数据库，如客户、销售和服务记录等数据。它是 CRM 系统的底层技术，目的是为企业各部门提供全方位的客户和市场信息数据。企业通过前、中、后台数据的共享，来实现各部门之间的密切合作，并以此驱动营销、销售和服务业务流程的优化、创新和整合。

（二）CRM 系统的分类

根据图 10-1 所示的 CRM 系统的一般模型，我们可以从应用模式和系统功能两个角度对 CRM 系统进行分类。

1. 按照应用模式分类

随着 SaaS 模式的逐步普及，CRM 系统也出现了两种应用模式：SaaS 模式和套装软件模式。

（1）SaaS 模式。SaaS 模式是一种通过互联网提供软件的模式，其应用是指由 CRM 系统服务提供商为用户企业提供一个多家公用的 CRM 软硬件平台，使用企业只需要有使用账号即可登录到该平台使用 CRM 功能，无须购买软硬件。从技术实现而言，这种方式亦称为"云计算"。SaaS 模式的好处是极大降低了 CRM 的使用维护成本和建设风险，不利之处是过于标准化，很难满足企业的个性化业务需求，也很难为企业带来管理和流程上的优化。所以，SaaS 模式更适合于那些规模不大，资源有限，对成本敏感的微小型企业。

SaaS 模式本质上只是系统部署方面的一种演化，软件架构本身与套装软件模式类似，所以下面以套装软件模式的 CRM 系统作为介绍重点。目前采用 SaaS 模式的 CRM 主要有 Salesforce（www. salesforce. com）、800App 八百客（www. 800app. com）、企业维生素（www. xtools. cn）等产品。Salesforce 是一个集成 CRM 平台，可以为企业所有部门（包括营销部门、销售部门、商务部门和服务部门）提供所有客户的单一共享视图。八百客在线 CRM 客户关系管理系统是领先专业的 SaaS 模式和企业云计算开发平台，以 PaaS（平台即服务）管理自动化平台为核心的服务，为企业提供多种行业解决方案。XTools 超兔 CRM 深耕 SaaS 领域 18 年，为超过 6 万家企业、70 万名销售人员提供全面在线的客户关系管理，同时自带"进销存"功能，真正实现了从线索到回款的全生命周期管理。PC 端六项全能：客、单、库、人、财、物全管理；"App 超兔快目标"可以在移动端为销售提供打单功能，真正实现移动端客户关系管理全功能适配。

（2）套装软件模式。对于安装套装软件形式的 CRM 产品，市面上的种类很多，产品的功能往往大同小异，而稳定性和产品化却大相径庭。除了解产品功能之外，还需对软件厂商的研发实力、服务能力、产品成熟度、用户案例等方面进行全面衡量。按照客户群和使用规模的不同，当前主流 CRM 软件产品可分为三个层次。

第一个层次的 CRM 套装软件可定义为"大型企业应用的 CRM 软件"。这类软件以美国甲骨文公司的 Sieble CRM、德国 SAP 公司的 CRM 为代表。这类软件功能强大、管理维度和复杂程度高、提供的业务模式众多，特别适用有全球业务的大型企业。但是这类 CRM 软件的实施驾驭难度比较大，一般需要专门的咨询公司负责，因此实施周期长、耗资巨大。如果以投资金额来计算，此类 CRM 每年的建设和维护投入应在数百万元人民币左右。

第二个层次的 CRM 套装软件可定义为"全球性中型企业应用的 CRM 软件"。这类软件以美国微软公司的 Dynamics CRM、英国 SAGE 公司的 CRM 为代表。这类软件功能也比较强大，支持多语种，管理维度和复杂程度稍微降低一些。尽管这类软件包含的业务模式并不多，但其可配置能力强，能方便实现企业的个性化需求，特别适用于有全球业务的中型企业或者大型企业的分支机构。此外，这类软件使用复杂度低、易用性好，相应的使用和维护成本比第一层次 CRM 软件要低。如果以投资金额来计算，此类 CRM 每年的建设和维护投入应在数十到一百万人民币。

第三个层次的 CRM 套装软件是"适用于国内中小型企业应用的 CRM 软件"。这类软件以国内软件为主流，其中以用友公司的 TurboCRM 和风语者 iCRM 为代表。这类软件功能全面，管理维度和复杂程度低，同时这些软件产品提供的业务以面向国内企业用户为主。这类产品的配置能力较好，可以方便实现企业的个性化需求，特别适用于聚焦国内市场的中型企业及其分支机构。此外，这类软件的使用复杂程度降低、易用性好、使用和维护成本较低，如果以投资金额来计算，应用此类 CRM 每年的建设和维护投入一般在数万到数十万元人民币。

2. 按系统功能分类

按照系统的功能，CRM 系统可分为运营型、分析型和协作型。

（1）运营型 CRM 系统（Operational CRM），有时也被称为前台客户关系管理系统，包括与客户直接接触的各个方面，主要是运用现代技术解决以客户为中心的一系列问题，具有销售信息管理、销售信息分析、销售过程定制、销售过程监控、销售预测等功能。此外，其可为各个部门提供客户资源，减少信息滞留，通过客户服务的自动化来改善和客户接触的流程，进而提高工作效率使客户满意。

（2）分析型 CRM 系统（Analytical CRM），通常也称为后台客户管理系统。其作用是分析、理解发生在前台的客户活动，主要是通过对操作型 CRM 系统在应用过程中产生的大量交易数据进行分析，从中提取有价值的各种信息，为企业的经营管理和决策提供有效的依据。分析型 CRM 系统主要进行客户数据分析，针对企业的业务主题建设相应的数据库和数据集市，利用各种预测模型和数据挖掘技术，对交易数据进行分析，对企业未来的发展趋势做出必要的预测或寻找某种商业规律。作为一种企业决策支持工具，分析型 CRM 系统可用来指导企业的生产经营活动，提高经营决策的有效性和成功度。

（3）协作型 CRM 系统（Collaborative CRM），是指企业通过各种途径直接与客户互动的一种状态。协作型 CRM 系统作为一种综合的解决方案，它基于多媒体联系中心，将多种交流方式融为一体，通过建立统一的接入平台——交互中心为客户和企业之间的互动提供多种渠道和联系方式，提高了企业与客户的沟通能力。在实践中，由于企业和客户都希望快一点解决问题，这就要求协作型 CRM 系统能快速准确地记录客户请求的内容，并快速找到解决问题的方法，如果问题无法在线解决，协作型 CRM 系统则需要进行智能升级处理，企业客户服务人员也必须及时做出任务转发的决定。

在 CRM 项目的实际运作中，运营型、分析型、协作型是互补的关系，如图 10-2 所示。运营型 CRM 之于 CRM 系统，就像四肢之于人体，而分析型 CRM 则是 CRM 系统的大脑和心脏，协作型 CRM 就是各个感觉器官。

图 10-2　三种不同类型 CRM 应用系统之间的关系

资料来源：李季 . 客户关系管理 [M]. 北京：化学工业出版社，2011.

三、客户关系管理系统的功能模块

根据 CRM 系统的一般模型，可以将 CRM 系统划分为接触活动、业务功能、数据库功能三个模块。这三个功能模块以技术功能为基础，技术功能的实现可以促进各个功能的实现与升级。

（一）接触活动模块

CRM 系统能使客户以各种方式与企业接触，如图 10-3 所示，典型的客户与企业接触的渠道有呼叫中心、传真、电子邮件、手机 App 以及其他营销渠道（如金融中介或经纪人等）。特别需要注意的是，当今移动互联和通信已经成为大众的首要选择，尤其是电子商务、游戏娱乐等正在全力向移动端发展，CRM 系统也应该与时俱进。

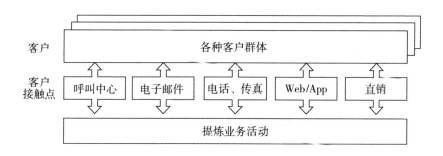

图 10-3 CRM 系统的客户接触点

资料来源：周贺来主编. 客户关系管理实务［M］. 北京：北京大学出版社，2011：249.

在与客户接触赢取其参与的阶段，CRM 系统主要包含以下内容：

（1）营销分析。包含市场调查、明确客户特征、制定营销计划，使营销具有计划性。

（2）活动管理。包括营销活动的传送、计划、内容发展、客户界定、市场分工和联络。

（3）电话营销。通过各种渠道吸引潜在客户，管理客户名单目录。

（4）电子营销。保证互联网上个性化的、实时的营销活动的实施和执行，通过个性化的产品与客户进一步交流。

（5）潜在客户管理。CRM 系统可以将合格的潜在客户移到销售管道，通过不同阶段和逐级转化策略，有序推动每一个潜在客户成为企业真正的客户。

CRM 系统对潜在客户管理的五步骤

阅读小贴士

第一步，根据线索客户的特征，CRM 自动为其指定一个类型，帮助销售人员快速确定该客户是否值得跟进。

第二步，将潜在客户分配给合适的销售人员。CRM 的优势在于可以根据所有销售人员的销售记录，呈现"哪个销售人员更适合跟进哪些特征的潜在客户"这样的信息，有利于更好地做到潜在客户与合适的销售人员之间的匹配，且效率高，有章可循，这样，既利用了数字信息又有利于积累更多的数字信息。

第三步，培育线索客户。CRM 软件以更有效的方式帮助销售人员记住所有潜在客户，并为每一个潜在客户设置下一次的回访时间，无缝衔接上一次的对话，从而有条不紊地跟进所有潜在客户。

第四步，实时掌握潜在客户动态。CRM 系统可以实时记录每一次沟通内容，并为这一次的沟通做一个"标签式"的总结，这些都有利于销售人员实时掌握潜在客户的动态。

第五步，转换潜在客户。经过前四个步骤，CRM 系统已经能够向销售人员展示该潜在用户的具体特征，销售人员可针对性对该用户实施赢单策略，将其转换为企业的真实用户。

需要特别注意的是：从实践的角度来看，客户接触点越多，信息就会越复杂，数据格式的统一性也面临严峻的挑战，技术开发和部署 CRM 系统的难度就会越高。但企业必须保证与客户接触和沟通渠道的畅通，使客户能够采取方便或其偏好的形式随时与企业交流，企业要注意来自不同渠道的信息的完整性、准确性和一致性，否则，企业开发和部署 CRM 系统就不能提高企业的市场营销和管理效率。

（二）业务功能模块

市场营销、销售和服务部门与客户的接触和交流最为频繁，因此，CRM 系统主要对这些部门进行支持，其业务功能模块包括市场营销、销售管理、客户服务与支持。此外，作为一个信息系统，CRM 系统还具有数据处理和商务智能集成的功能。

（1）市场管理的主要任务：通过对市场和客户信息进行统计和分析，发现市场机会，确定目标客户群和营销组合，科学制定市场和产品策略；为营销人员提供预算、制定计划、执行计划的工具，不断完善市场计划；管理各类市场活动（如广告、会议、促销等），对市场活动进行跟踪、分析和总结，以便改进工作。

（2）销售管理的主要任务：为销售人员提供各种销售渠道，如电话销售、移动销售、远程销售和电子商务等，方便及时地获得有关生产、库存、定价和订单处理的信息。所有与销售有关的信息都储存在共享数据库中，销售人员可随时补充或及时获取，企业的销售活动也不会由于某位销售人员的离去而受阻。另外借助信息技术，销售部门还能自动跟踪多个复杂的销售路线，提高工作效率。

（3）客户服务与支持的主要任务：一方面，通过计算机电话集成技术（Computer Telephone Integration，CTI）支持的呼叫中心，为客户提供每周 7×24 小时的不间断服务，并将客户的各种信息存入共享数据库以便及时提供满足其需求的产品或服务。另一方面，技术人员对客户使用产品或服务的情况进行跟踪，为客户提供个性化服务，并且对服务合同进行管理。

（4）数据处理和商业智能集成的主要任务：以上三种业务功能在应用中并不是互相独立的，而是互相结合、互相促进的关系，而要实现这种关系，CRM 系统则需要进行数据处理和商务智能分析。当前企业能够获取的数据越来越多，对这些数据进行清洗和提取足够多的信息，是 CRM 系统具备的基本功能。另外，当前的计算机技术也越来越强调"协同"的概念，企业也希望通过将内部的 ERP 系统和 CRM 系统无缝对接，使企业的管理、业务和决策流程都被纳入到一个高效的商业智能技术（Business Intelligence，BI）平台上（见图 10-4）。

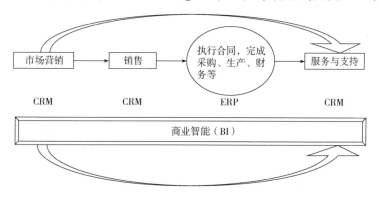

图10-4 CRM 系统的运营功能及其关系

资料来源：李海芹．客户关系管理［M］．北京：北京大学出版社，2013：140.

表 10-1 对上述 CRM 系统的四个业务功能模块进行了简要的汇总。

表 10-1　CRM 系统的业务功能模块

功能模块	子模块	主要功能
市场营销管理	市场活动管理	市场活动的设计和执行监控工具，通常的做法是把市场活动分为几个阶段，每个阶段设定相应的目标，使市场活动的效率容易衡量
	内容管理	又称营销百科全书、知识库等，包含丰富的产品信息、市场信息、竞争对手信息、各种媒体信息等，为市场活动提供帮助，其他模块比如销售管理、客户服务和支持也可以从中受益
销售管理	现场销售移动销售	使用者是那些在企业外部从事销售的人员。通过远程登录等方式，销售人员上传自己的销售情况，并从企业那里得到最新的产品、销售信息，完成销售机会跟踪、配置产品、定价、报价、订单处理工作
	常规销售	服务对象是企业内部的销售人员，他们使用系统完成销售机会跟踪、配置产品、定价、报价、订单处理工作
	合作伙伴和渠道管理	集中管理企业的各种合作伙伴，比如代理商、批发商、零售商等
	自主销售	使顾客可以通过网络、电话等渠道完成产品的购买
客户服务和支持	来电管理	记录或者跟踪处理来自外部的呼叫请求，将某些业务转移到其他功能模块处理
	基于互联网的服务支持	互联网作为一种双向的、互动的媒体被越来越多的企业用来作为和外部联系、交流的纽带，因此互联网也就成为为客户提供服务的重要途径，其所提供的服务手段有：客户自助服务、客户通过 E-mail 提出服务请求、在线的服务支持（在线文字支持、在线语音支持、在线视频支持）
	联系中心	企业和外部的联系通道，包括各种各样的联系手段，比如呼叫中心、传真、E-mail、网页等。不同的呼叫请求转交不同的功能模块和部门人员处理。这是一个公共模块，几乎为所有模块服务
	现场服务支持	进行任务分派，以及为现场服务人员的服务提供支持，比如提供产品、客户信息等
数据处理和商务智能集成	数据过滤	数据整理工具，从大量的销售、市场反馈、客户反馈意见等数据中整理出对企业有用的数据
	数据分析	商务智能的一部分，提供灵活的信息查询手段，针对销售、市场汇总数据的各种视图和分析图表，为企业决策提供帮助

（三）　数据仓库功能模块

数据仓库在 CRM 系统中起着重要作用。首先，数据仓库对客户行为数据和其他相关的客户数据进行集成，为市场分析提供依据。其次，数据仓库对客户行为进行分析，并以报表等形式将结果传递给市场专家。市场专家利用这些分析结果，制定准确、有效的市场策略，同时利用数据仓库、数据挖掘技术，发现增加销售、保留现有客户和发展潜在客户的方法，并将这些分析结果转化为市场机会。最后，数据库将客户对市场机会的反应行为集中到数据库中，作为评价市场策略的依据。在客户关系管理中，数据库主要有以下几方面功能：

（1）保留客户。每个公司都面临着客户流失问题，保留客户也就成了市场竞争的一个重要内容，但并不是所有的客户都有保留的价值。因此，企业要基于数据仓库中的数据，分析出最具价值的客户，并制定相应的客户保留政策。

（2）降低管理成本。对于企业来说，管理大量的客户数据也是一项繁重的工作，而应用数据仓库使数据的统一、规范管理成为可能，同时提供了快速、准确的查询工具，这可以大大降低企业的管理成本。

（3）促进利润增长。数据仓库不仅记录当前数据，还记录了大量历史数据，企业可以通过分析历史数据发现产品销售、利润增长与客户关系管理的关系，进而更有效地促进利润增长。

（4）增强竞争优势。应用数据仓库可使企业拥有更强的市场适应能力。企业应用历史数据来分析市场变化趋势，特别是客户需求的变化趋势，可以及时改变产品性能以适应客户不断变化的需求，这有助于企业抢占先机，巩固并增强企业的竞争优势。

（5）性能评估。企业利用数据库进行客户行为分析，可以准确地制定市场策略、开展市场活动。这些市场活动是否能够达到预定的目标，是评价改进市场策略的重要依据。

（四）　技术功能模块

如果不严格区分，技术功能模块的作用就是如图 10-4 所示的商业智能。尽管不同的企业对此有着不同的需求，但总体上来说该技术功能模块需要具备以下四种能力：

（1）对客户互动渠道集成的能力。对多种客户互动渠道进行集成与对 CRM 系统的功能部件的集成是同等重要的。企业不管是通过互联网、销售人员，还是呼叫中心，与客户的互动都应该是无缝的、统一的、高效的。如前所述，统一的渠道能带来内部效率的提高。

（2）支持网络应用的能力。在支持企业内外的互动和业务处理方面，互联网的作用越来越大，这使得 CRM 的网络功能越来越重要。以网络为基础的功能对一些应用（如网络自助服务、自助销售）是很重要的。一方面，网络作为电子商务渠道来讲很重要；另一方面，从基础结构的角度来讲，网络也很重要。为了使客户和企业雇员都能方便地应用 CRM，需要提供标准化的网络浏览器，使用户只需很少的训练或不需训练就能使用系统。另外，业务逻辑和数据维护是集中化的，这减少了系统的配置、维护和更新的工作量，就基于互联网的系统配置费用来讲，也可以节省很多。

（3）建设集中的客户信息仓库的能力。CRM 系统采用集中化的信息库，所有与客户接触的雇员都可获得实时的客户信息，而且各业务部门和功能模块间的信息可以被集中在一起。

（4）对工作流进行集成的能力。工作流是指把相关文档和工作规划自动化地（不需人的干预）安排给负责特定业务流程中特定步骤的人。CRM 系统可集成工作流为跨部门的工作提供支持，使这些工作动态地完成。

CRM 系统集成的难处

阅读小贴士

目前，CRM 系统在技术上虽有进步但仍不够成熟。Forrester 研究公司的报告估计，目前只有 10% 的 CRM 系统在企业应用时不需做相应的调整，而 30% 的 CRM 系统在企业应用时必须做全面的修改，导致引入成本非常高。软件系统开发商正试图通过向客户提供通用的开发工具、公共开放的接口来改变上述状况。

Forrester 研究公司为企业 CRM 系统的技术开发提出了一些极具价值的指导性意见：企业应用 CRM 系统的主要目的就在于在适当的时间，通过适当的渠道，将合适的产品提供给合适的客户。CRM 系统需要帮助企业提高前台业务的运作效率，所以系统开发需要遵循以下三点基本原则：

（1）可以从中央数据库获取完整的客户信息，而不依赖于对销售渠道及客户的分析和预测，客户信息能够非常容易且实时地得到利用。

（2）企业可以通过 CRM 系统对销售进行管理，使其能在拥有很多决策部门的大型组织中实现复杂的销售过程。

（3）CRM 系统应能简化企业识别目标客户的工作，加强企业与目标客户的联系，使其能够更为合理地分配营销资源，提高反馈率，并加强宣传，从而减少市场营销成本。

扫一扫，看视频 ☞　　

第二节　客户关系管理的三大子系统

本节将重点介绍客户关系管理子系统的业务功能组成（特别是营销自动化功能）以及各子系统需要建立的数据文件。

一、市场管理子系统

市场管理子系统是 CRM 系统的核心组成部分，其功能在于帮助市场经理或专家对客户和市场信息进行全面的分析，从而对市场进行细分，高质量地开展市场策划活动，指导销售队伍更有效地工作。

（一）市场管理的业务流程

市场管理子系统的各项功能是通过如图 10-5 所示的业务流程得以实现的。具体来说，市场管理子系统的功能有：客户信息管理、市场资料管理、营销活动管理、统计与决策支持。

（1）客户信息管理：包括客户信息输入、查询、跟踪和客户发现，实现由目标客户分析到具体客户锁定的过程。

（2）市场资料管理：主要体现为收集信息和提供信息。在开始每一项营销活动之前，企业都要收集与本企业经营业务相关的一些政策、通用标准、签约信息、相关规范等信息。同时，也要收集与本企业、本企业竞争对手和合作伙伴相关的市场活动、媒体宣传、签约信息等市场情报资料。

（3）营销活动管理：在市场情报收集和信息分析的基础上，实施营销战略、筛选并最终选定具体客户，然后制定市场计划。

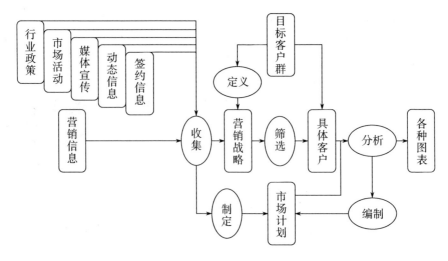

图 10-5　市场管理子系统的业务流程

资料来源：李海芹．客户关系管理［M］．北京：北京大学出版社，2013：140．

（4）统计与决策支持：通过对市场情报的统计分析为营销人员提供决策支持。该功能可以对市场、目标客户、产品和地理区域信息进行复杂的分析，帮助市场人员识别、选择目标客户并生成目标客户列表，开发、实施、管理和优化相应的市场计划。

营销活动管理是市场管理子系统的核心模块，主要包括营销战略、目标客户群、具体客户等功能模块。营销活动管理是企业市场管理工作的起点。通过制定营销战略可以实现企业营销活动的费用规划、区域规划、时间进度规划、预计收入规划等，明确企业与目标客户群、具体客户的关系，反映企业营销战役的整体情况。通过营销战役对客户的处理情况可以更有效地监督、控制营销战略的执行情况。销售系统的销售数据分析、客户数据分析、产品数据分析可为市场营销决策提供参考。同时，将市场反馈信息和销售信息及时结合起来，可以实现市场管理子系统与销售管理子系统的整合，使不断更新的市场活动资料自动地发布给合适的销售、服务人员，确保活动得到快速执行。

（二）市场管理需要的数据文件

市场管理子系统需要建立的数据文件主要有四个：营销战役、目标客户群、具体客户和市场计划。当然，企业还可以根据自身需求建立行业政策、市场活动、媒体宣传、动态信息、签约信息等辅助数据文件。

（1）营销战役文件：是市场管理子系统的主文件。该文件按战役项目设置记录信息，按战役项目的编号和名称、战役实施的时间、战役实施的地理区域、战役实施的目标和费用、战役实施的类型和状态、战役实施的责任人等内容设置字段。

（2）目标客户群文件：是以某一营销战役为对象，记录一组目标客户群总体情况的文件。该文件按营销战役编号，按目标客户群名称、类型、数量以及在数据处理时需要的目标客户群选择的条件设置字段。

（3）具体客户文件：是以某一具体客户为对象，存储客户基本信息的文件。该文件按客户的编号、名称、类型、联系方式、所在地理位置与其他文件相关联的营销战略、目标客户群、联系人等情况以及与具体客户相联系的时间、状态结果、负责人是否完成等内容设置字段。

（4）市场计划文件：以市场计划项目为对象记录市场计划开展情况的文件。该文件按市场计划的编号、名称，计划和实际的时间，市场计划的状态、预计收入、费用预算、紧急程度，市场计划针对的产品，市场计划的合作媒介、责任人以及关联营销战役文件和目标客户群文件的营销战役和目标客户群等内容设置字段。

上述文件的相互关系是以营销战役为核心文件，并由市场计划文件，关联营销战役文件和目标客户群文件，通过目标客户群文件筛选出此次营销战役的具体客户，形成具体的客户文件。

二、销售管理子系统

销售管理子系统是客户关系管理系统的主要组成部分，主要是对商业机遇、销售渠道等进行管理，也就是从市场管理子系统获取销售线索信息发现商业机遇，对协商价格、签订合同、组织发货、收取货款等销售的全过程进行系统管理。

（一）销售漏斗模型

销售漏斗是销售管理子系统的具象。在销售管理中通过对销售业务流程中的相关要素进行定义（如阶段划分、阶段升迁标志、阶段升迁率、平均阶段耗时、阶段任务等），进而形成销售漏斗（见图10-6）。

一旦销售信息进入 CRM 系统，销售管理系统便可自动生成对应的销售漏斗图形。企业通过对销售漏斗图形进行分析，可以掌握销售机会动态的变化过程，并预测销售过程及结果，及时发现销售机会的异常情况；通过对销售机会转化周期、机会阶段转化率、机会转化耗时等指标的分析评估，可以准确评估销售人员和销售团队的销售能力，及时发现销售的障碍和瓶颈。

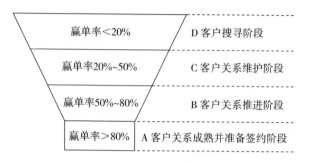

图 10-6　销售漏斗模型

资料来源：Robert B. Miller, Stephen E. Heiman, Tad Tuleja. The New Strategic Selling：The Unique Sales System Proven Successful by the World's Best Companies［M］. Little, Brown and Company, 2005.

什么是销售漏斗

阅读小贴士

销售漏斗是能够科学反映销售机会状态以及效率的一个重要的销售管理模型。"漏斗"模型是在20世纪80年代初，德国汉诺威大学的 Bechte 等人针对生产系统中的计划与控制问题提出来的一种系统模型。该模型能够比较简单、形象、动态地描述一个生产实体的生产调度问题。在生产系统中，一台机床、一个车间乃至一个工厂，在"漏斗中"流动的是需要完成的任务，滞留的是生产过程中的库存。在销售管理中，企业的一系列经营行为，如发布产品信息、与客户接触、交易，都与客户有着紧密的联系，如果把企业的营销、销售和服务部门看作是"漏斗"的话，那么客户就是在"漏斗"中流动的水，而且客户与企业的关系不断变化。企业要做的就是使尽可能多的客户进入漏斗，并加强与漏斗中客户的关系，想方设法增加漏斗中与其具有良好关系的客户的数量。上述应用在客户关系管理中的"漏斗"即为销售漏斗。

利用销售漏斗模型可以预测销售定额。例如，对于高价值的复杂产品，潜在客户不会轻易下单，其从有购买意向到实际购买，需要花费三个月到两年的时间，企业进行加权分析之后，就可以预测销售定额。比如，某潜在客户下一年有意向购买500万元的产品，若该客户处在漏斗中的上部，销售定额就是小于100（500×20%）万元（见表10-2），以此类推可计算其他潜在客户的销售定额，最后将各个销售人员所负责区域内的所有潜在客户的销售定额相加，就可得出该公司的销售总定额。

表10-2　销售漏斗模型预测销售定额

销售漏斗	赢单率(%)	企业赢单率(%)	购买意向(万元)	销售额预测(万元)
上部潜在客户	<20	20	500	<100
中上部潜在客户	20~50	40	100	40
中下部潜在客户	50~80	60	40	24
下部潜在用户	>80	90	24	21.6

利用销售漏斗模型可以有效地跟进和指导销售工作。通过定期检查销售漏斗，销售经理能够及时掌握各个销售员的销售进度。如果潜在客户在较长的时间里一直停留在某个位置，如总是处在漏斗的上部，可能是该客户还没有下决心购买，也可能是销售人员长期没有与客户联系；如果总是处在漏斗的中部，可能是该客户还在犹豫，也可能是其已经转向购买竞争对手的产品；如果总是处在漏斗的下部，问题可能出在企业内部，可进一步分析了解真实状况。总之，根据客户在漏斗中所处的位置进行销售分析并找出相关原因，可有效指导销售人员下一阶段的工作。

利用销售漏斗模型能够合理分配客户资源、销售定额。公司需要向销售人员分配客户资源，利用销售漏斗模型能够准确掌握每个地区潜在的客户数和业务量，从而避免以往按照区域或行业简单粗略地分配客户资源、销售定额的弊端。以往，发达地区的销售业务可能是由多人同时负责，只是各自的侧重点不一样；欠发达地区，可能一个人就能负责多个区域的业务，销售人员负责的区域范围较广。如果按照行业来划分市场，情况也相同。另外，发达地区销售人员的业务定额一般高于欠发达地区，而销售人员业绩的衡量，既要看业务定额的高低，也要看超额完成任务的比例。

利用销售漏斗模型能够有效地防范客户资源的流失，可以最大限度地掌握潜在客户的信息和动态，有效防止市场的流失。客户信息资源是公司的"集体财产"，不是销售人员的"个人财产"。某个销售人员提出离职申请时，销售经理可利用销售漏斗模型检查核对该员工的销售漏斗情况，及时接管其名下的所有客户资源，并与接替人员一起联系相关客户，及时做好与客户的对接工作，这样就可以避免客户随着销售人员的离职而流失的问题。

（二）销售管理的业务流程

图 10-7 给出了销售管理的业务流程。可以看出，销售管理各阶段通过对客户进行全过程的跟踪服务实现销售目标。销售管理系统的处理过程是：线索—商机—报价—合同—订单—收款—分析，即利用市场管理系统中的客户资料梳理形成销售线索；通过对这些销售线索进行全方位的分析，将其进一步转化为商机；把握住商机并根据客户需求提出经过审批的商品报价单；企业与客户协商商品价格，签订销售合同，确定购销关系；企业开始组织订货，按客户的要求签订销售订单；企业根据销售合同的要求按期保质保量地提供商品，及时发货并开出销售发票，产生应收账款；考虑销售订单，根据销售任务等资料编制销售计划；利用各种分析方法，分析销售计划的完成情况，并将分析结果以可视化的形式展示出来，为管理决策提供支持。

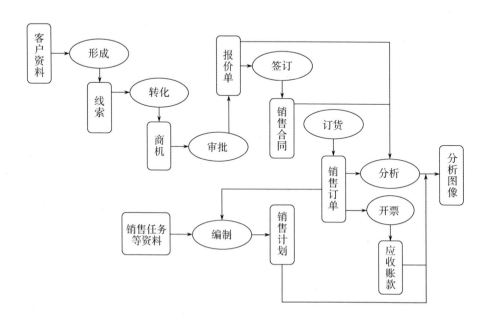

图 10-7 销售管理的业务流程

资料来源：李海芹．客户关系管理［M］．北京：北京大学出版社，2013：140．

销售自动化是销售管理子系统的重要组成部分，是以自动化方法替代原有的销售过程。SFA早期是针对客户的应用软件，但从20世纪90年代初开始，SFA的范围已经扩展很多，包含一系列的功能，可以很好地提高销售人员的大部分活动的自动化程度，提高其工作效率。SFA的功能集中体现在联系人管理、销售机会管理和活动管理三方面。

（1）联系人管理功能。销售自动化可以使企业整合来自互联网和应用办公程序的客户资料，完善客户基础资料，跟踪潜在客户，并将销售的时机提供给销售人员，推动跨部门协作，建立长期稳固的客户关系，从而与客户进行有效的沟通。

（2）销售机会管理功能。销售机会是指能为企业带来销售额的潜在交易对象。销售机会管理功能是指CRM系统对这些销售机会进行精细化管理，从而推进销售业绩的发展，提高销售机会的成单率。销售机会管理主要包括收集潜在客户需求和联系资料等相关数据。能够跟踪计划的进展情况，为销售经理和其他销售人员提供即时反馈意见，从而制定出实现交易的策略，进而使销售决策过程有序化。

（3）活动管理功能。销售人员利用CRM系统管理自己的日程表、制定活动计划、处理工作、快速进行日程和会议安排、快速查看待处理的工作内容，也可以对各项活动按照其重要程度排序，并附上相应的联系人、客户名称等信息，从而更好地进行客户管理。

（三）销售管理需要的数据文件

销售管理子系统需要建立的数据文件主要有以下12个。

（1）客户线索文件：以客户为单位进行记录，包括客户的基本信息、联系人信息和自有产品信息、线索来源、线索状态、结果信息以及线索责任人等方面的信息。其中，线索来源包括营销活动、员工推荐、营销电话、自媒体、微信、微博、抖音等；线索状态包括已分配、未分配、成功关闭、失败关闭；结果信息包括转入商机或失败关闭。

（2）商机文件：反映求购产品、销售产品、合作机会、提供服务等方面的商业信息的文件。商机文件按每一项客户伙伴的商机进行记录，包括商机的编号、名称、状态，客户伙伴销售方法和所处的销售阶段、收入情况、线索情况、成功概率，各个活动阶段日期、预购产品、责任人等内容。商机文件与客户线索文件相关联可以获取线索客户的有关信息。其中，标准的销售过程包括需求跟踪、方案设计、销售报价、合同签订四个阶段。

（3）报价单主体文件：按每一项报价设置记录，包括报价的名称、版本、状态、关联的商机和客户伙伴、采取的价格策略、产品价格、付款要求和责任人等内容。

（4）报价单明细文件：在报价单主体文件的基础上，对产品的品种规格、价格情况的反映，报价单主体文件的一条记录可以对应多条产品及其价格记录。

（5）销售合同主体文件：按签订的每项销售合同进行记录，包括销售合同的编号、类别、签订销售合同的客户名称、价格策略、销售金额、销售责任人以及报价单号和商机等内容。销售合同主体文件关联报价单文件和商机文件，数据具有一致性。

（6）销售合同明细文件：反映各种销售产品的数量、价格等方面信息的文件，一个销售合同主体文件可以对应多个销售合同明细文件。销售合同明细文件按不同产品进行记录，其结构与报价单明细文件的结构相同。

（7）销售员佣金文件：反映销售员根据所签订的销售合同所获得的佣金情况的文件。该文件应包括销售员的编号、名称、类型，销售合同的编号、类型和金额，佣金的提取基准、方式、日期等内容。

（8）客户佣金文件：按客户签订的销售合同进行记录，包括客户佣金的名称、金额、提取状态、提取时间，销售合同、销售金额，客户付款和佣金支付的情况，佣金提取的比例，联系人，责任人等内容。

（9）销售订单主体文件：按销售订单进行记录，关联报价单、销售合同、商机三种文件，包括销售订单的编号、日期、类别、来源、客户，销售方式，送货方式，结算方式，送货地址，价格策略，货款的币种、汇率、税额、金额，联系人，责任人以及报价单文件的报价单号、销售合同文件的合同号、商机文件的商机等内容。

（10）销售订单明细文件：包括每一份销售订单的产品数量、价格等方面的内容。销售订单主体文件可以对应多个销售订单明细文件，即销售订单明细文件按不同产品进行记录，其结构与报价单明细文件和销售合同明细文件的结构相同。

（11）应收账款文件：是在产品销售完成并开出销售发票之后，所形成的客户销货往来业务应收未收和应收已收款项的文件。按每一项应收账款进行记录，包括应收账款单据的编号、日期、说明，商品订单号，合同号，商机、客户、应收账款的币别、汇率、结算方式，账款应收总金额、已收金额、未收金额账款，应收账款状态，发票号，发票开具日期以及责任人等内容。

（12）收款单位文件：反映销售货款应收已收情况的文件，按每一项收款进行记录，包括收款单号、日期、说明，商品订单号，合同号，商机，客户，收款的币别、汇率、结算方式，款项应收总金额、已收金额、未收金额，收款状态，发票号，发票开具日期以及责任人等内容。

三、服务管理子系统

服务管理子系统记录客户服务信息，处理客户所购买的产品（或服务）的售后问题以及跟踪客户使用（享用）产品（或服务）的状况，为客户服务人员提供易于使用的工具和有用的信息，以提高客户服务人员服务客户的效率，增强服务能力，帮助企业留住客户，并增加附加销售的机会。

（一）服务管理的业务流程

服务管理子系统包括客户服务与支持、关系管理和客户服务自动化等多个方面。它是一个基于计算机电话集成技术（CTI）的客户服务系统，能使客户服务人员准确、高效地满足客户的个性化服务要求，并进一步保持和发展与客户的关系。

服务管理的业务流程如图10-8所示。该流程始于呼叫中心系统（包括电话、E-mail、Web 等）接收到客户的服务请求[1]，在接到客户服务请求后，先将相关信息录入系统中，然后进行任务分配。被分配人可以了解到任务由谁分配、任务的内容、服务的客户，以及其他一些具体要求（如为客户上门服务的时间）。被分配人可以查看客户伙伴列表，获取客户的联系方式。在服务客户的过程中，被分配人可以将相关的活动情况记录下来，作为自己的工作记录，以及自己与客户联系的活动记录。对需要维修的产品先要填写产品维修单，然后再进行产品维修服务。

产品维修单管理是售后维修业务管理的核心。通过产品维修单中记录的产品信息、故障描述信息及故障诊断信息，服务人员可以初步判断产品存在的问题，

---

[1]　客户呼叫中心的相关内容请参阅本章案例。

然后再决定下一步的工作。如果产品涉及配件维修问题，可以将配件的维修情况和维修结果记录在维修单中。产品维修如果产生费用，可以在维修单中记录收费的情况，这样记录就完成了。

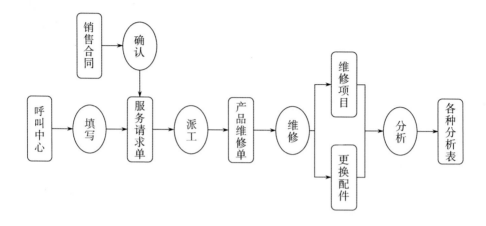

图 10-8　服务管理的业务流程

资料来源：李海芹．客户关系管理［M］．北京：北京大学出版社，2013：140.

（二）客户服务与支持

客户服务与支持（Customer Service and Support，CSS）是服务管理子系统的重要组成部分，是企业业务操作流程中与客户联系最频繁的部分，对保持客户满意度至关重要。在很多情况下，客户的保持和客户利润贡献率的提高都依赖于企业提供的优质服务。在互联网时代，客户只需轻点鼠标、切换新的 App 或打一个电话就可以转向竞争者，因此客户服务与支持对企业来说极为重要。

在 CRM 系统中，客户服务与支持主要是通过呼叫中心和互联网实现的，有助于产生纵向及横向的销售业务。CRM 系统中的客户服务与支持可以帮助企业以更快的速度和更高的效率来满足客户的独特需求，保持和发展客户关系。它可以向客户服务人员提供完备的工具和客户信息，并支持多种与客户交流的方式，可以帮助客户服务人员更快速、更准确地解决客户提出的问题，同时能根据客户的背景资料和可能的需求，向客户提供合适的产品或服务建议。

客户服务与支持管理的功能结构如图 10-9 所示。

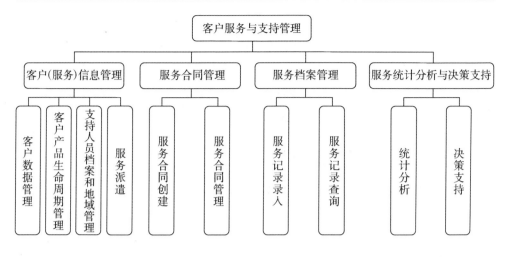

图 10-9　客户服务与支持管理的功能结构

（1）客户（服务）信息管理模块：收集与客户服务相关的资料，完成包括服务派遣、客户数据管理、客户产品生命周期管理、支持人员档案和地域管理等业务功能。此外，通过与 ERP 系统的集成，该模块可以为企业进行部件管理、采购、质量管理、成本跟踪、财务管理等提供必需的数据。

（2）服务合同管理模块：帮助企业创建和管理客户服务合同，确保客户获得的服务和产品的质量，跟踪保修单和合同的续订日期，通过事件功能表安排预防性的维护事项。

（3）服务档案管理模块：对客户提出的问题及与之对应的解决方案进行日志式的记录，包括联系人、客户档案、任务以及解决关键问题的方案等，从而提高企业检索问题答案或解决方案的速度和质量。

（4）服务统计分析与决策支持模块：对客户服务资料进行分析，使企业既能根据客户的特点提供服务，又能对客户的价值进行评估，从而使客户的满意度和企业盈利都能得到提高。

阅读小贴士

客户服务自动化

客户服务自动化可以帮助企业以更快的速度和更高的效率来满足客户的售后服务要求，进一步保持和发展客户关系。客户服务自动化系统可以向服务人员提供完备的工具和信息，支持与客户的多种交流方式，可以帮助客户服务人员更有效、更快捷、更准确地解决客户的服务咨询，同时根据客户的背景资料和可能的需要向客户提供合适的产品或服务。客户服务自动化，包括以下功能模块。

（1）客户自助服务：当客户使用产品遇到困难或产品有应用或质量问题时，客户可通过网络寻求企业提供的自助服务。目前应用较为广泛的人工智能技术为客户自助服务提供了更为丰富的解决方案。

（2）客户服务流程自动化：若客户不能自行解决产品问题，可通过各种渠道联系企业产品售后服务部门。企业在收到客户的服务请求之后，可以全程跟踪服务任务的执行过程，保证服务的及时性和服务质量。企业可以自动给服务人员分配服务任务，把客户信息、客户购买产品的交易信息等资料及时传递给相关服务人员，并生成维修和服务报告。

（3）客户关怀管理：在维修服务过程中进行客户关怀，支持节日关怀，定期提醒客户进行预防性维修和保养，提高客户对服务的满意度。

（4）客户反馈管理：及时对服务反馈信息进行收集整理和分析，及时响应客户反馈。

（5）建立知识库：建立标准的服务知识库，可以使所有的服务人员及时共享服务经验，为维修人员进行故障诊断提供技术支持，迅速提升新员工的服务水平。实现了服务案例分析和服务问题的自动分析诊断，使企业具有在巨大的维修服务和售后服务知识库中进行检索的功能。

（6）收集信息：及时收集服务过程中客户的需求信息和潜在购买意向，并将其及时反馈给销售营销部门，由相关人员进行跟踪管理。

（7）提供接口：向客户服务中心提供接口支持，使其可采用不同的方式与客户进行交流，包括互联网、E-mail、传真、电话、社交 App 等。

（三）服务管理需要的数据文件

服务管理子系统需建立的数据文件主要有以下 7 种。

（1）服务请求文件：是记录客户需要的服务的文件。该文件详细记载了客户的服务请求及企业为客户服务的时间和责任人等情况。该文件对服务请求项目进行记录，按服务请求、编号内容、来源范围、类型等级、状态时间、联系方式、责任部门和人员，以及服务请求所对应的销售合同等内容设置字段。

（2）产品维修文件：是反映客户服务请求、产品维修情况的文件。文件对每张产品维修单进行记录，按产品维修的时间、内容，故障诊断类型，产品缺陷，问题解决方案，产品维修部门和责任人，产品维修费用，与装箱单文件相关联的装箱情况，与服务请求文件相关联的客户请求服务的内容和相关商品产品等内容设置字段。

（3）维修项目明细文件：根据产品维修文件的要求，对产品需要进行的维修项目设置维修项目明细文件，记录维修所需要的配件、维修情况的文件。该文件按维修项目进行记录，根据维修单编号、维修所需商品组件和配件、维修级别、故障原因、维修项目内容和维修工种、维修车间和人员、维修状态，以及需要结算的费用等内容设置字段。

（4）更换配件明细文件：是反映维修项目中配件更换情况的文件。该文件按维修项目所更换的配件进行记录。按维修商品的编号和名称，更换配件的编号和名称，配件的数量、单价、折扣、具体的费用，以及更换配件的状态、配件是否装箱等内容设置字段。

（5）装箱单文件：分为装箱单主体文件和装箱单明细文件。装箱单主体文件是在产品维修文件和更换配件明细文件中反映需要装箱配件主要情况的文件。对装箱单进行记录，装箱单主体文件只记录装箱单中各种配件的编号，配件装箱的日期，配件发送、接收的部门、人员以及责任人等。装箱单明细文件是在产品维修文件和更换配件明细文件中反映装箱配件情况的文件。

（6）商品文件：是反映已销售完成的商品情况的文件。该文件按各种已销售的产品进行记录，按商品的编号、名称、规格、序列号，客户伙伴、联系人，商品销售合同号、订单号、数量、时间，商品保修责任人等内容设置字段。

（7）产品缺陷文件：是记录和反映在维修过程中发现已销售完成的产品存在某种缺陷的文件。该文件对产品缺陷的情况进行记录，按产品缺陷编号、缺陷描述、产品名称、缺陷等级、缺陷类型、缺陷来源、缺陷严重程度，以及报告部门和报告人等内容设置字段。

扫一扫，看视频 ☞

本章小结

　　本章从系统工具层面上对客户关系管理系统的功能特点、模型分类以及核心子系统进行了简要介绍。之所以是简要介绍，是因为当前已有为数众多的软件提供商，针对不同行业、不同企业的需求给出了规范、具体的 CRM 系统综合解决方案。本章仅仅是从管理学的角度对 CRM 系统进行了一个梳理，目的是让读者了解 CRM 系统的功能模块可用于解决企业的哪些问题，以及需要关注的要点。此外，我们希望读者能够牢牢记住这句话：CRM 系统工具是"招式"，真正的"心法"只能来自于企业对待客户的核心理念和价值体系。

本章案例

CRM 系统的呼叫中心

　　呼叫中心（Call Center）是企业与客户沟通的重要渠道，也是多数客户乐于使用的与企业沟通的渠道。这一交互界面集中了大量客户的基本信息、需求信息和业务活动信息，据此可提升企业的业务处理能力。正是这种特点，呼叫中心被纳入客户关系管理系统的整体战略框架，成为 CRM 系统不可缺少的组成部分。这部分内容是对本章前面内容的补充，可使读者对呼叫中心的发展、分类、功能实现和工作流程有一个全面的了解。

一、呼叫中心的发展与分类

（一）呼叫中心的概述

　　企业以往也非常重视客户关系管理的重要性，但是很少有企业能维持良好的客户关系，呼叫中心的出现则为该问题提供了一个良好的解决方案。呼叫中心系统将销售管理与服务管理模块的功能集成起来，使一般的业务人员能够向客户提供实时的销售和服务支持。

　　随着企业运营思想的改变，特别是客户关系管理在企业中的应用及其应用范围的不断扩展，呼叫中心作为 CRM 系统的重要组成部分对通信渠道进行了一次巨大的整合。呼叫中心将企业各个通信渠道作为管道、客户与企业沟通的通信数据作为资源储存在 CRM 系统中，这样企业就拥有了一个较为完整的客户关系数据库，从而可以进行企业精细化管理，依据客观数据做出决策。同时，呼叫中心利用 CRM 系统的强大功能成为企业和客户联系的重要窗口，能够引导企业提供符合客户期望的产品和服务，让客户感受到价值，从而提高客户的满意度和忠诚度。

呼叫中心典型的工作场景如下：客户服务人员头戴有耳麦的耳机，一手操作鼠标，眼睛盯着电脑屏幕。一边通过电话与客户进行交流，一边通过电脑搜索与客户投诉、咨询的问题相关的内容，以便快速回答客户提出的问题。下面我们从技术和营销两个角度来理解呼叫中心的概念。

（1）从技术角度来看，现代呼叫中心是一种计算机与电信相结合的先进技术。它是基于CTI技术，充分利用通信网络和计算机网络的多项功能集成与企业连为一体的一个完整的综合信息服务系统。电话系统连接到某个信息数据库，并由计算机语音自动应答设备或人工座席将客户要检索的信息直接播报给客户。

（2）从营销角度来看，呼叫中心是一种现代化的业务管理手段、近代新兴的信息服务形式、公司的业务代表集中进行话务处理和通过呼叫与客户联系的一个专门的系统。

（二）呼叫中心的发展

呼叫中心最早源于北美，其雏形出现在20世纪50年代美国的民航业和旅游业。最初以电话服务热线的形式出现，继而出现用于电话营销的呼出型呼叫中心。呼叫中心的发展历程可以分为以下四个阶段。

第1代呼叫中心处于人工应答阶段。第一代呼叫中心的雏形实际上就是热线电话，是以提供信息服务为主的呼叫中心。企业指派若干经过培训的业务代表专门负责通过电话接待客户。客户只需拨通指定的电话，就可以与企业的业务代表直接交谈。这一阶段的呼叫中心都是通过人工接听电话，手工在计算机上输入信息。当客户需要帮助时拨通电话号码，通过交换机连接到企业的座席电话。座席人员在和客户的通话中了解客户需求，在计算机中查找相应信息并告诉客户。比较典型的例子，如我国的114、120电话。这种呼叫中心的功能较为单一，只能提供人工服务，自动化程度不高。

第2代呼叫中心在第1代呼叫中心的基础上增加了基于IVR技术的全自动语音应答服务。IVR，英文为Interactive Voice Response，中文翻译为"交互式语音应答"。呼叫中心装入IVR系统后，呼叫基本上就实现了自动化，可以减轻座席人员的负担。只有在IVR系统不能完成任务的情况下，任务才交由座席人员处理。IVR系统使用户可以随时随地操作相关业务，因此得到了用户的普遍认可。IVR系统可以进行诸如信息查询、订票、交易等业务。同时，第2代呼叫中心还引入了计算机和网络技术，具有简单的排队功能，能自动生成不同座席的话务量，提高服务效率。

第 3 代呼叫中心。为了适应客户的个性化需求，呼叫中心又进一步使用 CTI 技术使电话与计算机集成，从而形成了第 3 代呼叫中心。CTI 技术，实现了企业信息系统内的数据与自动语音的结合。客户来电经自动语音应答系统处理，或者转接到人工座席，业务代表在接听客户电话的同时，可以在计算机屏幕上看到客户的有关信息，实现了语音和数据同步，从而可以更好地服务客户，提高服务质量和客户满意度。

第 4 代呼叫中心是目前应用的主流，最大的特点是集成了互联网，使呼叫中心真正从电话客户服务中心转变为综合客户服务中心。客户可以通过电话、电子邮件、网页、语音等方式接入，满足了客户的个性化需求。第 4 代呼叫中心仍在完善和发展的过程中，其发展趋势主要表现为与互联网融合、无限移动应用、多媒体呼叫，以及能够实现自动识别语音、将文本转化为语音。

（三）呼叫中心的类别

1. 按照业务代表座席或进入多少中继线路来划分

按照业务代表座席或进入多少中继线路来划分，呼叫中心可以分为大型、中型和小型呼叫中心。

（1）大型呼叫中心。一般是指拥有超过 100 名座席代表的呼叫中心，主要为全球性跨国公司和大型企业服务。大型呼叫中心的设备齐全，具有大型交换机自动呼叫分配器、自动语音应答系统。

（2）中、小型呼叫中心。中型呼叫中心一般拥有 50~100 名座席代表。小型呼叫中心的座席代表少于 50 名，主要适用于业务量不太大的中小型企业。小型呼叫中心的硬件配置一般与大型呼叫中心相同，只是硬件配置和服务的规模相对来说较小，成本也比大型呼叫中心要低很多。

2. 按照业务代表的职业特点划分

按照业务代表的职业特点，呼叫中心可以划分为正式和非正式呼叫中心。

（1）正式呼叫中心，是企业安排专门的代表处理客户的呼叫，为客户提供服务，一般银行企业都采用这样的方式。

（2）非正式呼叫中心，是指由非专业的话务代表来处理客户的呼叫，随着行业专业化的发展和对客户的重视，越来越多的企业倾向于安排专门的人员处理客户呼叫。

3. 按呼叫中心的所有权划分

按呼叫中心的所有权性质，又可以将呼叫中心分为企业自建型和运营商代理型。

（1）自建型呼叫中心，是企业自己出资自行设计开发或购买成品软件，建设符合自身需求的呼叫中心。呼叫中心系统、座席人员、电话线路都属于企业，相关设备和业务完全由企业自行操作。自建型呼叫中心能够掌握呼叫中心的技术和服务，培养自己的人才，确保服务水平，防止客户信息外泄，数据安全有保障，业务系统更贴合。不过自建型呼叫中心前期的投入成本较高，适合具有一定资金和技术实力的企业。

（2）运营商代理型呼叫中心，由一个提供专门服务的第三方企业来负责呼叫业务，也就是我们常说的呼叫业务外包。系统、座席人员、电话线路都由运营商或外包公司管理。运营商可以是一个大型呼叫中心，与各企业签订协议并提供服务。企业只需提供客户信息，客户呼叫由运营商直接处理，特殊问题再转给相应企业人员。企业外包的呼叫业务通常是那些非核心业务、想尝试的新业务、缺乏足够人力支持的业务、没有能力或不愿意提供7×24小时服务的业务等。运营商的专业化程度较高、运营管理更专业，并且可以不断采用最先进的技术，使企业在使用良好系统的同时也降低了运营成本和技术壁垒。但运营商代理型呼叫中心要注意的问题是数据安全性无法保障，价格较昂贵，企业重要信息和核心数据存在泄露风险。

二、呼叫中心的功能与实现

呼叫中心是企业与客户沟通的平台，是企业收集客户资料、了解客户需求的通道，是为客户提供优质服务、维护客户忠诚度的中心，是企业的利润中心。呼叫中心的基本功能包括销售沟通与信息收集功能、市场营销推广功能、售后服务功能。

（一）呼叫中心的功能

销售人员通过呼叫中心可以随时得到有关产品的信息，随时与客户进行业务活动，在一定程度上实现了销售自动化，使销售人员可以将主要精力集中在开拓市场上，将企业的运营维持在最佳状态。呼叫中心的功能主要体现在以下几方面：

（1）全天候服务。呼叫中心可以提供每天24小时不间断的服务，客户可以任意选择电话、E-mail等通信方式与企业沟通。

（2）实现电话交互活动效果的最大化。系统自动生成潜在客户名单自动拨通其电话，在有人接电话时再将电话转接给适当的座席人员。

（3）智能化客户信息分析。呼叫中心能够根据不同客户的需要进行消费行为分析，并将结果反馈给企业，促使企业为客户提供个性化的产品和服务。

（4）语音数据同步向外转移。不同座席人员与客户的通话数据和客户的基本资料，可以在座席人员之间同步转移共享，从而能够加强合作，共同满足客户的需求。

（5）内外信息衔接。呼叫中心对外面向客户，对内与整个企业联系，对来自客户的各种信息和数据进行调整与加工，然后将其存储于数据仓库中，为企业管理者提供分析和决策依据。

（6）利润中心。呼叫中心早期被视为功能性部门，被认为是支出部门，但随着呼叫中心工作的优化，它成为企业了解市场变化和进行内部管理的工具，通过呼叫中心获得的信息被用于企业管理决策，具有良好的社会效益和经济效益，因此被称为利润中心。

（二）呼叫中心功能的实现方法

目前呼叫中心功能的实现方法主要有两种：基于前置自动呼叫分配（Autoumated Call Distributor，ACD）和基于微机语音板卡。

（1）ACD方案：该方案主要适用于银行等行业的大型呼叫中心。ACD指的是自动呼叫分配，这种方案的核心思想是在交换机和自动话务分配的基础上扩展路由和统计功能，用CTI技术实现通信和计算机功能的结合。人工座席和交互语音应答系统可以充分利用数据库资源和呼叫处理资源。

（2）微机方案：主要用于容量小、业务简单的小型呼叫中心。这种方案以微机语音处理技术为基础，其基本思想是在微机平台上集成各种功能的语音处理卡，形成传统交换机的功能，构建呼叫中心系统。计算机语音板卡采用专门的DSP处理芯片提高语音处理能力，可以分别提供模拟电话线和数字电话线接口，通过专门的语音座席板卡将客户的电话与企业后台的座席人员接通，进行电话交流。

三、呼叫业务流程

一个典型、完整的呼叫流程一般需要包含以下八个步骤：

第一步，客户通过公众服务电话进入呼叫中心，或通过电话、手机等终端通信工具，拨打呼叫中心的电话号码。

第二步，交换机中的自动话务分配机寻找空闲的自助语音应答线路，并把该呼叫转至该线路。

第三步，直接提供自助式服务，由客户根据语音提示通过电话按钮选择所需要的服务，或者自助语言应答系统给呼叫者播放提示信息，以确定哪类接线员受理比较合适。

第四步，当客户选择人工服务时，自助语音应答系统检查座席人员队列，若无空闲接线员，则播放消息给呼叫者，告诉其在等待队列中的顺序，询问是否愿意等待。

第五步，接线员空闲时，客户呼叫被转至该接线员。

第六步，利用数据库的共享功能，呼叫中心向接线员的电脑发送信息，客户呼叫到达时，客户信息在接线员的电脑上会自动显示出来。

第七步，接线员根据呼叫内容和数据库信息处理客户的呼叫，如客户投诉，座席人员记录投诉内容，同时处理客户投诉。

第八步，人工座席处理完毕后，呼叫中心对客户进行该次呼叫的满意度调查，大多数企业之后还会进行跟踪和回访，一般由人工座席负责去话呼叫。

问题思考：

1. 请你寻找一个国内企业部署呼叫中心的案例，尝试介绍呼叫中心的功能和运营流程，并对它的优缺点进行分析。

2. 假设你所在的企业需要部署呼叫中心，请你寻找两家国内呼叫中心业务提供商，对它们的技术、产品和服务进行分析，并为你的企业提供建议。

参考文献

［1］埃弗雷特·M.罗杰斯.创新的扩散［M］.辛欣,译.北京:中央编译出版社,2002.

［2］宝利嘉.客户关系管理解决方案［M］.北京:中国经济出版社,2002.

［3］鲍勃·伯格.关系营销:如何开展成功的关系营销［M］.许旭,译.北京:中国长安出版社,2008.

［4］蔡惠州.对大型国有医疗机构医院客户关系管理的探讨［J］.中国社会医学杂志,2012,29(4):240-242.

［5］曹基梅.客户关系管理［M］.长沙:湖南师范大学出版社,2012.

［6］曾玉湘,陈建华,张小桃.客户关系管理［M］.重庆:重庆大学出版社,2016.

［7］沈渊,吴丽民.SPSS 17.0统计分析及应用实验教程［M］.杭州:浙江大学出版社,2013.

［8］陈睿扬,王秋英.论新常态下的客户关系管理和客户忠诚提升［J］.科技创新,2017(5):107-108.

［9］陈诗秋.客户管理操作实务［M］.广州:广东经济出版社,2003.

［10］成海清,李敏强.客户价值概念内涵、特点及评价［J］.西北农林科技大学学报(社会科学版),2007(7):12-17.

［11］崔勇,张鹏.移动互联网:原理、技术与应用［M］.北京:机械工业出版社,2018.

［12］单友成,李敏强,赵红.面向客户关系管理的客户满意度指数模型及测评体系［J］.天津大学学报(社会科学版),2010,12(2):119-124.

［13］K.道格拉斯·霍夫曼,约翰·E.G.彼得森.服务营销精要:概念、策略和案例［M］.胡介陨,译.大连:东北财经大学出版社,2006.

［14］邓·皮泊斯,马沙·容斯.客户关系管理:战略框架［M］.郑志凌,梁霞,邓运盛,译.北京:中国金融出版社,2014.

［15］邓森文,马溪骏.基于Cox模型的移动通信行业中低端客户流失预测研究

[J]．合肥工业大学学报（自然科学版），2010，33（11）：1698-1701.

[16] 丁建石．客户关系管理［M］．重庆：重庆大学出版社，2007.

[17] 丁宁．服务管理［M］．北京：北京交通大学出版社，2018.

[18] 厄尔·诺曼，斯蒂文·H. 霍廷顿．以客户为中心的六西格玛［M］．王晓芹，徐秀兰，卢海琪，等译．北京：机械工业出版社，2003.

[19] 方旸，谷再秋，田艳芳，方苏春．CRM 理论与应用研究［M］．北京：中国财富出版社，2017.

[20] 菲利普·科特勒．营销管理：分析、计划、执行和控制［M］．梅汝和，梅清豪，张桁，译．上海：上海人民出版社，1999.

[21] 冯光明，余峰．客户关系管理理论与实务［M］．北京：清华大学出版社，2019.

[22] 高远．客户价值、市场细分与客户关系管理的关系［J］．时代金融，2017（23）：273.

[23] 韩小芸，申文果．客户关系管理［M］．天津：南开大学出版社，2009.

[24] 汉斯·卡斯帕尔，皮尔特·V. 赫尔希丁根，马克·加勒特．服务营销与管理——基于战略的视角［M］．韦福祥，译．北京：人民邮电出版社，2008.

[25] 扈健丽．客户关系管理［M］．北京：北京理工大学出版社，2010.

[26] 花拥军．客户关系管理［M］．重庆：重庆大学出版社，2012.

[27] 霍亚楼．客户关系管理［M］．北京：对外经济贸易大学出版社，2009.

[28] 加里·阿姆斯特朗，菲利普·科特勒．市场营销学［M］．赵占波，何志毅，译．北京：机械工业出版社，2011.

[29] 杰拉尔德·L. 曼宁，巴里·L. 里斯．销售学：创造客户价值［M］．陈露蓉，译．北京：北京大学出版社，2009.

[30] 科里·帕特森，约瑟夫·格雷尼，罗恩·麦克米兰，艾尔·史威茨勒．关键对话：如何高效能沟通（原书第 2 版）［M］．毕崇毅，译．北京：机械工业出版社，2017.

[31] 克里斯廷·格罗鲁斯．服务管理与营销——服务竞争中的客户管理［M］．韦福祥，等，译．北京：电子工业出版社，2009.

[32] 克里斯托弗·洛夫洛克，约享·沃茨．服务营销（亚洲版）［M］．郭贤达，陆雄文，范秀成，译．北京：中国人民大学出版社，2007.

［33］黎晗．数据挖掘在客户关系管理中的应用——以客户分类为例［M］．中外企业家，2015（36）：82-84.

［34］李福东．大数据运营：服务型企业架构新思维［M］．北京：清华大学出版社，2015.

［35］李海芹，周寅．客户关系管理［M］．北京：清华大学出版社，2017.

［36］李季．客户关系管理［M］．北京：化学工业出版社，2011.

［37］李军．实战大数据：客户定位和精准营销［M］．北京：清华大学出版社，2015.

［38］李萍．移动用户客户价值层次研究［D］．北京：北京邮电大学硕士学位论文，2005.

［39］李琪．电子商务概论［M］．北京：高等教育出版社，2017.

［40］李双龙．市场导向下的顾客关系营销战略［M］．北京：中国农业出版社，2015.

［41］李伟箕，李光明．客户关系管理［M］．北京：清华大学出版社，2018.

［42］李文龙，徐湘江，包文夏．客户关系管理［M］．北京：清华大学出版社，2016.

［43］李先国，曹献存．客户服务实务［M］．北京：清华大学出版社，2006.

［44］李仇辉．客户关系管理［M］．上海：复旦大学出版社，2013.

［45］李仇辉，项巨力．市场营销学［M］．上海：立信会计出版社，2007.

［46］李志宏．客户关系管理［M］．广州：华南理工大学出版社，2004.

［47］李志远，王雪方．组织学习与客户知识管理能力的关系研究——关系嵌入的调节［J］．科学学与科学技术管理，2015，35（3）：152-162.

［48］林建忠，郑若娟，姜红波．客户关系管理［M］．北京：清华大学出版社，2011.

［49］林建宗．客户关系管理［M］．北京：清华大学出版社，2011.

［50］林那夫，贝里．数据挖掘技术：应用于市场营销、销售与客户关系管理［M］．巢文涵，译．北京：清华大学出版社，2013.

［51］刘丽英，李怀斌．客户关系管理［M］．北京：东北财经大学出版社，2017.

［52］刘子安．销售与客户关系管理［M］．北京：对外经济贸易大学出版社，2011.

［53］陆和平．赢得客户的心：中国式关系营销［M］．北京：企业管理出版社，2010.

［54］吕惠聪，强南囡，王微微．客户关系管理［M］．成都：西南财经大学出版社，2016.

［55］罗伯特·韦兰，保罗·科尔．走进客户的心：企业成长的新策略［M］．贺新立，译．北京：经济日报出版社，1998.

［56］罗纳德·S. 史威福特．客户关系管理［M］．杨东龙，等译．北京：中国经济出版社，2004.

［57］马丁·奥博欧佛，埃伯哈德·赫克勒，伊万·米尔曼，斯科特·舒马赫．超越大数据——通过社交主数据管理深入了解客户［M］．门群，译．北京：清华大学出版社，2016.

［58］马刚，李洪心，杨兴凯．客户关系管理［M］．大连：东北财经大学出版社，2015.

［59］乌尔瓦希·毛卡尔，哈林德尔·库马尔·毛卡尔．客户关系管理［M］．马宝龙，姚卿，译．北京：中国人民大学出版社，2014.

［60］皮峻．客户关系管理教程［M］．上海：复旦大学出版社，2011.

［61］齐佳音．客户关系管理［M］．北京：北京邮电大学出版社，2009.

［62］綦方中，叶岩明，尹建伟．客户关系管理原理与技术［M］．杭州：浙江大学出版社，2011.

［63］钱旭潮，袁海波，丁源．企业客户关系管理［M］．北京：科学出版社，2004.

［64］饶兴，徐刚．客户关系管理［M］．上海：上海财经大学出版社，2014.

［65］森吉兹·哈克塞弗，巴里·伦德尔，罗伯塔·S. 拉塞尔，罗伯特·G. 默迪克．服务经营管理学［M］．顾宝炎，时启亮，译．北京：中国人民大学出版社，2005.

［66］邵兵家．客户关系管理［M］．北京：清华大学出版社，2010.

［67］斯蒂芬·P. 罗宾斯，戴维·A. 德森佐，玛丽·库尔特．管理学：原理与实践［M］．毛蕴诗，译．北京：机械工业出版社，2015.

［68］宋文官．电子商务概论［M］．北京：清华大学出版社，2017.

［69］苏朝晖．客户关系管理：建立、维护与挽救［M］．北京：人民邮电出版社，2016.

［70］ 苏朝晖. 客户关系管理：客户关系的建立与维护［M］. 北京：清华大学出版社，2018.

［71］ 苏朝晖. 客户关系管理：理念、技术与策略［M］. 北京：机械工业出版社，2018.

［72］ 苏强，姚晓耘，厉譞. 医院客户关系管理模型及系统设计［M］. 上海：上海交通大学学报，2006，40（8）：1422-1426.

［73］ 汤兵勇，王芬. 客户关系管理［M］. 北京：高等教育出版社，2003.

［74］ 瓦拉瑞尔·A. 泽丝曼尔，玛丽·乔·比特纳，德韦恩·D. 格兰姆勒. 服务营销［M］. 张金成，白长虹，译. 北京：机械工业出版社，2012.

［75］ 万后芬，汤定娜，杨智. 市场营销教程［M］. 北京：高等教育出版社，2013.

［76］ 汪华林. 客户关系管理［M］. 北京：经济管理出版社，2012.

［77］ 汪楠，王妍，李佳洋. 电子商务客户关系管理［M］. 北京：中国铁道出版社，2017.

［78］ 王春凤，曹薇，范伶俐. 客户关系管理［M］. 上海：上海交通大学出版社，2016.

［79］ 王菲. 以客户生命周期为基础的企业客户关系管理能力框架构建［J］. 现代商业，2016（31）：140-141.

［80］ 王广宇. 客户关系管理方法论［M］. 北京：清华大学出版社，2004.

［81］ 王广宇. 客户关系管理［M］. 北京：清华大学出版社，2013.

［82］ 王丽静，张德南，赵星. 客户关系管理实务［M］. 北京：中国轻工业出版社，2018.

［83］ 王翎. 客户关系管理［M］. 北京：中国劳动社会保障出版社，2019.

［84］ 王伟立，任正非. 以客户为中心［M］. 深圳：海天出版社，2018.

［85］ 王欣，薛雯，魏源彤. 数据挖掘在客户关系管理系统中的应用研究［J］. 东北电力大学学报，2015（4）：76-81.

［86］ 威廉·G. 齐克蒙德，小雷蒙德·迈克利奥德，法耶·W. 吉尔伯特. 客户关系管理：营销战略与信息技术的整合［M］. 胡左浩，贾嵩，杨志林，译. 北京：中国人民大学出版社，2010.

［87］ 邬金涛. 客户关系管理［M］. 武汉：武汉大学出版社，2008.

［88］ 邬金涛，严鸣，薛婧. 客户关系管理［M］. 北京：中国人民大学出版

社，2018.

［89］吴建安，聂元昆．市场营销学［M］．北京：高等教育出版社，2018.

［90］吴清，刘嘉．客户关系管理［M］．上海：复旦大学出版社，2008.

［91］伍京华．客户关系管理［M］．北京：人民邮电出版社，2016.

［92］熊励，李昱瑾．企业信息化融合——基于SCM、ERP、CRM集成［M］．北京：清华大学出版社，2012.

［93］许巧珍．客户关系管理［M］．杭州：浙江大学出版社，2014.

［94］杨路明．客户关系管理［M］．重庆：重庆大学出版社，2012.

［95］杨伟强，湛玉婕，刘莉萍．电子商务数据分析［M］．北京：人民邮电出版社，2019.

［96］易明，邓卫化．客户关系管理［M］．武汉：华中师范大学出版社，2008.

［97］桑杰夫·波多洛伊，詹姆斯·A. 菲茨西蒙斯，莫娜·J. 菲茨西蒙斯．服务管理：运作、战略与信息技术（原书第9版）［M］．张金成，范秀成，杨坤译，译．北京：机械工业出版社，2020.

［98］张兵，余育新．客户关系管理实务［M］．北京：中国科技大学出版社，2019.

［99］张明立．顾客价值——21世纪企业竞争优势的来源［M］．北京：电子工业出版社，2007.

［100］张翔．客户关系管理［M］．北京：机械工业出版社，2008.

［101］张永红．客户关系管理［M］．北京：北京理工大学出版社，2009.

［102］张喆，常桂然，黄小原．数据挖掘技术在客户获取策略中的应用［J］．东北大学学报，2003（11）：1112-1115.

［103］赵冰，陶峻．客户关系管理［M］．北京：经济管理出版社，2010.

［104］郑志丽．客户关系管理实务［M］．北京：北京理工大学出版社，2016.

［105］中国客户管理专业水平证书考试教材编委会．客户关系管理［M］．北京：中国经济出版社，2012.

［106］周贺来．客户关系管理实务［M］．北京：北京大学出版社，2011.

［107］周贺来，陈国栋，张如云．客户关系管理实用教程［M］．北京：机械工业出版社，2018.

［108］周洁如．客户关系管理经典案例及精解［M］．上海：上海交通大学出版社，2011.

［109］周洁如．现代客户关系管理［M］.上海：上海交通大学出版社，2014.

［110］周洁如，庄晖．现代客户关系管理［M］.上海：上海交通大学出版社，2014.

［111］周三多，陈传明．管理学：原理与方法［M］.上海：复旦大学出版社，2018.

［112］周万发，饶欣．客户关系管理理论与实务［M］.北京：清华大学出版社，2015.

［113］周益民．基于大数据分析的客户关系管理系统建设［M］.科技经济导刊，2018，26（28）：234.

［114］朱新雪．基于客户关系管理的企业市场营销策略及应用研究［J］.企业导报，2015，287（7）：88-89.